# 方言学视角下的

## 语言研究理论与实践

叶晓芬◎主编

四川大学出版社
SICHUAN UNIVERSITY PRESS

## 图书在版编目（CIP）数据

方言学视角下的语言研究理论与实践 / 叶晓芬主编 .
成都：四川大学出版社，2024. 10. --（语言与应用文
库）. -- ISBN 978-7-5690-7358-4

Ⅰ. H17

中国国家版本馆 CIP 数据核字第 20241MH149 号

书　　名：方言学视角下的语言研究理论与实践
　　　　　Fangyanxue Shijiao xia de Yuyan Yanjiu Lilun yu Shijian
主　　编：叶晓芬
丛 书 名：语言与应用文库
------------------------------------------------------------------
丛书策划：张宏辉　黄蕴婷
选题策划：李　梅
责任编辑：李　梅
责任校对：杨　果
装帧设计：墨创文化
责任印制：李金兰
------------------------------------------------------------------
出版发行：四川大学出版社有限责任公司
　　　　　地址：成都市一环路南一段 24 号（610065）
　　　　　电话：（028）85408311（发行部）、85400276（总编室）
　　　　　电子邮箱：scupress@vip.163.com
　　　　　网址：https://press.scu.edu.cn
印前制作：四川胜翔数码印务设计有限公司
印刷装订：四川省平轩印务有限公司
------------------------------------------------------------------
成品尺寸：170 mm×240 mm
印　　张：15
插　　页：2
字　　数：280 千字
------------------------------------------------------------------
版　　次：2024 年 11 月 第 1 版
印　　次：2024 年 11 月 第 1 次印刷
定　　价：75.00 元
------------------------------------------------------------------

扫码获取数字资源

四川大学出版社
微信公众号

# 目　　录

# 上编　理论研究

# 语 音 篇*

## 论汉语方言"字音类"的历史比较**

　　"字音"指的是汉语最小音义结合体（字）的语音形式。如王洪君教授所言："'音节—语素'（也即我们常说的字）这种'一音节一义'的小单元是汉语的最小句法韵律自由单位。"① 因此，字音在汉语的语音层级中扮演了一个非常重要的角色，很多音类层面乃至语流层面的语音变化都受字音的影响或制约。字音还跟语义构成汉语语法中最基础的一个单位——语素，因此字音也是汉族人最容易感知到的一个语音单位。汉族人自古就很重视对汉语的字音进行分析和运用：先秦时期，汉族人就已经可以灵活地运用字音的韵腹和韵尾进行押韵；魏晋时期又发现了四声并成功将其运用到诗歌的创作中；在翻译佛经的过程中又学会了梵文的注音方法，并将其运用到汉字的注音中，于是有了反切的发明及其在韵书中的大量运用；在分析反切的过程中，又发明了声类、韵类、调类等概念，并用一些常用的汉字来记录这些音类。声、韵、调等音类概念的出现大大推进了等韵学的发展，使传统音韵学迈进了一个全新的发展阶段，也极大地影响了汉语语言学的进展。

　　高本汉（Bernhard Karlgren）将《切韵》音类框架跟现代方言进行比较，开创了一种研究范式，深深地影响着汉语方言学界，以致当下的汉语

　　* 本书中所收录已刊文章，较初次发表时有改动。
　　** 本文作者：侯兴泉，暨南大学文学院/汉语方言研究中心教授。原刊《中国方言学报》2016 年第 00 期。本文是国家社科基金青年项目"汉语方言分区语音特征的层级和主次研究——以粤桂毗连地区汉语方言区片划分为例"（批准号：12CYY008）的阶段性成果。论文初稿题《论方音比较中的音节比较》，曾在全国汉语方言学会第 17 届学术年会暨汉语方言国际学术讨论会上宣读，承蒙与会的刘俐李、李连进、曾南逸等先生以及学会匿名评审专家提出宝贵意见，本文做了较大幅度的修改，重点讨论汉语音节层面的历史比较。术语方面，本文接受王洪君先生的建议，把"音节类"改为"字音类"。诚挚感谢对本文提出批评意见的各位先生！
　　① 王洪君，2008. 汉语非线性音系学——汉语的音系格局与单字音 ［M］. 北京：北京大学出版社：321.

方音描写和比较都深深地打下古音类的烙印。然而，在音类比较大行其道的时候，我们似乎将跟音类密切相关的字音及字音类的比较淡忘了，又或者有意无意地把音类比较等同于字音类比较了。

本文在厘清音类和字音类之间关系的基础上，重点讨论字音类的历史比较，并阐明字音类的历史比较在汉语方音比较中的地位。本文所用的汉语方音材料全部来自《汉语方音字汇》（第二版）。为了方便计算字音类的数量，我们利用郑锦全（Chin-Chuan Cheng）等先生制作的 CCCorpus：Corpus Processing 软件①来统计数据，该软件把《汉语方音字汇》第一版和第二版的字音全部输进软件的数据库中，还增加了域外对音的材料，检索起来非常方便。

## 一、字音类和音类

### （一）字音类的定义

"字音类"或称"字类"（classes），是根据字音的组成成分（音类）所划分出来的汉字读音的类。由于字的读音具有时间性，我们把根据古音类所划分出来的字音类称作"古字音类"，把根据今音类所划分出来的字音类称作"今字音类"。字音同时还具备空间性，即某一类字的读音在不同的方言中其读音可能相同，也可能不同，这为不同方言间的字音类比较提供了可能。classes 这个概念最早由赵元任和胡适（Yuen R. Chao & Suh Hu, 1916）②提出，他们区分了 classes 和 actual sounds 两类性质不同的语音，其中 classes 指的是语音的历史分类（historical classification），根据它把所有的字用声母、韵母和声调来分类③。《赵元任语言学论文集》的译者把"classes"译为"音类"，这其实不是一个好的翻译，容易跟传统音韵学中的声类、韵类和调类相混。从赵元任、胡适论述的具体内容来看，"classes"翻译为"字类"或"字音类"似乎更为妥当，即根据声母、韵母或声调把所有的字分出一个个的次类，而且他们特意强调"classes"

---

① 有关 CCCorpus 软件的详细介绍，请参看 Chin-Chuan Cheng（1997）。

② Yuen R Chao & Suh Hu（赵元任、胡适），1916. The Problem of the Chinese Language. The Chinese Students' Monthly, Vol. XI, No. 6—8.

③ 英文原文是：Classes vs. Actual Sounds. —A good deal of confusion and much of the actual complexity of sound correlation will be better understood if we emphasize the distinction between (1) the historical classification according to which all words are classified by their initials, finals, and tones, and (2) the actual sounds with which they are pronounced.

指的是语音的历史分类，其所指更接近我们所说的"古字音类"。

（二）字音类和音类的关系

"音类"是字音构成成分的分类。传统音韵学把字音分为声、韵、调三类，西方音系学则把语音分为辅音和元音两大类。由于声、韵、调或元音、辅音还可以进一步分为若干小类，因此音类内部细分也有不同的层级。不同历史时期的音类可能相同也可能不同，因此音类也可按时间分为古音类和今音类。由于字音类是根据音类来划分的，因此两者之间是整体和部分的关系。

在语音演变上，某一音类的演变与由该音类构成的字音类之间的演变不是简单的对应关系，其关系主要有以下三种情况。

第一种情况，音类变了，跟音类相应的字音类也跟着改变。例如，有些汉语方言如四邑片粤语的古透母今读多为 h，跟古晓母读音相同，古透、晓两个音类发生了合并，同韵调的古透母字音类及古晓母字音类也会随之发生合并。

第二种情况，音类变了，但是跟音类相应的同韵调的字音类并没有发生太大的变化。例如，厦门话古非母和古奉母今读都有 p、ph、h 三种读音，古代的两个不同的音类在现代厦门话中完全合并。但是厦门话古非母字音跟古奉母字音今读却只有 2% 的字音（总共 2 个）发生了合并。

第三种情况，音类没变，跟该音类相应的同韵调的字音类却变了。出现这种情况通常是因为构成字音类的其他音类发生了变化。例如，粤语古微母和明母今都读双唇鼻音，古微、明母在音类上并没有发生太大的变化，但是粤语很多古微母字和古明母字读音却一致了（如"万＝慢"，"网＝莽"等），这是因为古微母和奉母字的介音或声调发生了变化，本来是互补的两类字音现在开始出现合并。

由于字音类跟音类的所指并不相同，因此它们在汉语音韵学以及汉语方言学研究中的地位也会有所不同。特别是在汉语方言的语音比较乃至方言语音分区的实践过程中，都应区分字音类和音类这两个不同层级的语音特征。侯兴泉[①]从以汉语方言区片划分语音标准的层级角度出发，提倡方言区的划分标准最好使用音节层面的音节类或字类分合特征，方言片的划分最好使用音类分合特征，方言小片的划分最好使用字音类或音类分合的

---

① 侯兴泉，2013. 汉语方言区片划分语音标准的层级和主次 [J]. 暨南学报（哲学社会科学版），35（9）.

音值特征。这篇论文首次在理论上明确提出字音类和音类的不同，应区别对待。本文将在侯兴泉研究的基础上进一步探讨汉语方言字音类的历时比较及其意义。

## 二、字音类的历史比较

跟音类相似，字音类不仅可以用于汉语方言的共时比较，也可以用于汉语方言的历史比较。共时比较多使用今字音类，而历史比较则多使用古字音类。本文重点讨论字音类的历史比较，侧重探讨古字音类今读在历史比较中的可行性以及具体的比较内容。由于《切韵》系韵书给方言间的历史比较提供了一个较好的参照坐标，因此本文所说的古字音类也主要基于《切韵》系韵书所提供的中古字音框架，如古并母字音类指的是中古并母所辖字音的集合，古全清入声字音类指的是中古全清声母和入声构成的字音的集合。

### （一）古字音类可用于历史比较的依据

历史比较法的基本内容是"通过两种或几种方言或亲属语言的差别的比较，找出相互间的语音对应，确定语言间的亲属关系和这种亲属关系的远近，然后拟测或重建它们的共同源头——原始形式"①。由于汉语的各大方言都跟《切韵》系韵书所反映的中古音系有密切的关系，因此基于《切韵》系韵书的古字音类可有效地运用到汉语方言间的历史比较中。理由如下：

第一，现代汉语方言跟中古汉语有源流关系，故反映中古音的《切韵》系韵书所提供的音类及字音类框架可为现代汉语方言跟中古汉语之间的比较提供参照点；反过来，现代汉语方言的读音也可以反映中古字音类从古至今的变化事实。

第二，中古字音类是一组根据古音类所划分的音义结合的字音的聚合，古字音类在各方言中都有较整齐的语音对应关系，这符合历史比较法的基本原则，并有利于排除偶然的语音对应。

第三，由于语音时刻都处在变化之中，因此中古某一字音类在今天方言中的读音一定会出现不同程度的变异，这些不同的变异有利于我们确定各个方言之间亲属关系的远近，同时也利于我们重构它们的原始形式。

---

① 徐通锵，1991. 历史语言学［M］. 北京：商务印书馆：71—72.

第四，中国古代政府历来都很重视韵书的编撰与修订。不同时期的韵书、韵图等资料为我们了解字音类的历史演变提供了丰富的材料，也为我们估算汉语方言字音演变的相对时间提供了参照。

古字音类在现代方言中的表现情况主要表现在以下两个方面：第一，某字音类在方言中依然保持独立，只是字音（音节）数目发生了变化；第二，某字音类跟另一个字音类发生了合并（程度会有所区别）。前者是分，后者是合。但是分合是相对的概念，同一个字音类在某一方言中依然保持独立，但是在另一个方言中可能已经跟别的字音类合并。因此，我们既可以通过同一个字音类的分合也可以根据多个字音类之间的分合关系，来确定方言之间的关系及其远近。

（二）单个字音类的历史比较——古字音类变化率

单个字音类的变化情况在各个方言中有同有异，有的字音发生了合并，有的字音出现了异读。合并意味着字音的减少，异读意味着多字音的增多。为了比较同一个字音类在今天不同方言中的表现，我们提出"古字音类变化率"这个概念。

古字音类变化率（Changing rate of ancient Ziyinlei，简称 CRAZ）等于古音节类数（$n_G$）减去古音节类今读数（$n_J$）后再除以古音节类数。通过这个参数可以观察某一类字音从古到今的变化及其程度。具体计算公式为：

$$CRAZ = (n_G - n_J) / n_G$$

如果 CRAZ = 0，说明古字音类的字音数量没有发生变化；如果 CRAZ>0，说明 $n_G > n_J$，古字音类今读的字音数量减少了，说明这类字音发生了内部合并；如果 CRAZ<0，说明 $n_G < n_J$，古字音类今读的字音数量增加了，这通常是因为是增加了异读（一个字音有多个读音）。

表 1 是古日、疑母三等字音变化率比较表。从表 1 的数据我们可以看到，在表中所列的 10 种方言里古日母三等字音古字音数都比今字音数少，说明古日母三等音节从古到今的变化趋势是字音数量减少，只是不同的方言减少的程度不同而已。其中北京话和阳江话字音数减少或合并得最为厉害（减少或合并了 31％的字音），厦门话则只是减少或合并了 8％的字音。古疑母三等字音的今读情况在粤、客、赣、湘、吴诸南方方言及北方官话中也基本上呈减少或合并的趋势，唯独闽语厦门话和福州话呈上升趋势，均增加 11％的字音，其原因在于闽语大多有复杂的文白异读系统，即古代同一字音在今天的厦门话和福州话中通常会有多个读音。由此可见，通

过古字音变化率这个参数可以较易发现古代某个字音类在今天方言中的合并及增加的情况。其中，字音的增多更值得我们注意，因为古字音数的合并或减少是汉语语音演变的总趋势，如果某个古字音类在某个方言中突然呈增多的趋势，多是由于这个方言的这些字音存在异读。由于异读通常是由语言或方言间的接触引起的，因此古字音类变化率这个参数可作为研究语言或方言接触的一个重要参数。

由于单个古字音类的字音减少和增多在方言中的表现多是程度上的不同而非性质上的区别，因此古字音类变化率这个参数在方言间的亲属比较中区分度不够明显。该参数较适合作单个方言古今字音类的比较，而不大适合于跨方言间古字音类的比较。

**表1　古日、疑母三等字音变化率对照表**

| 方言点 | 古日母三等字音类 | | | 古疑母三等字音类 | | |
|---|---|---|---|---|---|---|
| | 古字音数 $n_G$ | 今字音数 $n_J$ | 变化率 CRAZ | 古字音数 $n_G$ | 今字音数 $n_J$ | 变化率 CRAZ |
| 北京 | 39 | 27. | 0.31 | 37 | 29 | 0.22 |
| 济南 | 39 | 28 | 0.28 | 37 | 27 | 0.27 |
| 苏州 | 39 | 32 | 0.18 | 37 | 36 | 0.03 |
| 长沙 | 39 | 29 | 0.26 | 37 | 34 | 0.08 |
| 梅县 | 39 | 33 | 0.15 | 37 | 30 | 0.19 |
| 南昌 | 39 | 31 | 0.21 | 37 | 30 | 0.19 |
| 阳江 | 39 | 27 | 0.31 | 37 | 25 | 0.32 |
| 广州 | 39 | 31 | 0.21 | 37 | 31 | 0.16 |
| 厦门 | 39 | 36 | 0.08 | 37 | 41 | −0.11 |
| 福州 | 39 | 24 | 0.38 | 37 | 41 | −0.11 |

（三）多个字音类的历史比较——古字音类今读合并率

1. 古字音类今读合并率。因为古字音类之间的关系是相对确定的，因此要观察这些古字音类在今天方言中的今读情况，很重要的一点是要观察这些古字音类今读之间是否会发生合并：如果合并了，说明方言音系格局发生了重要的变化；如果仍然有别，说明这些字音类存古性较强。同样是古字音类今读之间的合并，其中也有程度的区别，有的古字音类完全合并了，但多数情况只是部分合并。为了有效说明古字音类今读在汉语方言中的分合情况，我们提出"古字音类今读合并率"这一概念。

　　古字音类今读合并率（Merging rate of ancient Ziyinlei，简称 MRAZ）指的是古代某一类字音跟另一类字音在今天的方言中是否发生合并，如果合并了，其程度如何。古字音类今读合并率等于古 A 类字音跟古 B 类字音合并了的今读字音数或古 A 类字音和古 B 类字音今读相同的字音数（$n_A \cap n_B$），除以古 A 类字音和 B 类字音今读合并后实际出现的字音数（$n_{AB}$），其中 $n_{AB}$ 等于古 A 类字音今读数（$n_A$）加古 B 类字音数（$n_B$）减去 $n_A \cap n_B$。具体的计算公式为：

$$MRAZ = n_A \cap n_B / n_{AB}，其中 n_{AB} = (n_A + n_B) - n_A \cap n_B$$

　　如果 MRAZ＝0，说明 AB 两类古字音类在现代方言中并没有发生合并。如果 MRAZ＝1，则说明这两类古字音类今读在现代方言中出现了完全合并（一般来说字音类很少会出现完全合并）。如果 0＜MRAZ＜1，说明这两类古字音类今读在现代方言中只是部分合并，假设 MRAZ 值为 0.3，那就说明这两类古字音今读在现代方言中有 30％的字音发生了合并。

　　表 2 展示的是古疑、日母三等字音类在 10 个主要方言点中的合并情况。

表 2　古疑、日母三等字音类今读合并率对照表

| 方言点 | 古疑母三等字音类 | | 古日母三等字音类 | | 古疑日母三等字音类 | | |
|---|---|---|---|---|---|---|---|
| | 古字音数 $n_G$ | 今字音数 $n_J$ | 古字音数 $n_G$ | 今字音数 $n_J$ | 今读合并字音数 $n_A \cap n_B$ | 今读合并后两类字音的总数 $n_{AB}$ | 今读合并率 MRAZ |
| 阳江 | 37 | 25 | 39 | 27 | 9 | 43 | 0.21 |
| 广州 | 37 | 31 | 39 | 31 | 9 | 53 | 0.17 |
| 苏州 | 37 | 36 | 39 | 32 | 9 | 59 | 0.15 |
| 长沙 | 37 | 34 | 39 | 29 | 8 | 55 | 0.15 |
| 梅县 | 37 | 30 | 39 | 33 | 8 | 55 | 0.15 |
| 南昌 | 37 | 30 | 39 | 31 | 5 | 56 | 0.09 |
| 厦门 | 37 | 41 | 39 | 36 | 2 | 75 | 0.03 |
| 福州 | 37 | 41 | 39 | 24 | 0 | 65 | 0 |
| 济南 | 37 | 27 | 39 | 28 | 0 | 55 | 0 |
| 北京 | 37 | 29 | 39 | 27 | 0 | 56 | 0 |

从表 2 不难看出，属于北方官话的北京话和济南话以及闽语福州话疑、日母三等字音类今读合并率为零，也就是说古疑日母三等字音类今读在这几个方言中并没有发生合并，闽语厦门话合并率仅为 0.03，实际上只有两个字音（音节）发生了合并。仔细分析后发现，这两个合并的字音要么是新读，疑母的"虐"字其中有一读为新读［liɔkㄱ］，合并到日母相应的音节去了；要么是误读，日母的"饶"字其中读为［giauˊ］，跟疑母的"尧"字读音相同，这是"有边读边"的误读。如果剔除这两个例外，厦门话的疑、日母三等字音今读合并率也是 0。疑、日母三等字音在其他几个方言点的现代方言中都发生了合并，不过程度有别：属于粤语的阳江话和广州话疑、日母三等字音今读合并率最高，接下来分别是吴语苏州话、湘语长沙话、客家梅县话、赣语南昌话。

通过古字音类今读合并率这个参数可以观察方言之间的区别和联系。以古疑母三等字音今读是否与古日母三等字音今读合并为例，闽语和北方官话没有发生合并，说明这两大方言古疑、日这两个字音类存古性较强；其他方言合并了，说明粤、湘、吴、客、赣诸方言都发生过古疑、日母三等字音合并这一创新音变。从合并的程度来看，这个音变有可能是先在粤语中发生，然后向湘、吴、客、赣等方言扩散。

由此可见，古字音类今读之间是否合并属于定性范畴，合并的程度属于定量范畴。古字音类今读合并率这一参数既可以反映字音类之间是否发生合并这类定性特征，也可以反映两个合并了的字音类其合并程度这类定量特征。因此，两个或两个以上的古字音类今读合并率这个参数对跨方言之间的字音比较是比较有用的，如果运用区别特征矩阵的形式把尽可能多的古字音类今读合并的情况都罗列出来，从中挑出几条典型的特征，估计大方言之间的区别和联系又会呈现另一番景象。

因此，古字音类今读合并率是讨论汉语方言之间亲疏关系的一个重要参数，发生相同字音类合并的方言往往比没有发生字音类合并的方言更加密切。这是因为，字音类的合并意味着字音的所有成分（声韵调）都趋同，这种趋同往往需要较长时间的沉淀，它比单纯的音类合并更为稳定。发生相同字音类合并的方言意味着它们的关系更为紧密，曾经在相当长的时间内共享过某些创新性的语音特征。

2. 古音类今读合并率。受古字音类今读合并率的启发，我们还可以把合并率这样的概念运用到音类的分析上，因此提出"古音类今读合并率"这一概念，以方便跟古字音类今读合并率做比较。

古音类今读合并率（Merging rate of ancient Yinlei，简称 MRAY）

等于古 A 音类跟古 B 音类今读合并了的音类数或 A 音类和 B 音类今读相同的音类数（$n_A \cap n_B$），除以古 A 音类和 B 音类今读合并后实际出现的音类总数（$n_{AB}$）。具体的计算公式为：

$$MRAY = n_A \cap n_B / n_{AB}$$

如果 MRAY=0，说明 AB 两类音类在现代方言中没有发生合并；如果 MRAY=1，则说明这两类古音类今读在现代方言中完全合并了；如果 0<MRAY<1，说明这两个古音类今读在现代方言中只是部分合并。假设 MRAY 值为 0.3，那就说明这两个古音类今读在现代方言中有 30％的音类发生了合并。

表 3 和表 4 分别列举了古非、奉母和古志、职韵在 7 个权威方言点中的古音类今读合并率数据，其中广州和厦门志韵和职韵的合并率为 0，其他方言志、职韵的今读合并率在 0 和 1 之间，说明古志韵和古职韵今读在广州话和厦门话中并没有发生合并，在其他方言中则发生了部分合并。长沙、梅县、厦门古非母和古奉母音类今读合并率为 1，其他方言点古非奉母音类今读合并率在 0 到 1 之间，说明古非母和奉母今读在长沙、梅县和厦门这三个方言中已经完全合并，在其他方言中只是部分合并。

## 三、汉语方言字音类比较的程序与例释

### （一）汉语方言字音类比较的程序

如何开展方言间的音类比较，方言学界已经积累了许多成功的经验。我们可以借鉴这些经验，并根据字音类的实际情况加以灵活运用。归纳起来，汉语方言字音类的比较可按以下程序开展。

第一，选择适合比较的两个或多个古字音类。选择意味着需要运用我们已知的一些音韵学或方言学知识对需要比较的古字音类进行筛选，尽量选择那些区分度较为明显的字音类分合特征来进行比较。同时也尽量避免使用那些由单一古音类分合造成的字音类分合特征，这样就可以避免跟方言音类比较重复。譬如古帮母字音类和滂母字音类一般情况下较为稳定，很少跟其他字音类合并，比较的时候就尽量避免使用这些字音类。而古全浊声母字音类和古入声字音类在方言中变化较大，其变化不仅跟古全浊声母或入声调有关，还跟阳调或入声韵尾有关，比较的时候可重点关注。

第二，观察选出的古字音类今读之间是否发生合并，如果有合并现

象，留意那些合并了的字音，尽量排除那些由于古代有两读，但在方言中只有一读的字音。譬如中古"重复"的"复（複）"跟"复原"的"复（復）"读音不同，前者是屋韵非母字，后者是屋韵奉母字。很多方言只有非母的读音而没有奉母的读音，计算合并率的时候就需要把这种情况剔除，同时也尽量排除那些训读或误读的字音。

第三，参考历史文献上记载的相关字音类的合并时间，探讨方言之间字音类合并的相对时间，这将有助于我们大致了解方言字音类出现合并这类创新音变的起始时间。汉语使用者对字音的感觉是很敏感的，这个字跟另外一个字是否同音，几乎会说汉语的中国人都能分辨得清。因此类似《颜氏家训》所记录的"钱"读如"涎"之类的字音合并资料应该是比较可靠的，它反映了古从母和古邪母这两类字音的合并在南北朝时期已经在南方出现了。我们在做汉语方言字音类比较的时候应充分利用古人所记录的这些有用的材料。

（二）汉语方言古字音类今读比较例释

此处以古字音类今读的分合情况为例，来看看方言间该如何进行古字音类的比较。为方便跟古音类的今读分合情况做比较，我们同时列出与古字音类相应的古音类的今读分合情况。我们选了三组例子来进行说明，它们分别是：古非、奉母及其相应的字音类的分合；古志、职韵及其相应的字音类的分合；古船、书母及其相应的字音类的分合。在七大方言的框架下分别选取一个较有代表性的方言点，分别是：北京（官话）、苏州（吴语）、长沙（湘语）、南昌（赣语）、梅县（客家话）、广州（粤语）、厦门（闽语）。

1. 古非、奉母及其相应的字音类的分合比较。

从表3提供的古非、奉音类及非、奉字音类今读合并率的数据不难看出，古非母和奉母今读在音类层面是否合并以及合并的程度如何，跟古非母字音类和古奉母字音类今读的合并情况没有必然的正向联系。譬如梅县话和厦门话古非母和古奉母今读在音类层面已经完全合并，但在字音层面只有很少的几个字音发生合并。北京话的古非母和奉母的音类今读合并率虽然较低，但是其相应的古非母字音类和古奉母字音类今读合并率在这7种方言中却是最高的。从定性的角度来看，古非、奉母音类及相应的字音类今读都有合并，只是合并的程度不同。在这种情况下古非、奉母及相应的字音类的分合就不大适合用来作为历史比较的重要语音标准，因为它们在方言之间的区别性不是很强，主要体现在程度上而非有无上。

表 3　古非、奉母及其相应的字音类今读合并率对照表

| 方言点 | 古非母和奉母音类 | | | 古非母和奉母字音类 | | | | |
|---|---|---|---|---|---|---|---|---|
| | 古非母今读 | 古奉母今读 | 古非奉音类今读合并率 | 古非奉母字今读字音数 | 古奉母字今读字音数 | 古非奉字音类相同的字音数 | 古非奉字音类合并后字音数 | 古非奉母字音类今读合并率 |
| 北京 | f/p | f/ph | 0.33 | 26 | 17 | 10 | 33 | 0.30 |
| 长沙 | f/x/p/ph | f/x/p/ph | 1 | 19 | 22 | 8 | 33 | 0.24 |
| 南昌 | f/p/ph | f/ph | 0.66 | 20 | 21 | 7 | 34 | 0.20 |
| 苏州 | f/p/v | v/b/f/ph | 0.28 | 21 | 22 | 3 | 40 | 0.07 |
| 梅县 | f/p/ph | f/ph/p | 1 | 30 | 27 | 4 | 53 | 0.07 |
| 广州 | f/p | f/p/ph | 0.66 | 23 | 25 | 3 | 45 | 0.06 |
| 厦门 | p/h/ph | h/p/ph | 1 | 35 | 37 | 2 | 70 | 0.02 |

2. 古志、职韵及其相应的字音类的分合比较。

表 4　古志、职韵及其相应的字音类今读合并率对照表

| 方言点 | 古志韵和职韵音类 | | | 古志韵和职韵字音类 | | | | |
|---|---|---|---|---|---|---|---|---|
| | 古志韵今读 | 古职韵今读 | 古志职韵音类今读合并率 | 古志韵字今读字音数 | 古职韵字今读字音数 | 古志职字音类相同的字音数 | 古志职字音类合并后字音数 | 古志职韵字音类今读合并率 |
| 北京 | ɣ/ɿ/ʅ/i | ɣ/ʅ/i/y/ai | 0.50 | 11 | 17 | 5 | 28 | 0.21 |
| 长沙 | ʅ/i/ɣ | ʅ/i/ɣ/y/ie | 0.60 | 14 | 14 | 4 | 28 | 0.16 |
| 南昌 | ʅ/i/ət/ɛt | it/ət/ɛt/yt/i | 0.50 | 16 | 17 | 4 | 33 | 0.13 |
| 苏州 | ʅ/ʮ/i | iiʔ/ɣ/ɒʔ/yɣʔ/i | 0.14 | 11 | 14 | 1 | 25 | 0.04 |
| 梅县 | ʅ/i/a/ɛt | it/ət/ɛt/at | 0.14 | 12 | 17 | 1 | 29 | 0.03 |
| 广州 | i/ei/øy | ɪk/ɐk/ak/it | 0 | 13 | 15 | 0 | 28 | 0 |
| 厦门 | I/ai/u/e/ĩ | ɪk/at/aʔ/it/iaʔ/iʔ | 0 | 23 | 23 | 0 | 46 | 0 |

　　古志韵和职韵字音类今读的分合情况跟古志韵和职韵今读的分合情况相关度就很高，总的来说，志职韵的音类合并率高，则其相应的字音合并率也高，如北京、长沙、南昌的古志、职韵音类今读合并率较高，其相应的字音类今读合并率也高；若志、职韵的音类合并率为零，其相应的字音率也为零，如广州和厦门古志、职韵的音类合并率为零，其相应的字音类合并率也为零。这类古音类及古字音类的分合可以有效区分方言，因此在方言间进行语音历史比较的时候就适合拿来作为语音条件或参数。不过因为这里的音类合并率和字音类合并率相关性很强，这种情况下一般只需比

13

较其古音类今读的分合情况就可以说明问题了。

3. 古船、书母及其相应的字音类的分合比较。

从表 5 可以看出，古船母和古书母这两个音类的今读在北京、长沙、南昌、梅县、苏州、广州、厦门这 7 种方言中都发生了不同程度的音类合并，其中广州话的古船、书母音类今读合并率最高。但是跟古船母和古书母相应的古船母字音类和古书母字音类只在北京、长沙、南昌和梅县这 4 种方言中发生了合并，且合并率都不大高；而苏州、广州和厦门的古船、书母字音类却没有发生任何形式的合并。类似这种古字音类今读分合在方言中明显有别且跟相应的古音类今读分合不一致的情况特别重要，在进行古字音类比较的时候就需要选择这类字音类今读分合标准。这类标准找得越多，就越能揭示方言间在字音类分合上的异同，对我们了解字音层面的音系变化就越有用。我们建议在进行汉语方言第一层级的分区或比较时，应尽量使用这类字音类的分合标准。

表 5　古船、书母及其相应的字音类今读合并率对照表

| 方言点 | 古非母和奉母音类 | | | 古非母和奉母字音类 | | | | | |
|---|---|---|---|---|---|---|---|---|---|
| | 古船母今读 | 古书母今读 | 古船书音类今读合并率 | 古船母字今读字音数 | 古书母字今读字音数 | 古船书字音类相同的字音数 | 古船书字音类合并后字音数 | 古船书字音类今读合并率 |
| 北京 | ʂ/tʂh/tɕh/ɕ/t | ʂ/tʂh | 0.40 | 18 | 33 | 6 | 42 | 0.14 |
| 长沙 | s/ɕ/tɕ/t | s/ɕ/tsh | 0.40 | 20 | 34 | 5 | 49 | 0.10 |
| 南昌 | s/tsh/th | s/ɕ/tsh/ts/n̠ | 0.33 | 13 | 35 | 2 | 33 | 0.06 |
| 梅县 | s/th | s/tsh/ts/n̠ | 0.20 | 15 | 40 | 3 | 37 | 0.08 |
| 苏州 | z/d/tsh | s/tsh/ɕ | 0.20 | 12 | 29 | 0 | 41 | 0 |
| 广州 | ʃ/tʃ/th | ʃ/tʃh/tʃ/th | 0.75 | 17 | 40 | 0 | 57 | 0 |
| 厦门 | s/ts/t | s/tsh/ts/l | 0.20 | 22 | 63 | 0 | 85 | 0 |

## 四、字音类在方音历史比较中的地位

汉语的语音有"音位（音类）—单音节（字音）—多音节（语流）"等层级，以前汉语语音的历史比较非常重视音位或音类的比较，对音节层面的字音类比较不够重视。如前文所述，字音类跟音类虽有较为密切的关系，但它们在音系中的作用是有所不同的。字音类在语音韵律层级上要高于音类，因此音类的比较不能完全代替字音类的比较；相反，字音类的比较可以涵盖音类的比较。我们认为字音类在汉语方言语音的历史比较中具

有重要的价值，理由表现在以下几个方面：

第一，基于字音在汉语语音层级中的中枢地位以及字音类在汉族人语音感知中的重要作用。字音是汉语最小的句法韵律自由单位，因此，它在汉语的语音层级中扮演了一个很重要的作用，许多音类层面以及语流层面的语音演变都受字音的影响或制约。字音还跟语义构成汉语语法中最基础的一个单位——语素，因此字音也是汉族人最容易感知到的一个语音单位。普通人不一定能感受到音类的不同，也不一定能准确说出一个句子里究竟有几个词，但是一般都可以感受到字或字音类的差别并能准确告知句子里的字音数。古人所编的韵书从另一个角度看也是字书，中国历朝历代之所以特别重视韵书的编撰，其实早就看到了韵书在人们学习和应用中的重要地位。汉语方言调查之所以特别重视同音字表的制定和核实，也是充分利用了字音类的重要性以及它在人们认知中的重要地位。

第二，《切韵》系韵书所体现的中古字音类框架为今天方言间字音类的比较提供了一个较为理想的参照系。古人对汉语的字音早有分类，每一个字音都可以通过声、韵、调联系起来，从而形成一个个的字音类，每一个字音类之间的关系都清楚明了。在进行汉语方言间字音类比较的时候，我们完全可以利用《切韵》系韵书这个字音系统，看看这些字音类在今天的方言之中是否发生字音类合并，如果合并了，其合并的程度怎样等。这样的比较要比单纯利用今音类划分出来的字音类之间的比较高效得多，可事半功倍。

第三，字音类的稳定性要强于音类和音值，故发生同样字音类分合的方言要比没有发生字音类分合的方言更加紧密。大家都知道，音值其实是很容易发生变化的，同一个方言内部都可能会存在差异。譬如微母字的实际读音，讲北京话的老年人跟年轻人口中的发音可能就有区别（有的发w，有的发v）。音类由于受音值的影响，也较易发生变化，如古全浊声母的今读，在汉语中就有较多的读音类型。但是字音类相对来说就没那么容易变化，如古全浊声母在汉语方言中虽然很多时候已经跟全清或次清声母合并了，但是古全浊声母字跟全清字和次清字在南方的多数汉语方言中还是井然有别的。因此，字音类的分合更能显示出方言区的一些重要特征，尤其是一级大方言区的区域特征。

第四，古字音类在方言中的今读分合情况能够很好地显示出汉语字音的演变及其先后。这不仅是研究汉语史的重要材料，同时也是我们了解各个方言的分化时间以及显示方言间亲疏远近的重要依据。由于每个时代都有很多韵书或韵文资料，故字音及字音类的分合在汉语通语历史上的地位相对来说是比较清楚的（尤其是隋唐《切韵》出现以后）。字音类的分合在方言中有时候也可以通过不同方言背景的作者所写的韵文或韵书等著作得到反映。因此，字音类的分合能很好地显示其地位的变化，从而告知我们演变的方向。这是汉语的财富，也恰好是西方历史语言学所缺少的，我们应当好好珍惜并加以有效应用。譬如三等字和四等字历史上是两类不同的字，但是现在大多数方言都已经合并了，说明合并是后来发生的音变。

第五，古字音类今读的分合情况能够很好地显示方言之间的区别与联系。我们知道汉语方言分区不同于类型学上的分类，划分出来的方言区要能较好地显示出其谱系上的亲疏远近关系。字音类的分合无疑能承担起这一使命。譬如古从母字音和古邪母字音在很多南方方言中都发生了字音合并（但程度有别），而北方方言多不具备这一特点（侯兴泉，2012①）。又如表 3 所反映的三组字音类分合情况都显示长沙话的字音类合并率最接近北京话，说明它比其他南方方言更接近北京话。假如我们用区别特征矩阵同时列出好几组古字音类今读的分合标准，相信各大方言之间的区别和联系会更好地呈现在大家的眼前。

综上所述，我们认为古字音类今读的分合标准比较适用于大方言（如闽、粤、客、湘、赣、吴、官）之间的比较，所得出的结论有助于我们进一步认识大方言之间的区别与联系。

## 五、结语

字音是汉语最小音义结合体（字）的语音形式，字音类乃是根据字音的组成成分（如音类）所划分出来的汉字读音的类。字音类由音类构成，两者是整体和部分的关系。由于音类的演变跟字音类的演变不是简单的对应关系，因此音类的比较不能代替字音类的比较。根据参照时间的不同，字音类可分为古字音类和今字音类两类。为了方便开展单个方言及方言间字音类的历史比较，本文提出"古字音类变化率"和"古字音类今读合并率"这两个概念：前者适用于单个方言字音类的古今比较，后者适合用于跨方言字音类之间的历史比较。论文结合相应的例子介绍了方言间古字音类今读比较的程序和注意事项，并在理论上阐述了古字音类在汉语方音历史比较中的地位和作用。本文重在理论的构建和方法的探讨，希望引起学界对字音类的重视，同时更希望看到在以后的汉语方音比较研究中会有更

---

① 侯兴泉，2012. 论粤语和平话的从邪不分及其类型 [J]. 中国语文（3）.

多字音类比较的实践。

## 参考文献

［1］北京大学中国语言文学系语言学教研室，2003．汉语方音字汇［M］．第 2 版．北京：语文出版社．

［2］高本汉，2007．中国音韵学研究［M］．赵元任，罗常培，李方桂，译．北京：商务印书馆．

［3］侯兴泉，2012．论粤语和平话的从邪不分及其类型［J］．中国语文（3）：266－275＋288．

［4］侯兴泉，2013．汉语方言区片划分语音标准的层级和主次［J］．暨南学报（哲学社会科学版），35（9）：147－154＋164．

［5］王洪君，2008．汉语非线性音系学——汉语的音系格局与单字音［M］．北京：北京大学出版社．

［6］徐通锵，1991．历史语言学［M］．北京：商务印书馆．

［7］赵元任，2002．赵元任语言学论文集［M］．北京：商务印书馆．

［8］中国社会科学院语言研究所，2002．方言调查字表［M］．修订本．北京：商务印书馆．

［9］Chin-Chuan Cheng（郑锦全），1997．Measuring relationship among dialects：DOC and related resources［J］．Computational linguistics & Chinese language processing（2）：41－72．

［10］Yuen R Chao & Suh Hu（赵元任、胡适），1916．The Problem of the Chinese language［J］．The Chinese students' monthly，Vol. XI，No. 6－8．

# 屯堡方言的文白异读*

黔中屯堡村寨以贵州省安顺市西秀区及平坝县最为密集，不仅数量众多，而且具有鲜明的地域特色。九溪村属贵州省安顺市西秀区大西桥镇管辖。全村面积约 12 平方公里，是安顺市所有乡镇中最大的一个村寨。九溪村一般被学术界视作典型的屯堡村寨，本文选取它作为调查地点，对该

* 本文作者：叶晓芬，贵州大学文学院副教授。本文原刊《凯里学院学报》2016 年第 5 期。

地方言的文白异读现象进行梳理，并联系黔中汉语方言和西南官话讨论屯堡的音韵特征和文白异读所反映的层次变化。

## 一、屯堡方言的声、韵、调

屯堡方言体系的声母共计 23 个（包括零声母）。

| | | | |
|---|---|---|---|
| p 步白板帮 | pʰ 铺平拍绊 | m 名眉满忙 | f 发方服糊 | ts 抓直做重 |
| tsʰ 拆察差场 | s 森说晒事 | z 染然热葱 | t 端逗到毒 | tʰ 梯提脱挑 |
| l 乱难拉凉 | tʂ 转织猪足 | tʂʰ 出吃处熟 | ʂ 烧是数食 | ʐ 肉日软 |
| tɕ 旧紧接减 | tɕʰ 且气起全 | ɕ 稀线鲜歇 | k 阶挂狗各 | kʰ 宽苦看开 |
| x 晃喝汉黑 | ŋ 安矮岸额 | Ø 一牙鹅碗 | | |

说明：（1）无全浊声母，如白并同板帮；（2）无尖团之分，如焦＝教 tɕ，清＝青 tɕʰ；（3）北京音读零声母的部分古疑母、影母字，屯堡方言读成鼻音声母 ŋ 与 ȵ；（4）屯堡老派读音中，ɕ、ɕʰ、ȵ、x 处理成 k、kʰ、ŋ、x 的变体。这是声母 k、kʰ、ŋ、x 与 ou 韵母相拼时，产生"i"介音所致。

韵母共计 29 个，所列汉字以日常生活中出现的高频词为准：

| | | | | | |
|---|---|---|---|---|---|
| ɿ | 资思死磁 | | | | |
| ʅ | 是事师之 | i | 集戏起笔 | u | 姑叔布路 |
| ɚ | 二而耳饵 | | | | |
| a | 拔法爬他 | ia | 霞牙虾家 | ua | 蒜刮爪垮 |
| o | 科荷饿乐 | io | 学确雀觉 | | |
| ai | 拜埋盖来 | | | uai | 筷乖鬼甩 |
| ei | 给泪煤飞 | | | uei | 位蕊嘴碎 |
| au | 报毛告绕 | iau | 表苗叫教 | | |
| ou | 否都头口 | iou | 休流旧够 | | |
| an | 办盘竿看 | iɛn | 见脸前骗 | uan | 短乱软管 |
| ən | 登层增冷 | in | 进拼林请 | uən | 横浑滚困 |
| aŋ | 刚康狼旁 | iaŋ | 讲强量想 | uaŋ | 广双网忘 |
| oŋ | 泵松空龙 | ioŋ | 穷勇龚雄 | | |

说明：（1）通摄合口一等东韵部分见系的 uə（韵字，屯堡方言念为 oŋ 韵）；（2）蟹摄合口灰韵、臻摄合口谆韵、臻摄合口魂韵字 u 介音有脱

落现象，如"屯"为 $t^h\mathrm{ən}^{21}$；（3）无撮口呼，北京音的 yan 韵念为 iɛn 韵；北京的 yn 韵基本念为 in 韵。

单字调共计 4 个。

| 阴平 | 33 | 岁逗孙法不认 | 阳平 | 21 | 横黄穷龙晴咳 |
|------|----|-----------|------|----|-----------|
| 上声 | 42 | 改恐请礼猛审 | 去声 | 35 | 拜梦费定聘进 |

说明：屯堡方言是清入和次浊入基本派入阴平，除古全浊入绝大多数读阳平外，部分清入和次浊入也读阳平。

## 二、屯堡方言文白异读的情况

为讨论文白异读的情况，我们需要明确一下文白异读的特性，这里我们采用陈忠敏先生的定义："一个方言里相同来源的语素读音，由于文言和口语的区别，而造成的系统的层次又音现象。"① 又徐通锵先生在《历史语言学》中指出："文读形式产生之后在语言系统中就出现了文与白的竞争，竞争的总趋势一般都是文读形式节节胜利，而白读形式则节节'败退'，最后只能凭借个别特殊的词语与文读形式抗争。这种过程大体上可以分为三个阶段。"② 这三个阶段是"文强白弱""文白相持"和"文弱白强"。从屯堡方言看，有这么一些情况：

第一种是文弱白强，文读形式的运用范围受到极为严格的词汇条件的限制。例如"遍"只在"重写一遍"或"再数一遍"等表示量词的时候读作文读音 $\mathrm{pien}^{35}$，多数情况下读作 $\mathrm{p^hien}^{35}$；"欢"在"欢迎""欢得很"当中读作 $\mathrm{xuan}^{33}$，其余"欢喜""喜欢"等常用词中读作 $\mathrm{xuai}^{33}$。

第二种情况是文白相持，势均力敌。随着时间的推移，文读形式在语词中逐渐取得自己发音权的地位，因此使用范围逐渐扩大，所辖的语素也日益增多，而白读形式虽然节节败退，但在语词的使用上仍有重要的一席之地，因而仍有相当的语词保留文白读音，雅俗共存。这一状况具体又可细分为：一是文读与白读在所使用的词语中平分秋色，一个字既可以白读也可以文读，如"大概"的"概"既可说 $\mathrm{kai}^{35}$ 也可说 $\mathrm{k^hai}^{35}$；二是文读与白读使用都不自由，二者都受到严格的词汇条件限制，有的只能白读，有的只能文读，二者在词语中所占的比例相差不大。如"瘪"用于形容"口

---

① 陈忠敏，2013. 汉语方言语音史研究与历史层次分析法［M］. 北京：中华书局：159.
② 徐通锵，2022. 历史语言学［M］. 北京：商务印书馆：363，364.

袋、气球"等物时,读成 pia$^{42}$ 或 piɛ$^{42}$,如形容谷物或植物的果粒不饱满时,则读为 iɛ$^{33}$ 或 ɕia$^{33}$;"雀"指男孩生殖器时,组成词语"麻~t$^h$io$^{33}$"(或"麻~t$^h$io$^{33}$ 儿")是白读;"梁"只能白读,如"高 liaŋ$^{33}$~","高 liaŋ$^{33}$~把"等。

大体看来,屯堡方言的文白异读符合这样的趋势:口语词白读,书面语词文读,如表达"还差多少"时,口语是白读"还增"多少;基本词汇白读,一般词汇文读,如"蜻蜓"白读是 tsuaŋ$^{33}$ tsuaŋ$^{33}$,引进的新词是文读;历史相对悠久的为白读,后起词为文读,如"高粱扫把"中的"梁"白读为 liaŋ$^{33}$,有时文白读还取决于所处的语音条件,文读配文读,白读配白读。如"撞",被车撞着说 ts$^h$uaŋ$^{42}$,如是被物体及人撞着的话,又说成 tsuaŋ$^{35}$。

第三种情况是文强白弱,白读形式受到词汇条件的限制,某一语素仅在几个有限的词语中有白读形式,以方言词、人名、地名、姓氏中较为常见,如"龚"在姓氏中白读为 tɕioŋ$^{33}$,"姓庙"的"庙"白读为 miu$^{35}$,"屯堡"的"堡"读为 p$^h$u$^{35}$ 或 p$^h$u$^{42}$。随着普通话被作为全民共同交际语逐渐推广,许多白读音最终很可能会消亡。

## 三、屯堡方言的文白异读规律

文白异读常常是由于某一权威方言的渗透导致本地方言语音出现差异,屯堡方言的文白异读受强势普通话和黔中汉语方言的影响较为明显。本文所列字音文白异读的实例均严格遵从陈忠敏指出的规则:"'音'"是指一个音节中声母、韵母或声调三个语音单位的某一项,而不是指整个字音(音节),或音节中的元音、辅音等音素。"[①] 屯堡方言的文白异读在声母、韵母及声调三个方面均有所体现,下文将分别从这三个方面归纳屯堡方言文白异读的主要对应规律。

(一)声母的文白异读

文读声母不送气,白读声母送气。这类字包括古清声母字和全浊声母字,声母都为双唇破裂音、舌尖中音、塞擦音和舌根音,现按照声母的不同分列于下。

---

① 陈忠敏,陆道平,2018. 吴语研究 第九辑 [M]. 上海:上海教育出版社:2.

1. 古清声母字的文白读（共有 15 个字），例如：

造效开一去豪清　tsau³⁵～孽、仿～、～纸厂　tsʰau³⁵改～、～化

箍遇合一平模见　ku³³～倒（蹲着）　　　kʰu³³～桶、～紧、发～（发夹）

膀山合三去桓滂　paŋ⁴²手～子、手～　　　pʰaŋ⁴²猪～～

2. 古全浊声母的文白读（共有 5 个字），例如：

别山开三入仙并　piɛ²¹级～、区～　　　pʰiɛ²¹～针、～上

截山开四入仙从　tɕiɛ²¹拦～、～肢、～流　tɕʰiɛ²¹拦～、～断、～取

择梗开二入庚澄　tsei²¹～要、饥不～食　tsʰei²¹选～、决～、～优

古清声母字和全浊声母字白读都读送气音，即古全浊声母在平声调（今阳平）中变成了送气清音。例外情况见于"撞"字和"伸"字。"撞"依照演变当读不送气音，"伸"是清声母，依规律应读舌尖后清擦音，西南官话读为送气擦音是由于声母发生了变异。

此外，清声母字读为送气音的数量远远多于古全浊声母字读为送气音的数量。按照古今语音的演变规律，古全清声母字今应读不送气音。集中于帮、端、见、精组的古清声母字今读为送气音的一个最主要的原因，是受其方言自身全浊声母白读的影响，即送气规律的牵引。不仅屯堡方言如此，在整个黔中汉语方言中，古清声母字读为送气音的现象也大量存在。

同样，规律也有逆反性。如文读声母是送气双唇爆破音、送气塞擦音，白读声母均为不送气双唇鼻音、塞擦音及擦音。例如："择梗开二入庚澄 tsʰei²¹选～、决～、～优"。以上汉字读音在方言中却读成了不送气音。另外，"乒""乓"二字白读念不送气音，这极有可能是方言的一种"规律逆转"，在这样的趋势下，"塘""踩""蠢"等字也由于"同构变化"读为不送气音。

3. 文读声母是 ø 或 ȵ（l 或 n 的腭化音），白读声母是 x、ŋ、l（或 ȵ）。这些字大多是古影母字，也有一些疑母字（共有 9 字）。例如：

咬效开二平肴影　　—　　　　　liau⁴²、ŋau⁴²～一口、狗～狗

揿咸开二入狎影　ai²¹～打　　　ŋai²¹～打、～倒

严咸开三平严疑　ȵan²¹～格、～氏　ŋan²¹～实、～缝

砚山开四去仙疑　ian³⁵笔墨纸～　ȵan³⁵～台

在《中原音韵》时代，疑母字一部分跟"影""喻"合并，一部分跟"泥""娘"合并，还有一部分独立成小韵。屯堡方言影母 ? 与部分疑母字同变为 ŋ，与《中原音韵》并不完全相符。我们认为屯堡方言的这种变

化，较为合理的解释是 ŋ、ʔ>ø>ŋ，即是说声母发生了部分回头演变。以"哑"字为例，白读声母是 x，发音部位在软腭，下一步的演变很可能会像"严"一样，声母受到细音的影响发生腭化。

4. 古见组字在细音前文读是 tɕ 及 ɕ，白读是 ts、k、kʰ、x（共有 8 字）。例如：

菊通合三入东见　　　tɕiu²¹～花　　　　　　tsu²¹～花、～花茶

叽止开三平微见　　　tɕi³³～～咕咕　　　　ki³³～里呱拉

项江开二上江匣　　　ɕiaŋ³⁵款～、强～　　　xaŋ³⁵～链、～目

"菊、叽、角、局、项、下"今白读符合语音的发展变化，即声母受到 i 介音的影响，发生腭化。不过，"叽"的文读已演变为舌面音，而白读还处于腭化的阶段，演变速度远不如北京音快，具有滞后性。方言的白读反映了对古音的保留。

5. 另有声母不符合古今演变的例子（共有 14 字）。例如：

哪果开一上歌泥　　　la⁴²～儿　　　　　　　a³³～点

么果合一平戈果明　　mo³³多～　　　　　　　ŋo³³这～多

整梗开三上清章　　　tsən⁴²～齐　　　　　　kən⁴²～数、kʰən²¹～个

踢梗开入四锡透　　　tʰi²¹　　　　　　　　　tsua²¹～他一脚

厦假开二麻去生　　　ɕia³⁵～门　　　　　　　sua⁴²偏～、高楼大～

结山开四入屑见　　　tɕi²¹～果子　　　　　　tʂo³³～实

卷山合三上元群　　　tɕien⁴²花～　　　　　　tsau⁴²～袖子

今深开三平侵见　　　tɕin³³～大　　　　　　tsən³³～年

傻假合二上麻生　　　sa⁴²～瓜　　　　　　　xa⁴²～得很

尖咸开三平盐精　　　tɕien³³花～　　　　　　tien³³花～、豌豆～

追止合三平脂知　　　—　　　　　　　　　　luei³³～倒、～上去

他果一开平歌透　　　tʰa³³　　　　　　　　　lei³³是～

的梗开四入锡端　　　tɛ³³　　　　　　　　　　nɛ³³、ȵi³³我～

瘪山开三入薛滂　　　pia⁴²、pie⁴² 口袋～　　iɛ³³、ɕia³³～壳

部分汉字声母的不符合规则演变大致有这样几种情况：（1）受到本身韵母的影响，如哪（那）读成 a³³，由于 a 舌位比较靠后，因此，在语流音变中声母易脱落。"么"读成 ŋo³³，也是如此。（2）发生滞后音变。比如"整踢厦结卷今傻"在方言中读成舌根音、塞擦音、擦音或卷舌音。（3）精母字读成端母字，如尖。（4）端组字读成来母字，如"追他"。（5）端组字读成泥母字，如"的"。（6）"瘪"读成 iɛ³³ 是声母发生脱落现象。

（二）韵母的文白异读

韵母中存在不同的语音层次，主要有这样一些情况：

1. 曾摄开口一等入声字白读与梗摄开口四等入声字白读合流，读 ɛ、ei、i 及 iɛ 韵。例如：

曾开一：

| 黑曾开一入登晓 | — | xɛ²¹∼夜、xei²¹∼ |
| 勒曾开一入登来 | lɛ²¹∼索 | lei²¹∼倒他 |
| 墨曾开一入登明 | mo²¹∼水 | mɛ²¹∼水、∼汁 |
| 刻曾开一入登溪 | kʰɛ²¹∼记号 | kʰi³⁵∼刻 |

梗开二：

| 拍梗开二入庚滂 | — | pʰɛ³³∼手 |
| 嚇（吓）梗开二入庚晓 | ɕia²⁴∼人 | xɛ⁵⁵∼人、∼倒起 |
| 劈梗开二入庚帮 | pʰi³³∼柴 | pʰiɛ⁴²∼开 |

在屯堡方言中读为 ɛ 韵的是曾摄入声德韵字、梗摄开口二等字入声陌韵、麦韵字，显然，这是与中古音类相符的。此外，白读读成 ɛ 韵的还有这样一些情况。例如：

梗开四：

| 的梗开四入锡端 | tɛ⁵⁵他∼ | nɛ⁵⁵、n̠i⁵⁵我∼ |
| 觅梗开四入锡明 | mi²⁴∼头 ∼脑 | mɛ²¹∼倒要 |

宕开一：

| 泊宕开一入唐並 | — | pɛ²¹停∼ |

臻开三：

| 虱臻开三入櫛生 | — | sɛ⁵⁵∼子 |

深开三：

| 涩深开三入侵生 | — | sɛ²¹苦∼、干∼ |

山合一：

| 抹山合一入桓明 | ma²¹随便∼ | mɛ²¹∼苞谷 |

止开三：

| 蜘止开三平支知 | — | tsɛ²¹∼蛛 |
| 这止开三上马知 | — | tsʅ⁵⁵、tsɛ⁵⁵∼么高 |
| 谋流开三平尤明 | mou²¹计∼ | mɛ²¹∼倒要、∼得很 |

王士元说："一种语音演变在单个人的词汇扩散的过程中语音是突变

的，而在词汇上是渐变的。词汇扩散是语音演变得以实现的基本途径之一。"[①] 显然，"的""觅"等梗摄开口入声四等字受到梗摄二等入声字的影响，也相继读为 ε 韵，继而扩散到宕摄开口一等入声字，臻摄、深摄开口三等入声字，山摄合口一等入声字及止摄开口三等舒声字。另外，"劈"字白读为 iε，则是 i 元音发生裂化的结果；"的"字白读韵母是 i，在《中原音韵》时代归属齐微韵，显然其读音保留了古音。

2. 宕摄开口三等入声药韵字与通摄合口三等入声屋韵、烛韵字白读合流，读 iu 韵。例如：

宕开三：

| | | |
|---|---|---|
| 削宕开三入阳心 | — | $\varepsilon iu^{33}$~树桠、~树子、$\varepsilon io^{21}$ 剥~ |

通合三：

| | | |
|---|---|---|
| 育通合三入东以 | — | $iu^{21}$ 教~、~苗、~秧 |
| 菊通合三入东见 | — | $t\underline{s}u^{33}$~花、$t\varepsilon iu^{21}$~花 |
| 曲通合三入钟溪 | — | $t\varepsilon^h iu^{21}$ 弯~、~折 |
| 速通合一入东心 | — | $\varepsilon^h iu^{21}$~度 |
| 去遇合三去鱼溪 | $t\varepsilon^h i^{35}$~年 | $t\varepsilon^h iu^{33}$~年 |

宕摄开口三等、通摄合口三等白读还见于如下情形：

| | | |
|---|---|---|
| 跃宕开三入阳以 | — | $iau^{35}$ 活~、跳~ |
| 雀宕开三入阳精 | — | $t\varepsilon^h io^{21}$~~ |
| 脚宕开三入阳见 | — | $t\varepsilon io^{33}$ 洗~ |
| 妯通合三入东澄 | — | $tsu^{21}$~娌 |
| 轴通合三入东澄 | — | $t\underline{s}u^{21}$ 车~ |
| 促通合三入钟清 | — | $ts^h o^{21}$~进 |

"削""育""去"等宕通摄入声字，"菊"读 u 韵不仅与《广韵》屋韵相同，也与《中原音韵》鱼陌韵相符，读成 iu 韵，则说明该字读音正朝着 y 的方向演变。两读正说明了该字读音在保留古读的同时，也正朝着普通话迈进。"跃"读 iau 韵，与《中原音韵》萧豪韵相符；"雀""脚""药"等宕摄开口三等字读 io 韵正与《广韵》药韵相符；"菊""妯""轴"读 u 韵也与《广韵》屋韵相符；"促"按照演变规律当读 u 韵才合，白读却是 o 韵，其主元音发生低化现象。

---

① 王士元，涂又光，1982. 语言变化的词汇透视［J］. 语言研究（2）.

3. 文读 ou，白读是 o、ɛ、ou 及 au，这类字是流摄及效摄字。

剖流开一上侯滂　　phou³³～析　　　　pho³⁵～鱼、～开

牡流开一上侯明　　—　　　　　　　məu⁴²、mau⁴²～丹

褒效开一平豪帮　　—　　　　　　　pəu³³～义、～奖

卯效开二上肴明　　—　　　　　　　məu⁴²丁～

显然，效摄开口一、二等字"褒""卯"的白读与流摄字合流。"牡"读 əu 韵符合《广韵》音类，读 au 韵则是主要元音低化，而"剖"的白读却单元音化。

4. 文读是 ei，白读是 ei、i。这类字是止摄、齐韵、蟹摄字。

披止开三平支滂　　—　　　　　　　phei³³～衣服

眉止开三平脂明　　mei²¹～目　　　　mi²¹～毛、老～心

备止开三去脂并　　pei³⁵～分　　　　pi³⁵～用、防～、准～

"眉""备"的读音符合《广韵》音类及《中原音韵》系统，而"批"字白读则更进一步发展，与《广韵》及《中原音韵》都不相符，元音前裂化。《中原音韵》时代，以上汉字韵母的读音当为齐微韵 uei。由此可见，它们的白读保留了古韵，而"眉"和"备"字韵母是 i，历史层次比《中原音韵》时代更为古老。

5. 文读是 əu、aŋ，白读是 oŋ、au，这类字是流开一、三等字及宕开一、三等字。

某流开一上侯明　　məu⁴²～人　　　　moŋ⁴²～家～户、～人

斗流开一上侯端　　təu⁴²争～、漏～　toŋ⁴²～篷

皱流开三去侯庄　　tsəu³⁵～纹　　　　tsoŋ³⁵打～～：衣物起褶或皱纹

晌宕开三上阳书　　—　　　　　　　sau⁴²～午、～午饭

堂宕开一平唐定　　thaŋ²¹～哥　　　　thau²¹～屋

塘宕开一平唐定　　thaŋ²¹水～　　　　thau²¹～官屯

这类读音非常有趣的一点是，阴声韵的字读成阳声韵，而阳声韵的字却又读成阴声韵。

6. 文读分别是 io、ie、iɛn、i 及 o，白读分别是 o、a、au、uan。

角江开二入江见　　tɕio²¹～落　　　　ko²¹牛～、ko²¹～、kho²¹～～头

夹咸开二入咸见　　tɕiɛ²¹～住　　　　kha³³～住

街蟹开二平佳见　　tɕiɛ²¹～道　　　　kai³³～道

睫咸开三平盐精　　tɕiɛ²¹～毛膏　　　tsa²¹眼～毛

二等开口牙喉音今白读还是舌根音，而文读音则变为细音，符合语音演变规律；而"睫"作为咸摄三等开口字，显然也是受到蟹摄、咸摄二等开口见组字的牵引同读为洪音。

7. 文读分别是 ε、i、o、uən，白读分别是 uən、in、uan、uaŋ，这类字是果摄、遇摄、山摄及臻摄字。

| 蛇果开一平歌透 | sε$^{21}$ 老～ | suən$^{35}$ ～子 |
| 于遇合三平虞云 | i$^{35}$ ～是 | in$^{21}$ 等～说 |
| 做遇开一去模精 | tso$^{35}$ ～事 | tsəu$^{35}$ ～事情、～作业 |
| 珊山开一平寒心 | — | ʂuan$^{33}$ ～瑚 |
| 删山开二平删生 | — | ʂuan$^{33}$ ～除、～改 |
| 蠢臻合三上谆昌 | tsʰuən$^{42}$ 愚～ | tʂuaŋ$^{42}$ ～棒：愚蠢 |

"蛇"读成 suən$^{35}$ 主要是因为人们觉得蛇是不吉利的动物，民间常常有看到蛇交就会带来极大灾难的说法，因此读成 suən$^{35}$ 是谐音"顺"；"于"读成 in$^{21}$，是由于话说得比较快，就会受到前面一个音"等"字鼻音韵尾的影响；"删""珊""蠢"则是由于在屯堡人的发音中，这三个字的声母都是卷舌音，在话说得比较快的时候，卷舌音后面易生出 u 介音，另外，"做"读成 tsəu$^{35}$ 则是主元音发生了前裂化。

（三）声调的文白异读

声调的文白异读主要见于文读是 21、35，白读为 33 的字，例如：

| 辰臻开三平真禅 | tsʰən$^{21}$ 时～ | tsʰən$^{33}$ 年～ |
| 尘臻开三平真澄 | tsʰən$^{21}$ 灰～ | tsʰən$^{33}$ 扬～ |
| 层曾开一平登从 | tsʰən$^{21}$ 夹～ | tsʰən$^{33}$ 几层～ |
| 镐效开一上效匣 | xau$^{35}$ ～京 | xau$^{33}$ ～刀 |
| 圆山合三平仙云 | iɛn$^{21}$ 方～百里 | iɛn$^{33}$ 团～ |
| 破果合一去戈滂 | pʰo$^{35}$ ～坏 | pʰo$^{33}$ ～闯 |
| 杨宕开三平阳以 | iaŋ$^{21}$ 姓～ | iaŋ$^{33}$ 白～树 |
| 阳宕开三平阳以 | iaŋ$^{21}$ 姓～ | iaŋ$^{33}$ 重～ |

以上汉字都是全浊或次浊非入声字，白读都都为阴平调。吴伟军的研究认为，阴平调为 33 的体现的是明代移民的底层："云南省的东部和贵州省的川黔方言的黔中片、过渡区、黔东南聚集了绝大多数的明代汉族移民，因此，这些地区阴平调值的中平调的历史层次是明代，或者说是明代

汉移民的底层。"[1]

## 四、对文白异读叠置的思考

由于受到普通话的强烈影响，屯堡方言中新派和老派的文白异读同样出现了新的发展变化。我们将青年口音中的新层次的文读音称为"新文读音"，中老年口音中的文读音称为"旧文读音"。语言本身的功能就是交际，屯堡方言中的新文读音与原有的白读音、旧文读音、非异读音在日常的交际中呈现叠置状态。

### （一）原白读层或消失或萎缩

一些在中老年语音系统中的文白异读，在青少年口语中只剩下一种读音，原来的白读音消失，异读词变成了非异读音类。例如"鸦乌～"原白读 $ua^{35}$ 消失，现青少年只知道读 $ia^{33}$；"吕 $\eta ei^{42}$"多在 50 多岁以上中老年人中流行，青少年多模仿普通话的读法，但由于矫往过正，往往读成 $ni^{42}$，常被上年纪的人调侃为倒洋不土。另外，很多词年轻人已不再两读，如"的"白读 $ne^{33}$、$ni^{33}$，但随着时代的发展，人们认为读 $ni^{33}$ 显得比较土气，因此，近年来 $ni^{33}$ 的读音比较少见。此外，即使在中老年口语中，很多词的老派读音也处于萎缩状态，适用范围逐渐缩小。如"厕"字读成 $s\gamma^{33}$，容易让人产生这样的联想：蚊子到处飞，臭气熏天，环境极为恶劣。由于人们居住条件的不断改善，厕所的环境也相应发生了变化，因此，$s\gamma^{33}$ 逐渐被 $ts^h\varepsilon^{21}$ 代替。

### （二）新文读层的产生

由于受到普通话的巨大冲击，青少年的语音文白系统中出现了一种新层次的文读音，如"菊"原来只有一种读音 $t\mskip1mu\text{ş}u^{21}$，近年来又增加 $t\varepilon i\math97u^{21}$，显然，这是向普通话靠拢的结果。另外，这种新文读音与北京话非常接近，这种新文读音与原有的音叠置在一起，使共时系统出现较为复杂的状态，主要体现为以下几类情况：

1. 新文读音同原来存在的非异读音一起构成二层叠置。原来的非异读音类在新文读音的影响下变成了异读音类，即这些字原在中老年的语音系统中只有一种读法，新文读音产生以后与非异读音构成二层叠置。例如

---

① 吴伟军，2007. 屯堡方言声调系统共时历时比较［J］. 贵州师范大学学报（5）.

"哑"原来只有白读音"xa$^{33}$声音～",现有文读音"ia$^{42}$～巴";"族"原来只有文读音"tʂ$^h$u$^{21}$",现又增加了白读音"tʂ$^h$iu$^{21}$～别"。"陌""墨"原来只有旧文读音,新文读音产生以后,原来的文读音降格为白读,新文读音与旧文读音构成文白异读。

2. 新文读音取代旧文读音,完成竞争,只剩下一种文读音,如"虹"旧文读音 kaŋ$^{35}$,新文读音 xoŋ$^{35}$。

3. 新文读层产生的同时,旧文读层消亡,新文读层与白读构成二层叠置,如"摁"旧文读"ŋən$^{42}$～手",新文读"kən$^{42}$""ən$^{42}$～手"。

4. 新文读层产生的同时,旧白读层消亡,新文读层与原旧文读层构成二层叠置,旧文读变为白读,例如"咬"原来有文读 ŋau$^{42}$,现在青少年口语中文读 øiau$^{42}$,白读是 liau$^{42}$ 或 ŋau$^{42}$。

新派文读只出现在年轻人的范围内,这明显是受到普通话的影响。尽管目前在新老文读的对峙中,新派文读在社会生活中还不具有权威性,而老派文读则具有相当的稳固性和权威性,但随着时间的推移,新派文读这种语音势力将会不断地扩展。

### (三) 旧文读层的消失

新文读层产生以后,旧文读层可能会消失,具体表现为两种情况:一是原文读音消失,如"宴"旧文读"ŋan$^{35}$时间～",新文读"an$^{35}$～子春秋";"屯"现大多数人只会说 t$^h$ən$^{21}$,忘记了它还有另一文读 t$^h$ən$^{35}$;二是原文读地位变化,降为白读,如"菊"原文读是 tʂu$^{21}$,后降为白读。文读形式不是一成不变的,随着政治、经济、文化中心的改变及权威方言的更替,语言中可能出现新的文读形式。新文读音产生后有可能导致共时系统中出现三层叠置的局面,但根据文白异读的竞争机制,结合语言的经济原则,三音共存的状况也许不会长久,三音叠置可能只是一个过渡阶段。在新文读音与旧文读音展开的竞争中,往往旧文读音被排挤掉。调查显示,一些三音并存的文白异读在屯堡青少年的语音系统中大多已经是两音并存或只剩下一种读音,有的虽没有完全消失但极度萎缩,如老人说"勾腰"(弯腰),也常说"xa$^{33}$腰"或"ɕia$^{33}$腰",但年轻人多说"勾腰"。

## 五、结语

叶晓芬认为："在屯堡方言的声母、韵母、声调中，叠置着明清以来官话移民的底层，譬如卷舌音读为 tʂ、tʂʰ、ʂ、ʐ，这与南京话中的卷舌音有相似之处；而将卷舌音读为 ts、tsʰ、s、z 的则被其他方言覆盖，其底层多以清代移民为主。"[1] 此外，有部分汉字声母的白读较为特殊，譬如"尖"读为 tien$^{33}$，"追"读如 luei$^{33}$，其深层原因还有待进一步研究。再如，对于"今天"一词，老派读音用 tɕin$^{33}$ə$^{33}$，然而现今很多年轻人都是用 tɕin$^{55}$ tʰien$^{55}$ 表达了。屯堡方言声调有大量白读为 33 调，这与周围西南官话的 55 调迥然不同，显然这是明代移民的读音，而读为 55 调的则是受到清代移民方言覆盖的结果。此外，随着普通及周边西南官话的冲击，屯堡方言的发音也越来越向普通话靠拢。

**参考文献**

[1] 陈忠敏，2013. 汉语方言语音史研究与历史层次分析法［M］. 北京：中华书局.

[2] 徐通锵，2022. 历史语言学［M］. 北京：商务印书馆.

[3] 王士元，涂又光，2013. 语言变化的词汇透视［J］. 语言研究（2）：34－48.

[4] 吴伟军，2007. 屯堡方言声调系统共时历时比较［J］. 贵州师范大学学报（社会科学版）(5)：38－42.

[5] 叶晓芬，雷鸣，2013. 简论黔中汉语方言的历史形成［J］. 怀化学院学报 32（10）：15－18.

---

① 叶晓芬，雷鸣，2013. 简论黔中汉语方言的历史形成［J］. 怀化学院学报 32（10）：15－18.

# 壮语文马土语的浊塞音*

## 一、概况

文马土语是壮语南部方言中最为独特的一种土语，分布在云南省文山壮族苗族自治州的文山、马关、砚山、麻栗坡等地。说这种土语的人自称 dai²，历代史志称之为"土僚"或"土佬"，或根据妇女衣着颜色而分为"花土僚"和"白土僚"；附近其他民族则根据妇女包头样式的不同，将其分为"搭头土佬""尖头土佬"和"平头土佬"。① 20 世纪 50 年代，"土佬"支系跟当地的"侬""沙"等支系一并被称为壮族②。

学者们通常认为，文马土语的一个突出特点是双数调音节的声母保留了原始台语的浊塞音和浊塞擦音，举例如表 1。③

表 1  双数调音节的声母在文马土语中读为浊音

| | 肥 | 次 | 河 | 铜 | 旗 | 拳 | 尝 | 养 |
|---|---|---|---|---|---|---|---|---|
| 文山<sub>黑末</sub> | bi² | bai² | do⁶ | duŋ² | gi² | gin² | dzən² | dzəŋ⁴ |
| 龙州 | pi² | pai² | ta⁶ | to:ŋ² | ki² | kwi:n² | tɕim² | tɕɤ:ŋ² |
| 来宾 | pei² | pai² | ta⁶ | toŋ² | kei² | kuɯ:n² | — | tsɯ:ŋ⁴ |
| 武鸣 | pi² | pai² | ta⁶ | toŋ² | kai² | kiən² | ɕim² | ɕiəŋ⁴ |

* 本文作者：韦名应，云南民族大学民族文化学院教授；李静，云南民族大学中印瑜伽学院讲师。本文原刊《民族语文》2019 年第 5 期。本项研究得到国家社科基金青年项目"壮语方言浊音走廊浊塞音研究"（16CYY059）、国家社科基金重大项目"中缅泰老越印度六国跨境傣泰语言比较研究"（17AZD317）资助。本文的田野调查得到了多位发音人的热情帮助，研究生卢玉婷和王碧玉做了许多工作；在广西民族大学和广西大学的两次讲座中，韦树关、蒙元耀、韦远诚、覃凤余、唐七元等诸位师友提出了不少宝贵意见，一并致以诚挚谢意。文中若有疏漏，概由笔者负责。

① 据发音人王有泉先生告知，"土佬"支系的三个分支中，"搭头土佬"分布在文山市德厚镇、薄竹镇及砚山县平远街等地；"尖头土佬"分布在马关、西畴、麻栗坡等县；"平头土佬"分布在文山坝区、盘龙江谷地。

② 张均如，1987. 壮语文麻土语的音类演变 [J]. 民族语文（5）.

③ 张均如，梁敏，欧阳觉亚，等，1999. 壮语方言研究 [M]. 成都：四川民族出版社：48-49，164-165.

据李方桂①，梁敏、张均如②，吴安其③等人的研究，原始台语的浊塞音④声母通常有两套⑤，一套构拟为普通浊塞音*b、*d、*g等，另一套为先喉塞浊音 *ʔb、*ʔd 等，四声八调以后，它们分别与双数调和单数调相配。前者在广大台语地区一般已经清化，如表 1 的龙州、来宾、武鸣等地，但在文马土语黑末话中读为浊塞音。这个特别的现象，一直被认为是保留了古浊塞音*b、*d、*g 的读法，并被作为古音重建的重要证据⑥⑦⑧⑨。本文认为文马土语双数调塞音读为 b、d、g 不是存古而来，而是后起的。

## 二、调查程序

为了考察双数调塞音在文马土语中的音值，梳理它与*ʔb、*ʔd 之间的音类分合关系，我们于 2012 年 10 月到文山州文山市、马关县等地进行了一次专项考察。调查词表有两份：一份出自张均如等⑩⑪"词汇表"的浊塞音声母例词；一份出自"壮语方言语音调查提纲"⑫ 中的浊塞音声母例词。本文先把两类浊塞音分开，然后按照调类进行排列，再进行录音。每个例词一般读两遍，少数例词有重复的，读三四遍。录音电脑型号为

① 李方桂，2011. 比较台语手册［M］. 丁邦新，译. 北京：清华大学出版社.

② 梁敏、张均如，1996. 侗台语族概论［M］. 北京：中国社会科学出版社.

③ 吴安其，2002. 汉藏语同源研究［M］. 北京：中央民族大学出版社.

④ "浊"有多重含义。本文的"浊"是指语音学上的带声，即声带振动，主要涉及两类塞音：普通浊塞音（常态带声/振声塞音），如 b、d、g；内爆（浊塞）音，如 ɓ、ɗ、ɠ。语音学上，内爆音通常也是带声的（见朱晓农的相关研究），但音系学上一般与单数调相配，李方桂先生的相关研究发表以后，学界称之为"先/前喉塞音"，标写为 ʔb、ʔd。如果指音类上的"浊塞音"，下文称"古浊塞音"或"双数调（浊）塞音"。另，本文的塞音包括爆发音和塞擦音，只是在引用文献时仍按原文写法。

⑤ 梁敏、张均如还构拟了一套浊送气*bɦ、*dɦ、*gɦ 等，以解释侗台语声调的特殊交替。

⑥ 张均如，1980. 原始台语声母类别探索［J］. 民族语文（2）.

⑦ 张均如，1992. 侗台语族声调的发生和发展［M］//民族语文研究新探. 成都：四川民族出版社：76.

⑧ 梁敏，张均如，1996. 侗台语族概论［M］. 北京：中国社会科学出版社：88.

⑨ L－Thongkum, Theraphan, 1977. Implications of the retention of proto－voiced plosives and fricatives in the Dai Tho language of Yunnan Province for a theory of tonal development and Tai language classification. Jerold A Edmondson , David B Solnit（eds）. Dallas：Summer Institute of lnguistics and the university of Texas at Arlington.

⑩ 张均如，1987. 壮语文麻土语的音类演变［J］. 民族语文（5）.

⑪ 张均如，梁 敏，欧阳觉亚，等，1999. 壮语方言研究［M］. 成都：四川民族出版社：595－808.

⑫ 覃国生，1996. 壮语方言概论［M］. 南宁：广西民族出版社：130－143.

Lenovo 121e，软件为 praat，配用 MINIBOX 外置声卡和话筒。录音地点在马关和文山较为安静的宾馆。录音时间为 2012 年 10 月。发音人情况见表 2（表中"年龄"指发音人录音时的年龄）。

表 2　发音人资料

| 性别编号 | 方言点 | 具体地址 | 姓名 | 年龄 | 职业 | 文化程度 | 分支 |
|---|---|---|---|---|---|---|---|
| 男 1 号 | 文山新华 | 文山市马塘镇新华村委会新华村 | 田国书 | 54 | 公务员 | 大专 | 搭头土佬 |
| 男 2 号 | 马关田房 | 马关县南捞乡曼铳村委会田房村 | 田富成 | 60 | 退休教师 | 中专 | 尖头土佬 |
| 男 3 号 | 文山新平 | 文山市区新平街道办事处喜德冲村 | 王有泉 | 60 | 退休教师 | 中专 | 平头土佬 |
| 女 1 号 | 文山开化 | 文山市区开化街道办事处西山区 | 王德秀 | 56 | 农民 | 小学 | 平头土佬 |

张均如先生于 20 世纪 50 年代中期最先调查了文马土语，调查点为文山市马塘镇黑末村委会黑末大寨。本文男 1 号发音人为马塘镇新华村人，该村与黑末村直线距离仅两三公里，其情况与张均如[①]报道的黑末话最为接近。男 2 号与男 1 号距离上比较接近。男 3 号和女 1 号是文山坝区、盘龙江谷地的"平头土佬"，两者发音情况大体相同，但与前两位差别较大。

## 三、实际音值及音类分合

以往学界对原始台语 *ʔb、*ʔd 和 *b、*d、*g 这两类浊塞音在文马土语中的实际音值及其音类分合的描述并不一致。张均如认为文马土语黑末话 b、d、g 等强度和响度都减弱了，ʔb、ʔd 等先喉塞成分较轻微，但在音类方面，又认为 *b、*d 与 *ʔb、*ʔd 已经合流。[②] 另一方面，张均如等[③]认为黑末话的双数调浊塞 b、d 实际上是 ʔb、ʔd，与单数调的先喉塞浊音 *ʔb、*ʔd 合流，而 dz、g 则是普通浊音。同样的调查点和调查者对浊塞音的描写却有些不同。

Teraphan[④]记录了文马土语 3 个调查点的语料，分别为马关县马白镇

---

① 张均如，1987. 壮语文麻土语的音类演变 [J]. 民族语文（5）.

② 张均如，1987. 壮语文麻土语的音类演变 [J]. 民族语文（5）.

③ 张均如，梁敏，欧阳觉亚，等，1999. 壮语方言研究 [M]. 成都：四川民族出版社：48－49，164－165.

④ 此文献由侬常生博士提供，其中三个调查点的对应和对译也由其帮忙确定。特此致谢。

芦柴冲村（Luchaichong Village，属尖头土佬）、文山县薄竹镇新回龙村（Xinhuilong Village，属搭头土佬）以及文山县开化镇气生果村（Qixinguo Village，属平头土佬）。早期的 *ʔb、*ʔd 与 *ʔb、*ʔd 在前两个点合流，记为 b、d；但在气生果村，仍分为两个系列：*ʔb、*ʔd 读为 b、d，而 *b、*d 则变成了 b、d。这里的 b、d 表示的是半浊音或部分带声（partially voiced），即持阻期前半带声，后半清声。目前所知的半浊音只是全程带声（fully voiced）的一种变体①，因而，Teraphan 所记录的全程带声与部分带声的对立是值得怀疑的。

本文考察的结果与前述学者的描写有所不同。四位发音人的浊塞音音值及音类情况见表3。

表 3　发音人浊塞音的语音表现及音类分合统计

| 发音人 | 内爆音 | 弱内爆音 | 普通浊音 | 鼻冠塞音 | 清音浊流 | 总读例数② |
|---|---|---|---|---|---|---|
| 男1号 | 115单48、双67 | 82单39、双43 | 143单66、双77 | 5单1、双4 | 0 | 345单154、双191 |
| 男2号 | 166单67、双99 | 24单14、双10 | 174单81、双93 | 30单16、双14 | 4双 | 398单178、双220 |
| 男3号 | 84单 | 5单 | 0 | 0 | 96双 | 185单89、双96 |
| 女1号 | 89单 | 4双 | 4单 | 0 | 102双 | 199单93、双106 |

早期台语③的 *ʔb、*ʔd 和 *b、*d、*g 等在四位发音人中的音类及音值分为两种类型：

（1）混合型（男1号和男2号）。*ʔb、*ʔd 和 *b、*d 合流，主要表现为内爆音（包括一般内爆和弱内爆）和普通浊塞音两大类。其中，男2号的内爆音读例稍多于普通浊塞音（190∶174），并有一些鼻冠塞音变体；男1号的内爆音读例则比普通浊塞音多（197∶143）。

（2）分划型（男3号和女1号）。两类浊塞音截然分划，早期单数调的 *ʔb、*ʔd 仍在单数调，读为内爆音 ɓ、ɗ，除了女1号有4例读为普通浊塞音；而早期双数调的 *b、*d、*g 等表现为程度不等的"清音浊流"（气声）pɦ、tɦ、kɦ，仅女1号有4例读为弱内爆音。

---

① 朱晓农，2018. 语音答问［M］. 上海：学林出版社：80—81.

② 男1号和男2号用的是第一份词表，男3号和女1号用的是第二份词表，读例数有差别，但不影响结论。

③ 考虑到台语声类的清浊与声调的阴阳/单双存在直接而密切的关系，为了方便声母辅音与声调格局的论述，这里的早期是指四声八调之初。四声八调格局是侗台语声调的标准格局，上承四声，下启八调，与此直接相关的是，这个时期的声母辅音与原始台语时期的声母辅音一脉相承。

## 四、双数调 b、d、g 的来源

目前文马土语双数调塞音还有 b、d、g 的读法。学界通常认为，这是早期台语双数调浊塞音 *b、*d、*g 的遗留。文马土语的双数调塞音主要有内爆音、普通浊塞音和"清音浊流"（气声）三大类读法。原始文马土语双数调塞音的重建，可以先排除内爆音这种形式，因为早期的内爆音与单数调相配，双数调内爆音系后起。此外，还存在这样几种可能：（1）普通浊塞音 b、d、g；（2）"清音浊流" pɦ、tɦ、kɦ；（3）前两类音的复合"浊音浊流" bɦ、dɦ、gɦ；（4）还可能存在一个未知形式 X。它们分别与单数调的 *ʔb、*ʔd 相配，形成如表 4 的塞音格局。

表 4　早期台语可能的塞音声母格局

| 格局Ⅰ | 格局Ⅱ | 格局Ⅲ | 格局Ⅳ |
|---|---|---|---|
| *ʔb单① | *ʔb单 | *ʔb单 | *ʔb单 |
| *b双 | *pɦ双 | *bɦ双 | X双 |

下面本文将从声类格局的角度，分别评估这几种塞音声母格局的可能性。

（1）原始文马土语声母塞音格局是 *ʔb单~*pɦ双 而不是 *ʔb单~*b双

第一，从声类分合的系统性来看，目前侗台语中没有一种语言存在 ʔb单~b双 这种声母塞音格局。文马土语男 1 号、男 2 号的确存在 b、d、g，也存在 ʔb、ʔd、ʔg，但这两类音并没有系统界限②，也看不出它们之间有什么明显趋势，而是整体混合在一起的，分不出单数调和双数调两个类别。而男 3 号和女 1 号的 ʔb单~pɦ双 格局，两个声类截然分划，与单数调和双数调系统对应，更符合早期台语简明、有序、系统的特征。

第二，从实际音值来看，文马土语双数调塞音目前读为普通浊塞音的比例并不占优，读为内爆音的更多，内爆音（包括弱内爆）与普通浊塞音在男 1 号、男 2 号的比例分别为 142％（110∶77）和 117％（109∶93）；男 3 号和女 1 号的双数调塞音没有一例读为普通浊塞音。可见，直接把目

---

①　为了方便表述，这里用 *ʔb 代表 *ʔb、*ʔd，用 b 代表 b、d 等。暂不涉及 p、ph 等清塞音声母。

②　我们还调查了文山、马关、砚山、西畴、麻栗坡等地的 8 位发音人，凡是双数调塞音同时有 b、d、g 和 ɓ、ɗ、ɠ 两类读法的，它们之间都没有系统界限。

前双数调塞音 b、d、g 视为古浊塞音的遗留，并非天然合理。

第三，从语音区别度来看，ɓ、ɗ、ɠ 与 b、d、g 均为带声塞音，区别度较低，尤其是弱的内爆音和普通浊塞音，在发音和听感上都很接近，即使是受过训练的人在调查记录时也难以分清。而 ɓ、ɗ、ɠ 与 pɦ、tɦ、kɦ 的区别度相对较高，前者发音时声带较紧、较硬，后者较松、较软，听感上一个清脆响亮，一个低沉浑浊。因而 *ʔb单～*pɦ双 格局更符合语言的区别原理。

第四，从内爆音的强弱来看，分划型的内爆音较强，听感上爆发清脆、响亮。声学上，持阻声波清晰明朗，周期性强，是简单正弦波，从左至右有规律、成比例地扩大，增幅明显，形成三角形（如图 1 中女 1 号和男 3 号"薄"的发音）[①]。从变体统计来看，男 3 号和女 1 号分别有 94% 和 95% 以上的内爆音还是典型的内爆音，只有 4～5 个读例读为弱内爆音和普通浊塞音；而混合型的内爆音听感上总体较低沉、僵硬。声学上，持阻声波从左至右增幅不甚明显（如图 1 中男 1 号"薄"的发音），不够清晰明朗，不平滑，周期性较差，每个周期内的波形有小分叉或突起，不是简单正弦波（如图 1 中男 2 号"薄"的发音）。弱内爆音和普通浊塞音的读例占到 68%（男 1 号）和 56%（男 2 号）。可见，分划型的内爆音更符合早期的典型特征，混合型的内爆音是后起的弱化特征，与此对应的 *ʔb单～*pɦ双 格局更符合语言的早期特征。

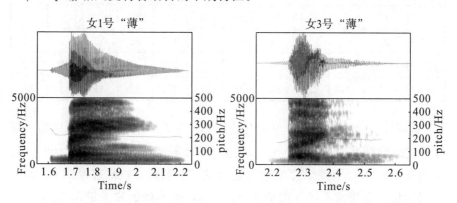

① 对内爆音持阻波形的描写参见韦名应（2015）。"三角形"这一说法引用了麦耘（2017）对内爆音持阻波形的描述。

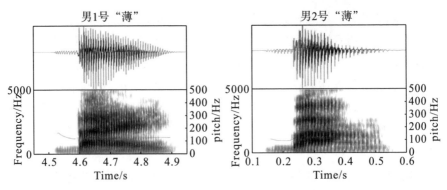

**图 1 四位发音人 ɓaːŋ¹ "薄"的语图**

第五，从声调格局来看，男 3 号和女 1 号的声调格局大体上是"阴高阳低"（见表 5）①，这与公认的台语"阴高阳低"的四声八调格局相符，是较早期的特征；而男 1 号和男 2 号的声调格局，单、双数调并不是截然分化的两个系列，它的 T1 反而比 T2 低，是晚起的变化，与早期的四声八调格局较远。由于声类清浊与声调阴阳/单双/高低有着直接的对应关系，因而，与之相应的分划型的 *ʔb单～*pɦ双 更适合作为早期的声母塞音格局。

**表 5 四位发音人的调类调值**

| 发音人 | T1 | T2 | | T3 | T4 | T5 | T6 | T7短 | T7长 | T8短 | T8长 |
|---|---|---|---|---|---|---|---|---|---|---|---|
| 男 1 号 | 211 | 31 | | 24 | 23 | 54 | 433 | — | — | — | — |
| 男 2 号 | 211 | 41 | | 24 | 33 | 55 | 443 | 33 | 55 | 42 | 43 |
| 男 3 号 | 332 | 31 | 221 | 24 | 21 | 52 | 231 | 33 | 44 | 32 | 23 |
| 女 1 号 | 322 | 41 | 221 | 23 | 21 | 51 | 231 | 33 | 44 | 43 | 23 |

第六，也是最重要的，从演化方向和代际差异来看，如果把原始文马土语的双数调塞音重建为 *b、*d、*g，那么需要解释 b、d、g＞pɦ、tɦ、kɦ/ph、th、kh。问题在于它能否这么变？一般而言，常态带声 b、d、g 如果清化，会变成不送气的清声 p、t、k，如英语的常态带声 b、d、g，清化以后变读成不送气的 p、t、k，它不带浊流，后续的演化也没有送气。这种变化可以从代际差异中得到印证：张均如先生 1950 年代调查文马土语黑末话时，就发现有些本该读为浊塞音 b、d、g 的双数调例词，它们的声母已经变读为清塞音了，如：pəɣ（"叫牛向右转"），tɣu（"疲

① 男 3 号和女 1 号的 T2 有两个调值，其中的 221 调带有气声，是较早的特征。

倦"），以及表示从事各种工作的人的词头 kəɣ$^6$/gəɣ$^6$。这几个音节的声母本来读浊塞音，变读为清塞音后都不送气。本文团队调查了黑末村委土基冲村（与 1950 年代张均如先生的调查点黑末大寨邻近）的三位年轻人，发现在 1950 年代记为浊塞音 b、d、g 声母的双数调例词中，年轻人要么读 b、d、g，要么读不送气的 p、t、k。

表 6　土基冲话双数调浊塞音声母的清化

| 发音人 | 兄、姐 | 还 | 晚饭 | 成 | 沸 | 口袋 | 肥 | 铜 | 肚子 | 草木灰 | 碓 |
|---|---|---|---|---|---|---|---|---|---|---|---|
| 中派 | bi$^6$ | buai$^2$ | bəu$^2$ | bən$^2$ | ba$^2$ | bəu$^2$ | bi$^2$ | duŋ$^2$ | duŋ$^4$ | dəu$^6$ | duai$^6$ |
| 新派1 | bi$^6$ | buai$^2$ | pəu$^2$ | bən$^2$ | pa$^2$ | bəu$^2$ | pi$^2$ | tuŋ$^2$ | duŋ$^4$ | təu$^6$ | duai$^6$ |
| 新派2 | pi$^6$ | puai$^2$ | pəu$^2$ | pən$^2$ | pa$^2$ | pəu$^2$ | pi$^2$ | tuŋ$^2$ | tuŋ$^4$ | təu$^6$ | tuai$^6$ |
| 新派3 | pi$^6$ | puai$^2$ | pəu$^2$ | pən$^2$ | pa$^2$ | pəu$^2$ | pi$^2$ | tuŋ$^2$ | tuŋ$^4$ | təu$^6$ | tuai$^6$ |

| 发音人 | 河 | 打 | 拐杖 | 桌 | 钳子 | 是 | 养 | 双量词 | 跪 | 懒 | 人 | 件 |
|---|---|---|---|---|---|---|---|---|---|---|---|---|
| 中派 | do$^6$ | dəŋ$^4$ | dəu$^4$ | dzuŋ$^2$ | dzən$^2$ | dzə$^6$ | dzən$^4$ | gu$^6$ | gi$^6$ | gāŋ$^4$ | gun$^2$ | guŋ$^2$ |
| 新派1 | to$^6$ | dəŋ$^4$ | dəu$^4$ | tsuŋ$^2$ | tsən$^2$ | dzə$^6$ | dzən$^4$ | gu$^6$ | gi$^6$ | kāŋ$^4$ | gun$^2$ | kuŋ$^2$ |
| 新派2 | to$^6$ | təŋ$^4$ | təu$^4$ | tsuŋ$^2$ | tsən$^2$ | tsə$^6$ | tsən$^4$ | ku$^6$ | ki$^6$ | kāŋ$^4$ | kun$^2$ | kuŋ$^2$ |
| 新派3 | to$^6$ | təŋ$^4$ | təu$^4$ | tsuŋ$^2$ | tsən$^2$ | tsə$^6$ | tsən$^4$ | Ku$^6$ | ki$^6$ | kāŋ$^4$ | kun$^2$ | kuŋ$^2$ |

　　如果把原始文马土语的双数调塞音重建为 *pɦ、*tɦ、*kɦ，则可以很好地解释目前文马土语双数调音节的"浊流"和送气的分化。如男 3 号和女 1 号的双数调 T2，一部分音节带有低沉的"浊流"（221），这是存古特征，而另一部分未保留"浊流"的音节，其塞音声母则读成了送气音，如 phan（"磨~刀"）、"phēŋ（"布"），同时调头抬升为 31/41。其原因就在于，pɦ、tɦ、kɦ 的"浊流"清化以后就变成了 ph、th、kh 中的送气成分。

　　综上所述，原始文马土语的塞音声母格局是 *ʔb$_单$～*pɦ$_双$，而不是 *ʔb$_单$～*b$_双$，因此原始文马土语双数调塞音声母是"清音浊流"的 pɦ、tɦ、kɦ，而不是通常所认为的 b、d、g。

　　（2）原始文马土语声母塞音格局是 *ʔb$_单$～*pɦ$_双$ 而不是 *ʔb$_单$～*bɦ$_双$

　　格局Ⅲ看似为格局Ⅰ和格局Ⅱ的复合，但实际上与格局Ⅱ是同一类型。据朱晓农研究[①]的最新发声态框架，气声类下辖浊气态、弛声和弱弛态三种发声态。浊气态如 bɦ[②]（严式音标为 b̤ɦ/b̤），即所谓的"浊音浊

---

[①]　朱晓农，2018. 语音答问［M］. 上海：学林出版社：55-56.
[②]　气声是整个音节的属性，这里为突显和方便起见，仅列声母塞音。

流"或"浊送气";弛声如 pɦ(严式音标为p̌),即"清音浊流",与弱弛态 p̌ 互为变体,只是气声强弱不同,在世界语言中未发现有对立。所以 ʔb单~pɦ双 与 ʔb单~bɦ双 是同一格局。但考虑到有浊送气的语言,"大多在印度次大陆,像是南亚的一个区域特征"①,所以我们认为,原始文马土语的塞音声母格局为 *ʔb单~*pɦ双,而不是 *ʔb单~*bɦ双。至于格局Ⅳ,逻辑上的可能性很小,对此保持注意即可。

## 五、气声的内爆化与内爆气声

如上所述,原始文马土语的声母塞音格局是 *ʔb单~*pɦ双,这就意味着目前的双数调塞音 b、d、g 不是早期台语的遗留,而是后起的现象,来自于"清音浊流"pɦ、tɦ、kɦ。那么,pɦ、tɦ、kɦ 是如何变成 b、d、g 的呢?我们先来看一些气声音节共时变异的例子。

阳调类音节在苗语中通常读为"清音浊流"。图 2 是黔东凯里苗语②的四个阳调类读例(两个 T4 读例和两个 T6 读例)。在一般情况下,它们的声母辅音都读为 tɦ/tʰ(ɦ 上标表示气声稍弱)、pɦ,但在图 2 几个读例中,其音节在塞音除阻前,都带有长短、粗细不等的"浊冠"/浊声杠,波形由小变大,说明声母已经不是塞音 tɦ/tʰ,而是变读为很弱或较弱的内爆音 ɗ、ɓ。

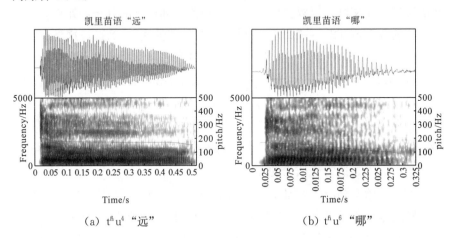

(a) tʰu⁴ "远"　　　　　　(b) tʰu⁶ "哪"

① 朱晓农,2010. 语音学 [M]. 北京:商务印书馆:87.
② 黔东凯里苗语的发音人为中央民族大学石德富教授。前三个读例是笔者在 2010 年采集的录音中发现的,第四个读例是笔者在朱晓农先生 2012 年采集的录音中发现的,特表谢意。

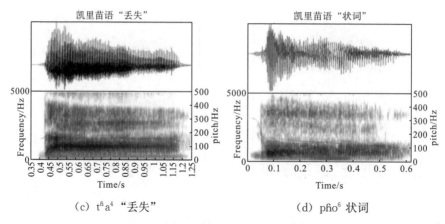

（c）tʰaᐟ⁴ "丢失"　　　　（d）pɦoᐟ⁶ 状词

**图2　黔东凯里苗语的四个阳调类读例**

湘语邵阳白仓话①的阳平字通常读为"清音浊流"，但在图3两个读例中，本该念成塞音 tʰ/ tɦ 的声母，都变读为内爆音 ɗ。

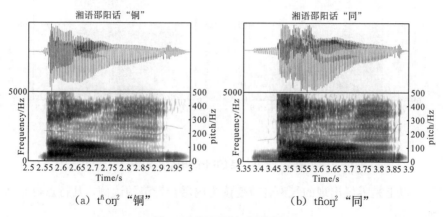

（a）tʰoŋᐟ² "铜"　　　　（b）tɦoŋᐟ² "同"

**图3　湘语邵阳白仓话读例**

四川中江老湖广话②的阳平字通常读为"清音浊流"，但在图4的四个读例中，声母辅音 tɦ/tɕɦ 均变读为内爆音 ɗ/ɗʑ 。

　　① 湘语邵阳白仓话的发音人是邹晓玲博士，该录音材料是邹博士与笔者于2016年在广州录制的，特表谢意。右边的读例 tɦoŋ（"同"又见于朱晓农、邹晓玲（2017），是笔者与两位作者一起发现的。

　　② 四川中江老湖广话的录音材料由阳蓉博士调查采集并慷慨提供，对此表示诚挚的谢意。

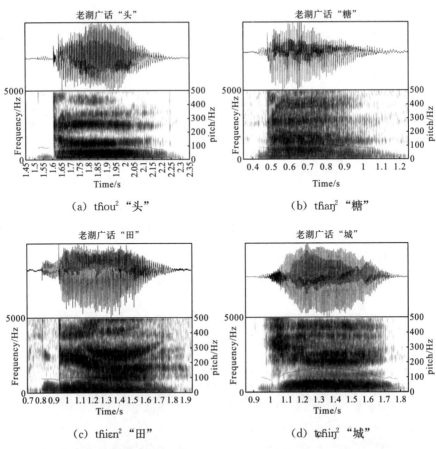

（a）tʰou² "头"

（b）tʰaŋ² "糖"

（c）tʰien² "田"

（d）tɕʰiŋ² "城"

**图 4　老湖广话的四个阳调字读例**

以上是零星出现的气声音节变读为内爆音音节的读例，其特点可总结如表 7。

**表 7　气声音节变读为内爆音音节的读例及其特点总结**

| 语言 | 黔东凯里苗语 | | | | 湘语邵阳白仓话 | | 四川中江老湖广话 | | | |
|---|---|---|---|---|---|---|---|---|---|---|
| 汉义 | 远 | 哪 | 丢失 | 状词 | 铜 | 同 | 头 | 糖 | 田 | 城 |
| 通常读为 | tʰu⁴ | tʰu⁶ | tʰa⁴ | pʰio⁶ | tʰoŋ² | tʰoŋ² | tʰou² | tʰaŋ² | tʰien² | tɕʰiŋ² |
| 共时变异 | ɗu⁴ | ɗu⁶ | ɗa⁴ | ɓo⁶ | ɗoŋ² | ɗoŋ² | ɗou² | ɗaŋ² | ɗien² | dʑiŋ² |
| 听感 | 弱浊流 | 浊流 | 浊流 | 强浊流 | 浊流 | 强浊流 | 强浊流 | 强浊流 | 强浊流 | 强浊流 |
| 持阻波形 | 变大 | 变大 | 变大 | 变大 | 变大 | 变大 | 先大后小 | 变大 | 变大 | 变大 |
| H1—H2① | −1.8 | 4.2 | 3.9 | 22.2 | 7.3 | 4.6 | 4.3 | 2.0 | 8.5 | 1.0 |
| VOT(ms) | −9 | −18 | −30 | −43 | −26 | −87 | −99 | −54 | −139 | −82 |
| 总时长(ms) | 460 | 320 | 450 | 760 | 464 | 518 | 791 | 818 | 1022 | 872 |

———————————

①　取值点均取在韵母的中间位置。

对于上表这些共时变异读例，有几点需要指出：

其一，气声音节的塞音声母是直接变读为内爆音的，反映到历时层面，是气声的内爆化：pɦ、tɦ、kɦ＞ɓ、ɗ、ɠ。目前文马土语男 1 号和男 2 号的双数调塞音，主要有两类浊塞音变体：内爆音（大部分）和普通浊塞音（小部分）。逻辑上，早期的 pɦ、tɦ、kɦ 可以先变为内爆音，然后再弱化为普通浊塞音（路径Ⅰ）；也可以先变为普通浊塞音，再变为内爆音（路径Ⅱ）。但从以下三方面来看，我们支持路径Ⅰ：（1）前文共时变异的例子表明，气声音节的声母塞音是直接变读为内爆音的；（2）现实语言的例子可以作为旁证。我们调查了广西都安县东庙壮语的一位发音人，他的双数调双唇和齿龈塞音无一例外地读为内爆音 ɓ、ɗ，而双数调的软腭塞音还是带有一定浊流的 kɦ，可见，是 ɓ、ɗ、kɦ＜pɦ、tɦ、kɦ；吴语海盐话的阳调字声母一般读 pɦ、tɦ、kɦ，但全浊上声字的声母却读为 ɓ、ɗ、ɠ，可见，是 ɓ、ɗ、ɠ＜pɦ、tɦ、kɦ[①]；（3）从音理来看，也是先变为内爆音，所以音变路径是 pɦ、tɦ、kɦ＞ɓ、ɗ、ɠ＞b、d、ɡ，其中最关键的是第一步是气声内爆化。

其二，气声变为内爆音的初起阶段有一个关键环节为内爆气声。在前文的变异读例中，从持阻期间的声波走向来看，声母辅音带有某种程度的内爆特征，但从听感上看，整个音节主要还是"浊流"，内爆的听感并不明显，如果不看语图，这些读例跟普通的气声音节并没有明显区别，所以音节的发声态不是普通的内爆音，而是带有内爆性质的气声。我们把这种音节称为"内爆气声"[②]。这是从气声到内爆音的初起阶段和关键环节。随着韵母段"浊流"的衰减，整个音节变紧、变硬，越来越接近于普通的内爆音音节。

其三，为什么气声音节会由"清音浊流"变为内爆气声呢？前文的变异读例都经过了一个"浊冠"从无到有、由弱变强的过程。弱浊冠（很弱的内爆）是气声变读为内爆气声的关键一步。它产生的原因就在于：发气声音节需要蓄积较强的气流，为此通常可以通过收紧声门并增大喉下气压（就像憋一口气）的方式达到。而如果发的是强/长气声（前文的变异读例

---

① 陈忠敏，2011. 论吴语海盐话古全浊上声字声母［M］//语言研究集刊 第八辑. 上海：上海辞书出版社.

② 朱晓农先生曾在 2018 年 5 月 31 日的微信讨论中，向笔者提出一个问题："民语里有没有内爆音同时带气声的？"笔者为朱先生提供的例子是湘语邵阳白仓话 tɦoŋ（"同"）和黔东苗语 tɦa（"丢失"），但没有进一步的讨论。本文提出"内爆气声"的发声类型，直接得益于这次讨论。特此向朱先生表示感谢。

都是比较长的气声），则可以通过在持阻期间下压喉头的方式持续快速增大喉下气压，这就可能导致气流冲破声门（就像使劲憋一口气而导致声门漏气），形成"弱浊冠"，使声母塞音初具内爆音的雏形。由于持阻期间的气压是持续增大的，所以弱浊冠是由小到大的波形，起初只有一两个声波脉冲，随着喉下气压进一步增大，浊冠就会逐渐变大变长，一步步朝着内爆音变去。由此可以推测：凡是有（强/长）气声的地方，都很可能有内爆气声的变体。根据这样的推测，我们重新检查了文马土语的录音，发现果然有少数内爆气声的读例（详见图5）。

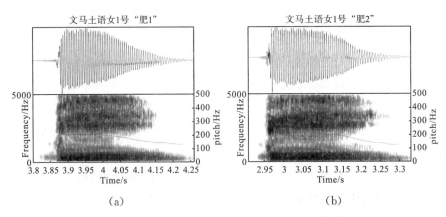

图5　文马土语女发音人 $p^ɦi^2$（"肥"）的两个读例

女发音人的T2音节通常是"清音浊流"。但上面两个读例都带很弱的"浊冠"，持阻波形是由小变大的，说明声母塞音 $p^ɦ$ 已变读为很弱的内爆音ɓ。H1-H2值分别为9.8和10.1赫兹（除阻后50毫秒），都是很大的正值；听感上只有"浊流"，没有内爆色彩，所以整个音节是内爆气声。图5（a）的"浊冠"很细，这是在塞音除阻前，持续增大的气压把声门冲出了一条细缝，引起声带振动；图5（b）的"浊冠"稍短，振幅稍大。它们是气声内爆化的初起阶段。

## 六、余论

一直以来，文马土语双数调普通浊塞音都被认为是早期台语浊塞音 *b、*d、*g 的遗留。本文在田野调查的基础上，考察原始台语双数调浊塞音在文马土语中的实际音值，发现其内部存在内爆音、普通浊塞音、清音浊流（气声）等变体，它们与单数调的 ʔb、ʔd 等可能构成 ʔb单～b双 以及 ʔb单～pɦ双 等类型的塞音声母格局。从声类分合的系统性、语音对立的区别度、声母辅音与声调格局的兼容性、演化方向与代际差异等角度推断，原始文马土语的塞音声母格局是 ʔb$_单$～pɦ$_双$ 而不是 ʔb$_单$～b$_双$，因而目前的双数调浊塞音 b、d、g 是后起的，来自早期的气声 *pɦ、*tɦ、*kɦ。音变经历了两个主要阶段：气声的内爆化和内爆音的弱化。音变过程可细化为：pɦ、tɦ、kɦ＞ᵇɦ、ᵈɦ、ᵍɦ＞ɓɦ、ɗɦ、ɠɦ＞ɓ̥、ɗ̥、ɠ̥＞ɓ、ɗ、ɠ＞b、d、g。由气声变成内爆音的关键一环是内爆气声，其产生的原因在于：发（强/长）气声时需要蓄积较强的气流，为此，持阻期间可以通过下压喉头的方式，持续快速地增大喉下气压，导致气流冲破声门，并形成由小变大的弱浊冠，使声母塞音初具内爆音的雏形，并进一步向内爆音演化。

　　早期台语的双数调塞音通常构拟为普通浊塞音 *b、*d、*g，本文一开始也一直是这么假定的。但当我们把原始文马土语的双数调塞音重建为气声 *pɦ、*tɦ、*kɦ 以后，早期台语的双数调塞音也应该修正为 *pɦ、*tɦ、*kɦ。首先，假定早期台语的双数调塞音是气声 *pɦ、*tɦ、*kɦ，到原始文马土语也是 *pɦ、*tɦ、*kɦ，这是直接而自然的传承。如果早期台语双数调塞音是 *b、*d、*g（不带浊流），那么它能不能变、如何变为原始文马土语的 *pɦ、*tɦ、*kɦ（带浊流），则不好解释，至少更费周折。其二，目前侗台语中不存在 ʔb$_单$～b$_双$ 这种塞音格局，所以早期台语的双数调塞音拟为 *b、*d、*g 缺少现实语言依据；其三，从语音的区别度来看，*ʔb$_单$～*pɦ$_双$ 的区别度更大；其四，从演化趋势来看，*b、*d、*g 通常不会变为送气，不能解释广大台语方言中送气与不送气的分野，而 *pɦ、*tɦ、*kɦ 既可以变为送气（浊流清化），也可以变为不送气（浊流弱化）；最后，其他语言，如汉语中古全浊塞音声母从普通浊塞音 *b、*d、*g 重建为气声 *pɦ、*tɦ、*kɦ，可以为早期台语双数调塞音的重建提供旁证。总的来看，早期台语的双数调浊塞音也应该重建为 *pɦ、*tɦ、*kɦ，而不是通常所构拟的 *b、*d、*g。当然这个重建是初步的，还需要在整个台语或更大范围内进一步论证。

　　本文对文马土语两类浊塞音的实际音值和音类分合进行了重新调查描写；提出了与传统观点不同的看法，认为文马土语的双数调浊塞 b、d、g 不是早期台语浊塞音 *b、*d、*g 的遗留，而是后起的，来自于早期的气声，是气声内爆化并进一步弱化的结果；从气声音节共时变异的角度解释了气声内爆化的过程和原因，提出了一种新的发声类型——内爆气声，并将其作为气声内爆化的初始关键环节；从原始文马土语上推，将早期台语的双数调浊塞音初步重建为气声 *pɦ、*tɦ、*kɦ，而不是普遍认为的普通浊塞音 *b、*d、*g。

## 参考文献

[1] 复旦大学汉语言文字学科《语言研究集刊》编委会，2011. 语言研究集刊 第八辑 [M]. 上海：上海辞书出版社.

[2] 梁敏，张均如，1996. 侗台语族概论 [M]. 北京：中国社会科学出版社.

[3] 覃国生，1996. 壮语方言概论 [M]. 南宁：广西民族出版社.

[4] 韦名应，2014. 文马壮语阴调类再分化的原因 [J]. 民族语文（6）：27－36.

[5] 韦名应，2015. 毛南语 ʔb、ʔd 声母与声调 [J]. 民族语文（6）：46－58.

[6] 吴安其，2002. 汉藏语同源研究 [M]. 北京：中央民族大学出版社.

[7] 张均如，1980. 原始台语声母类别探索 [J]. 民族语文（2）：31－40.

[8] 张均如，1987. 壮语文麻土语的音类演变 [J]. 民族语文（5）：10－18.

[9] 张均如，梁敏，欧阳觉亚，等，1999. 壮语方言研究 [M]. 成都：四川民族出版社.

[10] 朱晓农，2006. 内爆音 [J]. 方言（1）：16－21.

[11] 朱晓农，2010. 全浊弛声论——兼论全浊清化（消弛）低送高不送 [J]. 语言研究，30（3）：1－19.

[12] 朱晓农，2018. 语音答问 [M]. 上海：学林出版社.

[13] 朱晓农，2010. 语音学 [M]. 北京：商务印书馆.

[14] 朱晓农，邹晓玲，2017. 清浊同调还是气声分调？——在音节学和类型学普适理论中安排湘语白仓话的声调事实 [J]. 南方语言学（12）：1－11.

[15] Fang－kuei Li，1977. A Handbook of Comparative Tai. Honolulu：University Press of Hawaii.

[16] L－Thongkum，Theraphan，1977. Implications of the retention of proto－voiced plosives and fricatives in the Dai Tho language of Yunnan Province for a theory of tonal development and Tai language classification. Jerold A Edmondson，David B Solnit（eds）. Dallas：Summer Institute of lnguistics and the university of Texas at Arlington.

# 词 汇 篇

## "×在"式复合词的词汇化和主观化
### ——兼谈其在安顺汉语方言中的用法*

## 一、引言

近些年来，词法与词库的理论一直是学界的热门话题之一。词库（lexicon）是一个语言中具有特异性（idiosyncrasy）的词汇单位的总体，储存在语言使用者的头脑中，所以又称心理词库。词法（morphology）是关于一个语言中可以接受或可能出现的复杂的词的内部结构的知识，或者说是生成语言中可能的词的规则。① 也即是说，词法研究的是词的内部结构规则；而词库则是包含了部分有理据的词汇项，并且这些词汇项都体现了一定的排列组合规律。

学界相关的研究主要体现在以下几个方面：（1）对"×来"类词语从语义、语用以及对外汉语教学等角度展开讨论（蔡逸纯 2007，孙同柱 2009，吴萧然 2014 等）；（2）对"未×"式副词的语义和语用特点进行描写和分类，并就造成"未×"式副词委婉用法的原因展开讨论（陈轩 2006，董秀芳 2012 等）；（3）运用构式语法和语法化的相关理论描写和分析"A着呢"构式的类推机制与动因（李文山 2007，李文浩 2013 等）；（4）通过大量的事实论证苏州话的"勒×"是动词和后置词的直接组合或前置词和后置词的直接组合，与动宾结构或介宾结构无关（刘丹青 2003）；（5）对"在"字作为语气助词的使用特点以及从动作的重复到程

---

* 本文作者：叶晓芬，贵州大学文学院副教授；侯兴泉，暨南大学文学院/汉语方言研究中心教授。本文原刊甘于恩主编：《南方语言学　第十六辑》，广州：世界图书出版广东有限公司，2020 年。

① 董秀芳，2004. 汉语的词库与词法［M］. 北京：北京大学出版社：10.

度的增量和强调方面展开研究，分别见于鲜丽霞（2002）和董秀芳（2017）。但是，对于"×在"式词语，诸如"实在、难在、好在"等，目前未见到相关的研究。

## 二、对"×在"复合词的历时考察

（一）"实在"的词汇化和主观化

在先秦时期，"实在"还没有形成双音词。其结构形式仍为单音节语素"实"＋"在"。

> ①作衍牛马之实，在野者王。（《管子·轻重十八》）
> ②以为实在，则赣愚甚矣；如其亡也必求焉，伪亦大矣！（《墨子·非儒下第三十九》）
> ③今名在官，而实在家，官不得其实，家不得其名。（《尉缭子·兵令下第二十四》）

很明显，例①至例③中的"实在"，其后要么接的是"NP"结构，诸如"野者王"及"家"，要么是"SV"结构，譬如"则赣愚甚矣"。不难看出其中的"在"或是引进主体对象所涉及的处所，或是表示动词，可作为存在之意理解。例②的意思是说（为死人招魂这个事儿）如果认为还存在的话，则愚蠢极了；如果不存在，却一定要求的话，太虚假了。例③是说现在不少士兵的名字列在军册，而本人却在家中，军队没有实际的兵员，而家中亦没有本人的名字，"在官"与"在家"对举，能直观地判断出"在"乃动词。

到了南北朝时期，由于"实在"已经可以用于"VP"结构中，因此，这个时期的"实在"已经可以作为固化的双音词使用，并且主要是作为程度副词使用。

> ④夫自媒自炫，诚哉可鄙，自誉自伐，实在可羞。（《梁书·萧昱传》）
> ⑤家世无年，亡高祖四十，曾祖三十二，亡祖四十七，下官新岁便三十五，加以疾患如此，当复几时见圣世，就其中煎怀若此，实在可矜。（《宋书·谢庄传》）

例④至⑤两例中的"实在"乃程度副词，前者修饰其后的"可羞"，主观性十分明显。后者中的"可矜"乃形容词，表示可怜，因此，前面再加以"实在"，便起到了强调的功能。同时，其作用范域就扩展到整个命题层面，而不仅仅是对部分题元的判断。由此，言语者对整个事件的真实立场也显现出来。

直到唐代，"实"与"在"仍然有分开使用的情况。其中"实"或与"果"字组词，或与"真"字组词；而单用的"在"或是作为介词，引进动作行为的处所；或是作为动词，表示存在之意。但作为双音词使用时，仍为程度副词。

⑥往往甘实在其窠中，冬深取之，味数倍于常者。(《酉阳杂俎·广动植之三》)

⑦古人有言："'皮肤脱落尽，唯有真实在。'皮肤则不问，如何是'真实'?"(《祖唐集》)

⑧且我之所代，实在有隋，隋氏乱亡之源，圣明之所临照。(《旧唐书·魏征传》)

⑨恨狂夫，不归早。教妾实在懊恼。(《全唐五代词·鱼歌子》)

例⑧中的"实在"不仅可理解为"实际在于"，而且亦可看成程度副词，表示确实、非常之意。例⑨中的"实在"便是实实在在的副词了，义项也是确实、非常。尤其是例⑨，其后紧接着"懊恼"这样一个表示心理情绪不佳的词语，因而整个语义不再是一般的客观陈述，而是更深一步的反映出谈话者的主观情感倾向。

宋代之后，"实在"在"确实、非常"义的基础上引申出真实、不虚假之意：由于所见所闻与客观事实相符，因此，看到的或听到的都是真实存在的，至少也没有浮夸。由确实、非常的肯定语气可以用来形容事件的真实及不虚假。

⑩只是乖错，不是假底，依旧是实在人。(《朱子语类》卷二十一)

⑪方才急急忙忙赶他上岸，竟不曾说得真姓真名，与实在的住处，叫他到那里去寻访？(《巧团圆·途分》)

⑫一来男方岁数不实在，二来双方不曾见过面，谈不上自主婚姻两愿意。(沪剧《罗汉钱》第四场)

上述几个例子中的"实在"都是形容词,与后面的名词"人"和"住处"构成偏正结构。尤其是例⑪,还出现了结构助词"的",这就更加确信"实在"作为形容词使用是确凿无误了,其使用命题范围既可是人,也可是物。此外,还可以置于小句末尾,诸如例⑫,"实在"在整个句子中作状语成分。此外,无论是对人,还是对住所的评价,"实在"都作为定语部分,对后面的成分进行修饰,言语者的主观性是非常强的。

由真实、不虚假,"实在"又可进一步引申为真实的情形。

⑬他又想起当初扮化子访得一案实在的兴头,如今何不照旧再走一趟呢?(《三侠五义》第四十一回)

⑭因为他同青龙、黄龙一个师父传授的,人也不敢不敬重他些,究竟知道他实在的人很少。(《老残游记续集遗稿》第五回)

例⑬与⑭中的"实在"仍是作为形容词使用,修饰后面的名词"兴头"与"人"。结合上述例⑩至⑫,可看出"实在"在句中主要都是与后面的名词共同构成偏正词组,起到修饰限制作用,从修饰和限制本身就能够看出谈话人的主观倾向。"实在"后面还可出现结构助词"的"以及否定副词"不",这就不难看出"实在"所表达的主观化色彩是相当明显的。

(二)"好在"的词汇化和主观化

"好在"在先秦和秦汉时期是以"好"＋"在"的结构出现在句中,表达"所幸在于"或是"喜好在于"之意。

⑮伯有侈而愎,子皙好在人上。(《左传·襄公》)

⑯喜在西方,怒在东方,好在北方,恶在南方,哀在下,乐在上。(《白虎通义》卷八)

从上面的例句可以看出,"好在"还不是双音词,从它们所在的句法位置来看,主要是作为谓语性成分或主谓成分。

到了唐宋时期,"好在"固化为复音词,由"好"与"在"共同表达的义项"所幸在于"或是"喜好在于"进一步引申出"依旧、如故"之意。因为一直强调存在的,那么想必便是和之前没有差别或是还能够保持原样的。究其原因,这是隐喻机制所起的作用。

⑰好在湘江水,今朝又上来。不知从此去,更遣几年回。(柳宗元《再上湘江》)

⑱高宗犹念之，至其幽所，见其门封闭极密，唯通一窍以通食器，恻然呼曰："皇后、淑妃何在，复<u>好在</u>否？"（《大唐新语》卷十二）

⑲未及对，隔壁闻窦悬呼陈昭<u>好在</u>，及问兄弟妻子存亡。（《酉阳杂俎续集·金刚经鸠异》卷七）

或许正是因为"好在"具有某种使用优势，唐宋之后，"好在"由"依旧、如故"又进一步引申出"具有某种有利的条件或情况"的意思，这是转喻机制使然。

⑳为难了一会，说："有了，<u>好在</u>咱们带着件作呢，且相验相验就明白了。"（《儿女英雄传》）

㉑王柏臣无可说得，只好收拾收拾行李，预备交代起程。<u>好在</u>囊橐充盈，倒也无所顾恋。（《官场现形记》第四十一回）

从上述各例可看出："好在"在历史文献中，先是单音节词"好"与"在"共同使用于句中，表达的意思则包括了二者各自的义项。之后，到了唐宋时期，由"所幸在于"或者"喜好在于"进一步引申出"依旧、如故"之意，这是隐喻机制起到了推波助澜的作用。同时，由于"好在"已经固化为双音词，因而"在"已经没有介词的作用了，有进一步虚化的倾向。此外，某事某物能够依旧维持原状或是和之前几乎没有什么变化的话，正好说明是因为环境中存在某种有利条件。到了清代时期，"好在"又产生出新的义项，即"具有某种有利的条件或情况"，这是转喻机制导致的。作为构词语素的"在"随着该词义项的更新，几乎完全虚化了。

（三）"难在"的词汇化和主观化

先秦时期，"难"或与"危"一起作为复音词使用，或是作为单音词出现，且其作为单音词出现时，前面往往有指示代词"之"作为限制。另外，"难"之后出现得比较多的还有"在于"，其中"在"与"于"乃同义复词，都作为介词使用。

㉒秦兵之攻楚也，<u>危难在</u>三月之内。（《战国策》卷十四）
㉓故治国之<u>难在</u>于知贤而不在自贤。（《列子集释》卷八）

秦汉时期，"难"与"在"之后可以不必使用介词"于"，直接引进动作行为涉及的处所，对例㉔中句子的成分进行切分时，更倾向于念作"难在/前/则/处前"。

㉔勇猛强武，气势自御，<u>难在</u>前则处前，<u>难在</u>后则处后，免戏危难之中，吾以为次。（《寒诗外传》卷三）

魏晋时期文献中的一例表明，"难在"不仅可切分为固定词语"难在"，亦可切分为"难"/"在于"。同时，因为其后出现介词"于"，语气停顿更倾向于"难在"/"于"。

㉕知一不难，<u>难在</u>于终；守之不失，可以无穷；陆辟恶兽，水却蛟龙；不畏魍魉，挟毒之虫；鬼不敢近，刃不敢中。（《抱朴子·内篇》卷十八）

从例㉔、㉕可以发现，"难"与"在"不仅可作为单音节"难"加"在"理解，亦可理解为双音节词"难在"，尤其是"难"之前未有代词"之"作为限定，其后又未出现介词"于"的情况。

在此之后，由于"在"之后往往还跟着"NP"结构，即使介词"于"已经被方位名词"这里"取代也是如此。因而，"在"也一直未和"难"构成真正的复音词。

㉖太尉自有<u>难在</u>军中，其处心未尝亏侧，其莅事无一不可纪，会在下名未达，以故不闻，非直以一时取笏为谅也。（《柳宗元集·书》卷三十一）

㉗倘若没有这种设备，人们一定很<u>难在</u>这里生活。（《马可波罗游记》第三卷）

不过，这种"×在"类词语却与"在×"类情况有别，如普通话中的"在理""在行"，贵州汉语方言中的"在道"。从字面义上看，这三个词都表示存在于道理、道义或道路上。但实际上，"在"作为介词已经高度虚化。"在理"表示合乎情理或合乎道义，"在道"或"在行"都表示在某一方面比较擅长。

## 三、"×在"类词语在安顺汉语方言中的用法

在安顺汉语方言中，"在"字有两种构式：一种是"在×"式，譬如"在理""在道""在行"等，这类词中的"在"或表示合乎或擅长之意；

另一种即是上文分析过的"×在"类词语（包括"实在""难在""好在"等），这类词的语义和用法与普通话有一些细微的差异。

（一）实在

"实在"在现代汉语中有形容词和副词两种词性。"实在"作为形容词的用法主要有三种：（1）作谓语和补语；（2）作定语和状语；（3）重叠式AABB。"实在"作为副词的功能主要有两种：（1）完全正确、的确，强调事情的真实性，可以重叠为AABB；（2）其实，承上文表示转折。[①]

尽管安顺汉语方言中"实在［$s\eta^{21}\,tsai^{24}$］"的义项并没有超出如上列举范围，但是仍与普通话有一些细微的差别。从句法结构上看，"实在"其后要紧接系词"是"或前面用"说"，后面加"的"，构成固定短语"说实在的"，表示说实话，说心里话之意。

　　㉘～（是）厌烦啦。

　　㉙今天老妈做的饭～（是）不好吃。

　　㉚说～的，我最近确实经济有点困难。

　　㉛说～的，他还只是一个娃娃，这确实有点为难他啦。

实际上，"实在"后不接系词"是"亦是说得通的，但是加"是"可以起到双重强调的作用，更能体现说话人的真情实感。此外，"说实在的"就相当于一个插入语，去掉它对整个句意不造成影响，但是表达说话人主观情感的语气就稍微弱了一些。

"实在"的搭配对象不仅可以是人，也可以是对某事某物的评价。

　　㉜不管做什么，能挣钱就是～的。

　　㉝今天做嘞这桌子菜太～噢，全是肉。

从语义上看，"实在"常用于对一般事物的客观评价，多数情况下体现的是事态的不乐观或是说话人的不满情绪。

　　㉞今天这［$ts\eta^{55}$］事～（是）让人很不舒服。（今天这事令人很不高兴。）

　　㉟肚子～（是）难受。

　　㊱～（是）不想住了，你搬走不就行啦？

① 吕叔湘，1980. 现代汉语八百词［M］. 北京：商务印书馆：492.

（二）"好在"

"好在"在现代汉语中是作为副词使用，表示具有某种有利的条件或情况，多用在主语前。具体来说，"好在"有三种使用情况：（1）好在＋动/小句。（2）好在……否则（要不、不然）。（3）承接上文时如果语义已经明确，表示后果的小句也可以不出现。①

另，"好在"还可以用同"幸亏"。但是，在安顺汉语方言中"好在"还有另外一些含义。

㊲姑妈家～不～？

㊳这里～不？

㊴叫你按时吃药，你不听，现在～啦？

㊵这个地方交通便利，经济上也过得去，比较～，所以外地的姑娘来这里都不走啦。

㊶忙嗷一早上，饿嗷大半天，现在得点东西吃，终于～嗷。

从上述几例可以看出，"好在"通常用于是非问（例㊲、㊳）、反诘问（如例㊴，以及陈述问中（例㊵、㊶）。一般来说，"好在"用在反诘问中常常体现说话人对听话人的强烈不满。

从例㊲至㊶可以看出，"好在"有两个义项：一是指居住环境的舒适与否，诸如例㊲、㊳、㊵；一是指身体状况或者心理状态的好与坏，譬如例㊴与㊶。从句法功能看，该词也有两个功能：一是作为谓语动词，充当谓语性成分，如例㊲、㊳；二是作为形容词，亦充当谓语性成分，诸如例㊴、㊵、㊶。其中例㊴与㊶中的"好在"可用"舒服"或"好受"替换。但"好受"不能用于身体状况，只能用于描写内心的情感。

《汉语大字典》中"在"有"居于""处于""处所"等意。"在"本有处所之义，"好在"即"好地方"。可见在安顺汉语方言中，"好在"的本意乃指好地方，引申指居住条件的舒适程度，并再进一步引申为良好的身体或心理状态。这亦是转喻机制在其中起了桥梁的作用。当"好在"指居住环境时，其中的"在"乃实实在在的动词，表示居住、生活之意；当其用来形容人的身体状态或心理状态时，"在"进一步虚化，仅起到衬托音节完整性的作用。后文中即将讨论的"难在"也是如此。此外，在交际情景中，"好在"能够非常强烈地体现出说话人的情感。兹举以下几例进一

---

① 吕叔湘，1980. 现代汉语八百词［M］. 北京：商务印书馆：262.

步说明：

㊷这里实在是太～啦。（这里非常适合居住或者生活。）

㊸那个地方～得很。（那个地方非常适合居住或者生活。）

㊹问：那［$a^{55}$］点～不～？答：不～。（那里生活方便不？答：不方便。）

㊺听到这［$tsɿ^{55}$］个事，这［$tsɿ^{55}$］心头不～很。（听到这个事，心里特别难受。）

（三）“难在”

对于“难在”，吕叔湘先生是这样作注的：“难＋在”，说明为什么难。①

㊻这件事～在双方都不肯让步。

㊼这个棋难就～在只许走两步，不许走三步。

从吕叔湘的注解及用例可看到其中的“难在”还未成词，“难”在这里是形容词，跟“容易”的“易”相对；“在”乃介词，表示事件实施的难点所在，相当于“于”。但是，在贵州汉语方言中，“难在”却已完全固化为双音词。

㊽他们老家那里～不（或其后为～不～）？

㊾事情搞成这［$tsɿ^{55}$］样子，你说～不～呀？

㊿那个地方太偏僻，交通又不便利，太～啦。

(51)这个药不吃还好，吃了更～。

(52)乡政府这个做法，真真的让大家～很。

(53)你不答应人家就算了，何必还这么过分，搞得人家这么～。

同样，“难在”不仅可以用于疑问句中（包括是非问、反诘问），如例㊽、㊾，亦可用于陈述问中，如㊿、(51)、(52)及(53)。是非问及反诘问都可以用“难在不难在”这样的构式，因此判断其属于哪一类问句得结合相关的语境进行分析才行。与此同时，该词仍表达两个义项：一是处所或居住条件的舒适与否；一是对身体及心理状况好与坏的描写。也即是说，“难在”

① 吕叔湘，1980. 现代汉语八百词［M］. 北京：商务印书馆：262.

与“好在”正好是一组反义词。不过，“难在”在表达内心的真实感受或身体状态时，可用书面语“难受”替换。

综上，在安顺汉语方言中，“难在”的词汇化速度远快于普通话的变化情况。由上述例㊽及㊿可看出，“难在”的本意原指居住条件或生活条件的恶劣程度，后转喻为指糟糕的身体条件或精神面貌。我们再看两个例子。

(54)实在是～得不得了。

(55)天气［ŋo$^{24}$］热，好～呀。（天气非常炎热，非常不好待。）

显然，安顺汉语方言中的“难在”不仅固定成词，而且前面往往还受程度副词“实在”“太”“更”以及语气词“这么”等的修饰，其极强的主观化色彩可见一斑。

从上述“实在”“好在”以及“难在”的用例可看出，这三个词不仅可以用于褒义方面，亦可以用于贬义方面。用于褒义时不仅是实实在在地对某事某物进行正面评价，亦可是对良好的身体及心理状态的认可；用于贬义时，则主要体现说话人对对方的嘲讽、批评或者不满。也即是说，这三个词都体现出说话人比较强烈的主观色彩。

“×在”式复合词的语义特征可以概况如下：

实在：［＋肯定性］［＋人/物］

好在：［＋肯定性］［＋正面评判］

　　　［－肯定性］［－正面评判］

难在：［－肯定性］［－正面评判］

## 四、造成“×在”式复合词主观评价的原因

### （一）词根语素的语义特点

从“实在”“好在”及“难在”本身的词语内涵看，词根语素的语义特点起了很大的作用。“实”的基本意就有“充足、富裕”之意，“好”有“善、优点多”的义项在内，可进一步作为程度副词使用，相当于“甚”“太”。故而在贵州汉语方言中“好好”是可以成立的，其中前一个“好”作为程度副词使用。

(56)这个东西～吃呀。（这个东西非常好吃。）

㊗这房子盖得~呀。（这房子盖得真不错。）
㊢那里的风景~呀。（那里的风景真是漂亮。）

"难"有"不能、不好"之意，也即是说，它们本身就已经是具有评判意味在内的主观性词根语素。同时，我们也应看到在"实在""好在"及"难在"成词化的过程中，"在"已经虚化，且虚化的速度远快于普通话中的"在行""在理"及安顺汉语方言中的"在道"这类"在×"式复合词。

除了"实在"没有对应的表达外，在安顺汉语方言中"好在"还可用"好受"及"舒服"对应，不过后二者只能用于描写身体或心理状态，而不能用于描写居所。"难在"可用"难受"对应，但是同样不能用于形容生活条件。与此同时，在口语中人们还是更习惯于"×在"式复合词，因为这类词的主观色彩明显大于书面语中的"好受""难受"以及"舒服"。

如果需要针对居住环境的状况作出回答，或是描述自身不好的心理状态，往往又倾向于使用"不好在"；而如果仅仅是自己陈述事实，说话人往往使用"难在"与之对应。

（二）双重肯定或双重否定的凸显效果

前文讨论了安顺汉语方言中"实在""好在"以及"难在"的具体用法。"实在"可与"好在"及"难在"搭配，并且多数情况下，"实在"可出现在其余二者前面，起修饰作用。由于说话人有时觉得仅有"好在"或"实在"还不足以表达自己强烈的情感，因而二者共用，可起到双倍烘托的效果。"实在"与"好在"搭配表示双重肯定，多用于一般的陈述句或感叹句中。

㊣这［tsʅ⁵⁵］点实在好在。
㊤李医生水平真是高啊，吃了他几副药，这身上实在好在很。

对于反诘问或是非问，一般很少用"实在"进行修饰；"实在"与"难在"搭配表示双重否定，句型可以是一般的陈述句、感叹句及是非问。

"实在"在安顺汉语方言中有两种用法：一种是作为程度副词使用，一种是作为形容词使用。

㊥这个人太~噢。（"实在"为形容词）
㊦~是不得讲嘞。（"实在"为程度副词）

无论是作为形容词还是作为程度副词使用的"实在"，尽管命题表达的功能仍在，但本身已经透露出相当强的主观意味。其余两个词"好在""难在"也是如此，其在成词或成词化的道路上都均有较强的主观评判色彩。这三个词两两搭配能更加强烈地反映出言语者对事件的双重肯定或双重否定的评判态度。吕叔湘曾经指出："双重否定或者加强肯定，口气更加坚决。"① 这也从一个侧面再次论证了语言形式的主观化是一个逐步深入的过程，是从命题内部开始逐渐发展到命题层面。

（三）结构助词和程度副词等的辅助作用

无论是"实在""好在"还是"难在"，一般在口语表达中，除了外部形式可用"实在"与"好在"及"难在"搭配外，还常常使用结构助词"得"，程度副词"很"，语气词"完"，词缀"家"及否定副词"不"等多种形式增强表达效果。

> ⑥实在（是）<u>很</u>难在。
> ⑥实在（是）讨厌<u>得</u>不得了。
> ⑥实在（是）累<u>得</u>不得了。
> ⑥实在（是）说<u>不</u>出来的苦。
> ⑥实在（是）<u>不</u>耐烦<u>很</u>。（耐烦近似于耐心或厌倦）
> ⑥好在<u>完家</u>嘞。（特别好住或特别舒服。）
> ⑥难在<u>完家</u>嘞。（特别难住或特别难受。）

由上述各例不难看出，除了系词"是"的使用之外，"是"本身也表示判断语气；"实在"之后还有"很""得""不""完""家"的使用，这是因为助词和补语本身就能够体现一定的主观色彩。"很"具有较强的肯定意味，"不"表示绝对的否定意味。且"很"不仅可出现于形容词"难在"之前，亦可出现于形容词"耐烦"之后。如果有了否定副词"不"还不足以表达否定的评判口吻，同一个句子中还可连续使用两个结构助词"得"，以此达到非常强烈的主观性表达。如将例⑥、⑥、⑥相应地改写成"实在难在""实在讨厌"或"实在累"，语气将大大减弱。另外，例⑥还可说成"好在很"或"好在得不得了"。例⑥也可说成"难在很"或"难在得不得了"。但如仅仅是在"好在"或"难在"之后加程度副词"很"，语气就远不及其后使用"完家嘞"或是"不得了"强烈。

---

① 吕叔湘，1985. 疑问・否定・肯定［J］. 中国语文（4）.

## 五、结语

　　"实在""好在""难在"这些"×在"形式的复合词在贵州汉语方言中使用频率相当高，且都具有极强的主观评判色彩。另外，"实在""好在"在历时发展过程中都经历了词汇化和主观化的过程；而"难在"尽管在普通话中尚还在成词演变的道路上，不过，在贵州汉语方言中却先行一步，已经固定成词。除此之外，它们体现出的高度主观化色彩不仅有词语自身的内部原因，也有外部句法形式的影响，如"实在"可与"好在"及"难在"两两搭配，还可使用结构助词"得"，程度副词"很"及否定副词"不"，语气词"完"，词缀"家"等多种形式。

**参考文献**

[1] 董秀芳，2004. 汉语的词库与词法 [M]. 北京：北京大学出版社.

[2] 吕叔湘，1980. 现代汉语八百词 [M]. 北京：商务印书馆.

[3] 刘丹青，2003. 苏州话"勒×"复合词 [M] //吴语研究. 上海：上海教育出版社.

[4] 鲜丽霞，2002. 成都话中的语气助词"在" [J]. 四川师范大学学报（社会科学版）（4）：93－96.

[5] 董秀芳，2017. 从动作的重复和持续到程度的增量和强调 [J]. 汉语学习，2017（4）：3－12.

[6] 董秀芳，2012."未×"式副词的委婉用法及其由来 [J]. 语言科学，11（5）：477－488.

[7] 吕叔湘，1985. 疑问·否定·肯定 [J]. 中国语文（4）：241－250.

[8] 李文山，2007. 句末助词"着呢"补谈 [J]. 语言教学与研究（5）：61－67.

[9] 李文浩，2013. 作为典型构式的非典型"×着呢"及其固化分析 [J]. 汉语学习（2）：21－30.

[10] 陈轩，2006."难免"、"不免"和"未免"的主观性差异考察 [D]. 北京：北京语言大学.

[11] 蔡逸纯，2007. 现代汉语"从来"类时间副词研究 [D]. 汕头：汕头大学.

[12] 孙同柱，2009. 现代汉语"向来"类词语的多维考察研究 [D]. 苏州：苏州大学.

[13] 吴萧然，2014. "从来"、"向来"、"一向"、"一直"的对比研究及对外汉语教学对策 [D]. 南昌：南昌大学.

## 黄果树风景名胜区汉语借词对布依语的影响 *

由于特殊的地理位置及独特的人文景观，黄果树风景名胜区周边的布依族同胞与当地的汉族人民长期相互学习，彼此借鉴，推动了当地社会经济文化的发展。者斗村与石头寨都为第三土语区，并且也是距离黄果树瀑布最近的两个旅游村寨，二者受当地汉语方言的影响较大。本文结合上述两个村寨的布依语使用情况探讨因语言接触而引起的语言变异的特点。

### 一、近现代汉语借词的语音特点

黄果树风景名胜区的汉语借词与当地西南官话的影响密切相关。明代大规模汉族移民进入贵州，汉语的地位迅速上升。清代以后，湖广、四川等地又有大批移民入黔，为黔中汉语方言注入了新的成分。② 由于难以区分黄果树风景名胜区的布依语的部分汉借词是近代借用还是现代借用的，本文暂且将这部分借词视为近现代借词。下文将黄果树风景名胜区的汉语方言简称为"黄果树汉语方言"，布依语简称为"黄果树布依语"。

1. 声母特点

黄果树布依语声母有 32 个：p、pʰ、b、m、f、ts、tsʰ、s、z、t、tʰ、d、n、ȵ、ɬ、l、tɕ、tɕʰ、ɕ、k、kʰ、ŋ、ɓ、ɓj、ɓd、ɓt、ɓv、kv、ŋv、x、ɦ、ø。

黄果树汉语方言声母有 20 个：p、pʰ、m、f、ts、tsʰ、s、z、t、tʰ、l、tɕ、tɕʰ、ɕ、k、kʰ、x、ȵ、ŋ、ø。

黄果树布依语与周边汉语方言的相同之处主要是不分平翘舌。不同之处主要有：（1）f 与 x 并存，由于二者都处于能量集中区，布依人易将两者相混；（2）送气与不送气有时对立，有时不对立；（3）擦音 z 在布依语

＊ 本文作者：叶晓芬，贵州大学文学院副教授。本文原刊《凯里学院学报》2017 年第 5 期。本文为基金项目"2011 年贵州省高层次人才科研条件特助经费资助项目"（编号：TZJF－2011 年－6 号）及安顺学院校级重点支持学科项目成果。

② 叶晓芬，雷鸣，2013. 简论黔中汉语方言的历史形成 [J]. 怀化学院学报，32 (10).

中不仅可对应 z，还可对应 v；（4）擦音 s 及 ɕ 在布依语中不仅可对应 s 及 ɕ，还可对应 ɬ；（5）ø 在布依语中对应 z 及 ɓ。

2. 韵母特点

黄果树布依语有 54 个韵母：a、iɛ、ə、u、oŋ、ai、ei、au、ua、əu、uə、ia、an、iu、in、ɛn、iɛ、iɛn、iɛə、iə、əi、ən、uan、uei、uai、iau、uən、ik、ak、ok、ək、iak、at、it、ət、ut、ɛt、uat、iat、ɛk、oʔ、əʔ、aŋ、oŋ、uaŋ、iaŋ、uəŋ、iŋ、an、a:n、i:n、a:ŋ、ia:ŋ、i:ŋən

黄果树汉语方言有韵母 31 个：ɿ、i、u、ər、a、ia、ua、o、io、ɛ、iɛ、uɛ、ai、uai、ei、uei、au、iau、əu、iəu、an、ian、uan、ən、in、uən、aŋ、iaŋ、uaŋ、oŋ、ioŋ。

黄果树布依语与周边汉语方言的一致之处主要有：（1）不分前鼻韵和后鼻韵；（2）布依语同当地的方言一样都缺少撮口呼。这表现出共同的区域特征。

3. 声调特点

黄果树汉语方言单字调有 4 类，分别是阴平调 55、阳平调 21、上声调 42、去声调 35。

黄果树布依语声调有 10 个调类，即 33、55、21、31、42、34、35、45、43、51。

黄果树布依语在调类和数量上远多于周边汉语方言（黄果树风景名胜区及关岭县城声调都仅有四个调类）。黄果树布依语声调调类与调值在借用汉语的方面与周边汉语方言基本一致（其中，石头寨声调借用最为明显，而者斗村尽管词汇借用汉语，声调却更多地保留本民族的特征。这里不展开讨论）。另外需要说明的是，在过去黄果树风景名胜区周边汉语方言的第 1 调类也是 33 调，但因为外来游客增多，33 调逐渐与贵阳话趋同，变为 55 调，仅有个别入声字，如"不"，仍读 33 调。不过，声调系统的对应比较复杂，也有声母、韵母相同，而声调不同的情况。

## 二、布依语汉语借词的构词能力

依照学界目前的做法，我们把明清以前借入的汉语词称为"老借词"，明清之后借入的称为"新借词"。下文将对新老借词的构词能力作初步的探讨。

（一）早期汉语借词

布依语里的部分早期汉语借词已有相当的派生能力，并在使用的过程中逐渐被布依人认可而成为基本词，与布依语里的固有词一起在词语双音化形成的过程中成为构词语素，组合或意合成一批双音、多音节词。例如：

taŋ⁴⁵ va²¹ 葵花　　　　ɬo⁵⁵ zaŋ⁴² 洒水　　　　ŋai⁵⁵ kʰa²¹ 挨近
　葵　花　　　　　　　　洒　水　　　　　　　　挨　近

tuai⁴⁵ ia⁴⁵ 打破　　　　pai³³ kɛ³³ 上街　　　　tsoŋ²¹ puə³³ 山岗
　打　破　　　　　　　　去　街　　　　　　　　岗　坡

zaŋ⁴² mak³⁵ 墨水　　　　ȵaŋ⁵⁵ ɓɛ³³ 甜酒粑
　水　墨　　　　　　　　甜　粑

可以看到以上老借词的组合方式大多是中心语在前，修饰语在后，不过由于受到现代汉语借词构词方式的影响，也有部分老借词的构词方式和现代汉语借词一样。

（二）汉语新借词的组词搭配

布依人长期与汉族人接触，无论是从政治、经济、文化等方面还是从语言方面来说，汉语对他们的影响是不容忽视的。从语言方面看，布依语里的新借词出现大量的的双音节或多音节词，并涵盖不同的词类。又因周边汉族人所讲的汉语方言都是西南官话，因此，布依语里的现代汉语借词同样是西南官话。这些汉语借词借入的结构方式绝大多数也是依照西南官话的结构进行。举例如下：

名　词：ku³³ ma³³ 姑妈　　　　kən²¹ tɕia³³ sən²¹ 神龛
　　　　姑　妈　　　　　　　　看　家　神

　　　　nuə³⁴ pʰiɛn⁵⁵ 肉片　　　fəi²¹ tsau⁵⁵ 肥皂
　　　　肉　片　　　　　　　　　肥　皂

动　词：zən⁴² səu⁵⁵ 忍受　　　　tso²¹ nian²¹ 着凉
　　　　忍　受　　　　　　　　　着　凉

　　　　puai²¹ tɕian²¹ 赔钱　　　tsuaŋ⁵⁵ tei⁵⁵ 假装
　　　　赔　钱　　　　　　　　　装　的

形容词：ɕiaŋ⁵⁵ in³³ 便宜　　　　piɛn³¹ i²¹ 方便
　　　　相　因　　　　　　　　　便　宜

$lau^{42} i\epsilon n^{42}$ 老远 　　　　 $sui^{33}pi:n^{55}$ 随便

　老　远　　　　　　　随　便

### （三）汉语借词在布依语中的系列调整

布依语的词汇系统主要分三种：第一种是本族词；第二种是汉语全借词；第三种是布依语本族语素+汉语借词语素构成的混合词。布依语的本族词尽管以单音节为主，但已有一定数量的复音词；现代汉语全借词以双音节为主，并有零星的多音节词。第三类情况较为复杂，在双音、多音节词中，汉语全借词与布依语汉语混合词在不同的词类中所占比例有所不同。布依语本族语素+汉语借词语素构成了布依语里半借半译的混合词。这类混合词具体说来又可分为两个小类：

（1）对汉语借词采用整理音译的方式，并在借词前加表示类别范畴的本族词素或早期汉语借词语素，形成全借词加译注的形式。这类词主要是名词。例如：

$t\underline{e}^{55}\dashv\vartheta^{33}$ 老师 　　 $ko\eta^{33}t\epsilon^{55}$ 外公 　　 $\underline{za}^{35}me^{55}$ 寡妇

　师　　　　　　　　公　　　　　　　　妹

$m\vartheta i^{55}zo^{35}$ 女青年 　　 $pu\vartheta^{35}la\eta^{33}$ 继父 　　 $l\vartheta?^{35}tu^{35}$ 大豆

妹　　　　　　　　　父　　　　　　　　豆

$\theta\underline{d}\vartheta^{33}kui^{35}$ 老式平柜 　　 $fa^{33}m\vartheta u^{55}p^hin^{21}$ 瓶盖

　柜　　　　　　　　　瓶

多数情况下黄果树布依语汉语借词系统是汉语借词根语素加本族的固有词素构词。在固有词汇系统中，动物类的名词前多冠以 $tu^{21}$ 作为类别范畴，有时人的称谓也是如此，读作"$tu^{21}v\vartheta n$"；而鸟类是"$zo?^{35}$"，如鸽子"$zo?^{35}pi^{55}t\vartheta^{55}$"。这说明布依人的先民们对事物的分类已有一定的认识。此外，"$l\vartheta?^{35}$"与"$\theta d\vartheta^{33}$"都可用于表示类别的名词前面，强调事物的不同属性。但"$l\vartheta?^{35}$"主要指细小之物，也可指人；指人的时候，常写作"$l\vartheta k^{35}$"。同时，"$l\vartheta?^{35}$"是"$l\vartheta k^{35}$"的弱化形式。

（2）汉语借词作为构词成分与本族词组合或意合为新词，以名词和动词较为常见。例如：

名词：$pen^{21}\dashv ui^{33}na^{42}$ 洗脸盆 　　 $pu^{35}\theta ia^{33}$ 破衣服

　　盆　洗脸　　　　　　布　破

$ka^{33}tai^{35}$ 袋口 　　　　　　 $pa^{33}\eta va^{42}$ 瓦檐口

　　口　袋　　　　　　　　口　瓦

动词：fən⁴²ɓdaŋ⁵⁵ 翻身　　　　　puaŋ⁴²lən²⁴ 拍灰尘
　　　　翻　身　　　　　　　　拍　　灰尘

　　　　tʰo³⁵zaŋ⁴² 倒水　　　　　tʰaŋ⁴²kʰau²¹ 抬头
　　　　倒　　水　　　　　　　　抬　　头

语言的作用重在交际，因而诸如 pen²¹ɬui³³na⁴²（洗脸盆）这样的形式说起来就不如双音节词顺畅，在日常交际用语中并不多见。

## 三、汉语借词语素的特点

布依语里的汉语借词以音译方式为主，另外夹杂有少数意译的方式，不过，以音译方式构词的是半借半译的混合词。布依语里的半借半译混合词的构成成分，不仅有从汉语借入的，也有本民族固有的，这对于我们研究它们的组合或意合能力是不可多得的重要材料。布依语里的半借半译混合词，从表现形式上大致可分为两类：（1）"汉语借词语素＋本族语素"或"本族语素＋汉语借词语素"；（2）表类别范畴的本族语素或早期汉语借词语素＋现代汉语借词语素。这两类混合词在构成方式上又可分为不同的小类。本文将从布汉混合而成的双音、多音节词入手，对它们的组合方式与结构层次进行解析。

（一）布汉混合词的组合特点

1. 修饰式
（1）名语素（布依语）＋名语素（汉语）→名词

tsʰo²¹ma⁴² 马槽　　　　tsuaŋ³⁵puə³³ 山洞　　　　zaːn²¹
槽　马　　　　　　　　洞　坡　　　　　　　　房子（家）
sən³³ 石板房　　　　　mai³³sa³³ 纱线
石头　　　　　　　　　线　纱

（2）名语素（汉语）＋名语素（布依语）→名词

tu³⁵sau⁵⁵ 绿豆　　　　pɛ³⁵laŋ⁵⁵ 后面　　　　tʰoŋ⁴²vai⁴² 木桶
豆　绿　　　　　　　　背　后　　　　　　　　桶　木
ma⁴²tak³⁵
马　公

（3）名语素（汉语）＋形语素（布依语）→名词

nuə³⁴nau³⁵ 臭肉　　　tsuaŋ²¹pən⁴² 圆桌　　　la²¹xo⁵⁵ 白蜡
　肉　臭　　　　　　桌　圆　　　　　　蜡　白

lat⁵⁵pa³⁵xo⁵⁵ 白萝卜　　pu³⁵sau⁵⁵ 绿衣服
　萝卜　白　　　　　　布　绿

（4）名语素（布依语）＋形语素（汉语）→名词

fən⁵⁵bə⁴² 暴雨　　　məu³³ie⁴² 野猪　　　məi⁵⁵n̠iə⁵⁵ 小猫
雨　暴　　　　　　猪　野　　　　　　猫　小

lək³⁵tuə³⁵ 独儿
子　独

在以上例词中，其中"石板房 za：n²¹sən³³、绿衣服 pu³⁵sau⁵⁵"部分词素采取的是意译的方式，"za：n²¹"的实意指家，而"pu³⁵"指的是布，在布依人的表述中，凡"pu³⁵"都可笼称衣服。

2. 支配式

（1）动语素（布依语）＋名语素（汉语）→动词

mək⁵⁵nuə³⁴ 醃肉　　　tət⁵⁵puən²¹ 做梦　　　pai⁵⁵kɛ³³ 赶场
　醃　肉　　　　　　做　梦　　　　　　去　街

ku³⁵ɬɛ³³ 起诉　　　vət⁴⁵tsuaŋ²¹ 抹桌子　　tsən³⁵tɕin⁵⁵ 穿针
　起　诉　　　　　　抹　桌子　　　　　穿　针

piŋ⁵⁵puə³³ 爬山
爬　坡

其中"爬山 piŋ⁵⁵puə³³"中的"puə³³"指的是坡，这里也采取了意译。

（2）动语素（汉语）＋名语素（布依语）→动词

ɕit³⁴nɛ³³au⁵⁵ 歌一晚　　lok⁵⁵kəu⁵⁵ 拉我　　　mu³⁵oʔ⁴² 推磨
歌　一　晚　　　　　拉　我　　　　　　磨　粮

pʰuə³³zaŋ⁴² 喷水　　　n̠a³⁵pak⁵⁵ 夹菜　　　kə⁵⁵zɛn³⁵n̠a³³ 灌药
　喷　水　　　　　　拈　菜　　　　　　灌　药

kuan²¹n̠a³³ 割草　　　ɬo⁵⁵oʔ⁴²pəŋ²¹ 撒包谷
　割　草　　　　　　撒　玉　米

（3）名语素（汉语）＋动语素（布依语）→动词

tə²¹sət⁴⁵挑担      sən³³piɛə³⁴炸石      tsa²¹tu²¹naŋ³⁵炸花生
担 挑      石 炸      炸 花 生

pəi³³poŋ⁵⁵摆动
摆 动

（4）名语素（布依语）＋动语素（汉语）→动词

tək³³tei²¹打架      ɬik⁵⁵xɛ³³拆开      ɓdak⁵⁵ɓiɛn³³灭烟
架 打      拆 开      灭 烟

（5）动语素（汉语）＋形语素（布依语）→动词

nɛ⁴⁵tʰəu⁵⁵受累      tsuə⁴⁵zɛn³⁵n̠a³³放毒      pʰan²¹tɕin⁴²捏紧
累 受      放 毒      捏 紧

ŋo²¹pɛn³⁵熬稀饭
熬 稀

其中"放毒 tsuə⁴⁵zɛn³⁵n̠a³³"的"tsuə⁴⁵"是意译，指的是当地的汉语方言"着"，"熬稀饭 ŋo²¹pɛn³⁵"省去了"饭"的语素。此外，还有形语素（布依语）＋动语素（汉语）→动词，诸如"横放 ɓdei⁴²faŋ²¹"或一个新借词语素＋一个老借词语素构成的全借词，诸如"同住 toŋ⁴²ɓju⁵⁵"。

3．并列式

动语素（汉语）＋动语素（布依语）→动词

səu⁵⁵miu³¹收割      tui⁵⁵to⁵⁵退回      pəi⁵⁵poŋ⁵⁵摆动
收 割      退 回      摆 动

tuai⁵⁵ɓia⁵⁵打破
打 破

动语素（布依语）＋动语素（汉语）→动词

fən⁵⁵po⁴⁵爆炸      kuan²¹kət⁵⁵割断
炸 爆      断 割

4．补充式

（1）动语素（布依语）＋动语素（汉语）→动词

ɓit⁵⁵saːŋ³³扭伤      tiɛn⁴²ɬiu⁴²减少      tuai⁵⁵saːn⁴²打散
扭 伤      减 少      打 散

（2）动语素（汉语）＋动语素（布依语）→动词

$kən^{55}k^ha^{42}$（饭吃噎住）　　　　$tok^{55}pai^{42}nen^{42}$落下去

吃　卡　　　　　　　　　　　落　下　去

$tok^{55}ma^{42}t^hi^{21}$掉下来　　　　　$ɓjiŋ^{42}xə^{55}$熏干

落　下　来　　　　　　　　　熏　干

另外，还有相当多的副词，第一个语素是汉语，后面的语素是布依语，例如"差不多 $ts^ha^{55}mi^{21}lei^{55}$""最好 $tsui^{35}nei^{55}$""怪不得 $kuai^{33}mei^{21}lai^{42}$"等。

5. 类别语素＋汉语借词语素

汉语全借词中，尽管没有通称类别词，但就词语而言，已经是一个表意完整的结构，借入布依语后，又在借词前面加布依语固有的通称类别语素，构成三音节、多音节词。例如：

$pak^{55}po^{55}tsai^{55}$菠菜　　　　　　$ma^{55}ts^huei^{42}li^{42}$冰脆李

菜　菠　菜　　　　　　　　　果　脆　李

$pa^{33}zŋn^{21}ŋva^{42}$瓦檐口　　　　　$pa^{33}zɛn^{21}sən^{42}$石板口

口　片　瓦　　　　　　　　　口　板　石

$poŋ^{45}pəu^{21}tu^{21}vən^{21}$人尿包　　$ɓduə^{55}ma^{55}to^{21}$桃花

尿　包　人　　　　　　　　　花　桃

"类别语素＋专名语素"或者"专名语素＋类别语素"的构词方式，一方面满足了复音（双音）化的要求，另一方面也考虑了构词心理和语义表达的重要作用。不同语族的语言在受外来词影响的时候，之所以都选用了这样一种相同的构词方式，这是因为：（1）采用"通称类别语素＋外借语素"或"外借语素＋通称类别语素"构词方式比较便捷；（2）在表义完整的借词上加上通称类别语素看上去似乎是羡余现象，但在表义上，可以达到词义明确，义类显豁的作用。[①]

（二）布汉语混合词的结构特点

布依语里的多音节复合词就其结构层次主要有这样几个特点：一个多音节复合词如全由本族语素构成，其内部结构则可以进行多层次划分；如果是由布汉语素混合而成的多音节词，其内部结构层次，有的可能是多层次的，有的是单层次的；多音节汉语全借词如果是整体被借入布依语中，

---

① 曾晓渝，2010. 侗台苗瑶语言的汉借词研究［M］. 北京：商务印书馆：172.

那么则与单纯词一样，不能按照布依语的结构特点进行层次划分。

1. 布依语多音节复合词的特点

布依语的多音节复合词一般是由"单语素＋复合语素"或"复合语素＋单语素"构成，它们可以划分为两个层次。

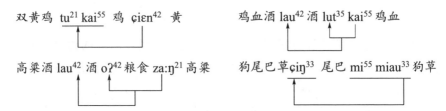

如果仅是单音节词，而不含其他构词语素时，"tu²¹"是必须加在称谓词前的，如果与其他语素一起构词的话，"tu²¹"便可不加。上述例词中"ʔ⁴²"意义宽泛，只要和粮食沾边的都可以运用该词。此外，上述例词都是纯布依语词汇，符合布依语的结构特征，即中心语在前，定语在后。

2. 布依语里汉语多音节全借词的结构特点

布依语里的汉语多音节全借词有两种形式：一种是从汉语里一次性借入；另一种是由新老借词组合而成。从汉语整体借入的多音节词不能进行结构层次的划分，由汉语老借词和汉语新借词组合而成的多音节词可以划分为一个或两个层次。例如：

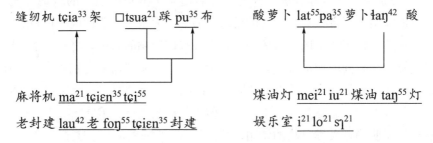

从字面意思上看，"缝纫机"读作"□tsua²¹布架"，其中"□tsua²¹"借用的是黄果树汉语方言词"踩"的训读，"架"放在了修饰语的前面，符合布依语语序，即中心语在前，修饰语在后。"酸萝卜"同样如此，"萝卜"放在前面，"酸"则放"萝卜"之后。此外，从读音上来说"lat⁵⁵ pa³⁵ ɬaŋ⁴²"显然还是老借词，因此，语序上仍是"中心语＋修饰语"的稳固模式。"麻将机""老封建""娱乐室"是新借词，采用的语序符合汉语的结构方式。其中"煤油灯"的"灯 taŋ⁵⁵"尽管还是老借词，但语序也朝着现代汉语借词的方向发展了。

3."布依语通称类别语素＋汉语借词复音语素"的结构特点

"布依语通称类别语素＋汉语借词复音语素"构成的合成词，有两种结构层次：由"布依语通称类别语素＋汉语借词复音语素"构成的合成词只有一个层次；由"汉语新（老）借词＋汉语老借词"构成复音语素，再加上"布依语通称类别语素"构成的布汉多音节词，可以划分为两个层次。例如：

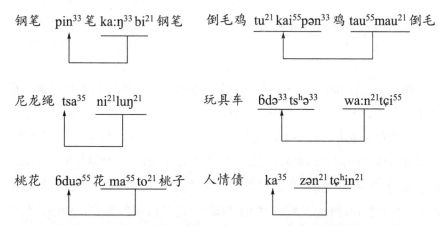

"钢笔 ka：ŋ³³bi²¹"是现代借词，而"pin³³"极有可能为早期借词，因此其语序为中心语在前，定语在后；"倒毛鸡 tu²¹kai⁵⁵pən³³"中的"tu²¹kai⁵⁵"指"鸡"，而"pən³³"可能专指"倒毛"，又因受到现代汉语借词的影响，词的末尾加上"tau⁵⁵mau²¹"以示强调；"尼龙绳 tsa³⁵ni²¹luŋ²¹"中"tsa³⁵"为本族词，绳子之意；"玩具车 ɓdə³³tsʰə³³wa：n²¹tɕi⁵⁵"中的"ɓdə³³"为固有词素，加在事物类别的名词前面，表示事物的专称；"桃花 ɓduə⁵⁵ma⁵⁵to²¹"中的"ɓduə⁵⁵"是表示花这个大类，而"ma⁵⁵"表示果类；"人情债 ka³⁵zən²¹tɕʰin²¹"中的"ka³⁵"是固有词素，而"zən²¹tɕʰin²¹"是现代借词，这些词同"钢笔"一样都是定语后置句。

4."布依语或汉语通称类别语素＋布汉混合复语素"的结构特点。

由"布依语或汉语通称类别语素＋布汉混合复语素"构成的多音节词，一般可划分为一个到两个层次。例如：

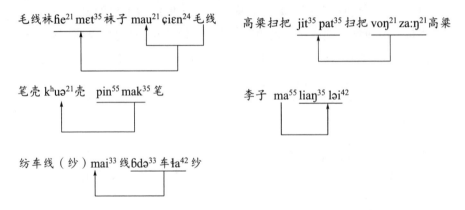

在"毛线袜 ɬie²¹ mɛt³⁵ mau²¹ ɕien²⁴"一词中，"mɛt³⁵"是固有词素，指袜子，而"ɬie²¹"是汉语老借词，指鞋子，"mau²¹ ɕien²⁴"是现代汉语借词，显然在布依人的认知中，他们认为袜子是必须穿在鞋上的保暖之物，所以表示袜子的固有词素前面加上"ɬie²¹"以示限制；"高粱扫把 jit³⁵ pat³⁵ voŋ²¹ za：ŋ²¹"中的"pat³⁵"是老借词，而"jit³⁵"与"voŋ²¹ za：ŋ²¹"都是本族词；"李子 ma⁵⁵ liaŋ³⁵ ləi⁴²"中的"ləi⁴²"是老借词，而"ma⁵⁵ liaŋ³⁵"是本族词，其中"ma⁵⁵"上文我们已作过介绍；而在"纺车线（纱）"mai³³ ɓdə³³ ɬa⁴²中"mai³³ ɓdə³³"是固有词素，"ɬa⁴²"老借词，其搭配关系也是定语在后，中心语在前。

5. "汉语通称类别语素＋布依语复合语素"的结构特点

由"汉语通称类别语素＋布依语复合语素"构成的结构层次一般可划分为两个层次。

上述例词的结构层次是，先由布依语固有语素"na⁴² 脸"和老借词"ɬui³³ 洗""pɛ⁴² 大""va³⁵ 铁"组成动宾和偏正复合语素，再加现代汉借词"pən²¹ 盆"及"tʰoŋ⁴² 桶"构成多音节复合词。受到这种组合方式的影响，部分全借词也发生了类推。诸如"pu³⁵ ta³⁵ ji⁵⁵（衣服）""ɬie²¹ tɕiau⁵⁵ ɬie²¹（胶鞋）"。显然，新老借词在布依语中的结构方式是不同的，布依语从汉语整体借入的多音节词，其结构方式与汉语相同；在布汉语混合多音节词中，有汉语借词语素作修饰成分，一般都按照布依语的结构方式，将修饰语置于被修饰语之后，而不像汉语那样将修饰语置于被修饰语之前。

## 四、汉语借词对布依语构词方式的影响

汉语借词对布依语词汇系统的覆盖面是相当广的，数量也非常惊人。汉语融入布依语后，布依人无疑要对它们进行"改造"，以适合本民族语言的造词、构词规则。由于现代信息的迅速发展，汉语借词融入布依语的数量也越来越多，尤其是一些表示现代新事物的词被借入后，既填补了语意表达上的空白，又丰富了布依语的构词方式。汉语借词对布依语构词方式的影响主要表现在以下几个方面。

（一）语素上兼容并包

汉语借词作为表义符号的音义结合体，进入布依语词汇中，与布依语的固有词产生了多种联系。被借入布依语的汉语借词有双重功能：一是可以作为独立的词表达意义，二是作为构词语素参与构词。

1. 布依语的固有词或早期汉语借词和汉语新借词构成同音现象。这些同音词作为构词语素，会和其他语素一道构成语义不同的复音词。例如：

nai$^{33}$ 雪（本族词）　　　　t$^h$au$^{42}$ nai$^{33}$ 下雪　　　　sau$^{33}$ 绿（本族词）

pu$^{35}$ sau$^{55}$ 绿衣服　　　　nai$^{33}$（奶）（借词）　　　nai$^{33}$ te$^{55}$ 外婆

sau$^{33}$ 烧（借词）　　　　sau$^{55}$ ts$^h$ai$^{21}$ 烧柴　　　tsa$^{21}$ 瘦（本族词）

nuə$^{34}$ tsa$^{21}$ 瘦肉　　　　ŋa$^{21}$ 权（本族词）　　　ŋa$^{21}$ vai$^{42}$ 树杈

tsa$^{21}$ 茶（借词）　　　　kən$^{55}$ tsa$^{21}$ 喝茶　　　ŋa$^{21}$ 芽（借词）

t$^h$au$^{42}$ ŋa$^{21}$ 豆芽

2. 布依语的固有词或早期汉语借词和汉语新借词构成同词异音形式。这些不同读音形式的同义词，有的可以作为同义词，和其他语素一起，构成复音词。例如：

| | 本族词 | 老借词 | 新借词 |
|---|---|---|---|
| 花 | ɓduə$^{55}$ ɓjə$^{55}$ | va$^{21}$ | fa$^{55}$ |
| | ɓduə$^{55}$ ɓjə$^{55}$ ɔȵ$^{42}$ 谷花 | taŋ$^{45}$ va$^{21}$ 葵花 | fa$^{55}$ iaŋ$^{35}$ 花样 |
| | it$^{34}$ voŋ$^{21}$ 指甲花 | | |
| 李子 | ma$^{55}$ man$^{55}$ | ma$^{55}$ liaŋ$^{35}$ ləi$^{42}$ 李子 | — |
| 人 | pəu$^{42}$ | tu$^{21}$ vən$^{21}$ | tu$^{21}$ zən$^{21}$ |
| | | vən$^{21}$ lɛ$^{21}$ 很多人 | zən$^{21}$ min$^{21}$ 人民 |

| | | | |
|---|---|---|---|
| 菜 | pak⁵⁵ | — | tsʰai³³ |
| | pak⁵⁵naŋ²¹ 干菜 | pak⁵⁵ɦɛ³⁴ 干菜 | iɛn²¹tsʰai³³nuə³⁴ 盐菜肉 |
| 镰 | — | va³⁵li꞉m²¹ | va³⁵liŋ²¹ 镰刀 |
| 蛇 | tu²¹ŋə²¹ | — | sɛ²¹ |
| | — | 蛇皮 | tsʰai³⁵fua⁵⁵sɛ²¹ 菜花蛇 |

3. 相同或相似之物可以用不同的表达方式。

水缸 kaŋ⁵⁵ 缸 zaŋ⁴² 水（意义广泛，泛指装水的器物）

ləʔ⁵⁵jaŋ⁵⁵ 缸（专指水缸）

上述情况说明，布依语对于汉语借词的进入采取的是兼容并包的态度，既不排斥外来词，也不轻易放弃本族词，而是让本族词和汉借词共存，共同为人们的交际服务。

（二）结构上的吸收与创新

1. 结构上的吸收

布依语和汉语在构词上最大的差异在于修饰式，布依语是"中心语＋修饰语素"，汉语则相反。由于受汉语新老借词的影响，布依语中有些修饰式复合词的结构方式，出现了"中心语＋修饰语素"和"修饰语素＋中心语"并存的现象。

（1）汉语老借词以布依语的方式组合较为常见，但也可按汉语的方式组合，同时新借词保留汉语的组合方式。例如：

老借词　　　　　　　　新借词

tei²¹oʔ⁴²　　　　　　　—

打 谷子（oʔ⁴² 的意义宽泛，可泛指一切粮食）

pai³³tɕiə³³　　　　　　—

上　街　　　　　　　　—

街上 nə⁵⁵tɕiə³³（nə⁵⁵ 无实意，仅加在名词前面，表示类属）

布鞋 ei²⁴paŋ²¹　　　　　pʰiʔ²¹ɦai²¹（ɦai²¹ 为老派汉语方言词）

　　鞋 布　　　　　　皮 鞋

茶叶 nian⁵⁵tsa²¹　　　　tsʰa²¹kuan⁴²（茶的声母送气与否不造成对立）

　　叶 茶　　　　　　茶 馆

其中"鞋"的读音还不是很稳定，常见的读法还有"鞋带 ɬɛ⁵⁵ŋɛ²¹"。

（2）本族词按布依语的方式组合，现代汉语全借词保留汉语的组合方式。例如：

| 本族词 | 汉语借词 | | |
|---|---|---|---|
| pak⁵⁵ naŋ²¹ | tɕiu⁴² tsʰai³⁵ | tuei⁵⁵ tsuei³³ 对嘴（顶嘴） | |
| 菜 汉 | 韭 菜 | 对 嘴 | |
| ɓja⁵⁵ kən³³ | nan²¹ tʰi²¹ | | |
| 难 吃 | 难 题 | | |

（3）同义的汉语借词语素作不同名语素的修饰语时，早借入的放在中心语之后，晚借入的放在中心语之前。例如：

| 老借词 | 新借词 | |
|---|---|---|
| 毛豆 lək³⁵ tu²¹ | 豆芽　tu²¹ ŋa²¹ | |
| 　 豆 | 　 豆 | |

（4）在混合词中，汉语借词通常只放在被修饰语的后边。例如：

| vai⁵⁵ ləu²¹ 柳树 | məi⁵⁵ nie⁵⁵ 小猫 | ɬɛ⁵⁵ ŋɛ²¹ 鞋带 |
|---|---|---|
| 木 柳 | 猫 小 | 带 鞋 |
| tok³⁵ mian⁵⁵ 面条 | nan⁵⁵ nuə³⁴ 肉丸 | məu⁵⁵ pei²¹ 肥猪 |
| 条 面 | 丸 肉 | 猪 肥 |

尽管上述例词中，汉语借词语素作修饰成分时，有的置于中心语之前，有的置于被修饰语之后，但通过大量的数据我们可以获知这样一个信息：无论是汉语全借词，还是布汉混合词，只要是汉语老借词或布依语固有词作修饰成分，通常都放在中心语之后，构成"中心语＋修饰语素"的结构。只有整体借入的汉语双音节、多音节新借词才能按汉语的构词习惯，修饰语素在前，中心语素在后。这说明语言为了维持交际的稳定性，其自身的许多特点是不会轻易被时间冲刷掉的。尤其是早期的外来词，语音、词汇可能会借用汉语，但是组合规则仍按自身的方式进行，以符合本民族的语言使用习惯。

随着现代汉语借词越来越多，特别是现代汉语双音、多音节词的大量借入，布依语里"修饰语＋中心语"的结构越来越多。加之布依语里原有的"布依语或汉语早期通称类别语素＋汉语复音语素"的结构，已经趋向于省略通称类别语素，只用汉语全借词，例如："大衣 pu³⁵ 布 ta⁴² ji³⁵ 大衣""胶鞋 ɬɛ²¹ 鞋 tɕiau⁵⁵ ɬɛ²¹ 胶鞋"。

2. 结构上的创新

布依语中属于本民族的动结式尚未从句法结构转化到词法结构，但由于受汉语动结式复合词的影响，已经有了由"本族语素＋汉语借词语素"或"汉语借词语素＋本族语素"构成的动结式复合词。例如：

ɓət⁵⁵ saːŋ³³ 烫伤　　　　tuai⁵⁵ɓjia⁵⁵ 打破　　　　ŋaːŋ⁵⁵ tsʰuan³³ 看穿

烫　伤　　　　　　　　打　破　　　　　　　　看　穿

tsən⁵⁵ nei³³ 正好　　　　tʰəu⁴² tok⁵⁵ 抖落　　　　tiaŋ⁵⁵ piŋ⁴³ 生病

正　好　　　　　　　　抖　落　　　　　　　　生　病

da²¹ ma⁴² 放马

守　马

此外，由于受汉语动结式构词方式的影响，布依语词汇里还出现了由"本族语素＋本族语素"构成的动结式复合词。例如：

ni³³ xo³⁴ 听话　　　　　ɓduə⁵⁵ sak⁵⁵ 骨折　　　　naŋ⁴² oʔ⁴² 蒸饭

听　话　　　　　　　　骨　折　　　　　　　　蒸　饭

kən⁵⁵ tsei³⁴ 吃奶　　　　ɗaːn³³ ka³³ kuai³³ 编箩筐　　pai³³ zuə³⁴ 出差

吃　奶　　　　　　　　编　箩　筐　　　　　　出　差

kən⁵⁵ lau²¹　　　　　　ei⁴⁵ və⁴² 解开

喝　酒　　　　　　　　解　开

在现代布依语里，这些由"本族语素＋汉语借词语素"或"汉语借词语素＋本族语素"构成的动结式复合词及由"本族语素＋本族语素"构成的动结式复合词已经广泛运用，并成为日常交际中的基本词汇。显然，由于受到现代动结式构词方式的影响，布依语动结式构词方式无疑也是一种创新。

3. 数量上的增多

布依语同其他少数民族语言一样，也正在经历着由单音词为主向复音词发展的演变过程，演变产生的最主要的原因就是受到汉语借词的影响。布依语里的汉语早期借词（清末民初）以单音节词为主，这些单音节词进入布依语的词汇系统中后成为非常稳固的成分，且其在布依语复音化逐渐形成的过程中，是能构性很强的语素。这些组合或意合的复音词，推动了布依语复音化的发展。

黄果树周边汉语方言对当地布依语的影响是深刻的，在语音、词义甚至语法上都深入渗透到当地布依语中。此外，由于受到当地汉语方言和普通话的影响，布依语固有词汇与汉语新老借词发生了这样一些变化：一是老借词与现代汉语借词势均力敌，二者都存在交际中，如"折本"老借词是 sɛk³³，甚至可用现代借词"贴 tʰiɛ⁴²"，再如"割断"老借词是"kuan²¹ kət⁵⁵"，现代借词读成"kuan²¹ tuan³⁵"；二是部分固有词汇消失，譬如年轻一代已不会说"大姑妈"的固有词汇，取而代之的是借用汉语的表达，再如"妈妈"读成 tɛ⁵⁵mɛ⁵⁵，这种情况在 50 岁以上有一定文化的中老年布依人当中也普遍存在。三是三音节词逐渐被双音节词代替，如"钉扣子"老派说成"tiŋ³³nət⁵⁵səu⁵⁵"，而青年一派则省去了"nət⁵⁵"。由于语言的宗旨是简洁与方便交际，可以预见的是诸如"白菜 pak⁵⁵kət⁵⁵xo³³""木耳 sat⁵⁵ɓjɛ⁵⁵liŋ²¹"这样一些为数不多的三音节固有词汇，在以后的交际中极有可能变成双音节词汇。

**参考文献**

[1] A 梅耶，1957. 历史语言学中的比较方法 [M]. 岑麒祥，译. 北京：科学出版社.

[2] 曾晓渝，2010. 侗台苗瑶语言的汉借词研究 [M]. 北京：商务印书馆.

[3] 陈保亚，1996. 论语言接触与语言联盟：汉越（侗台）语源关系的解释 [M]. 北京：语文出版社.

[4] 爱德华·萨丕尔，1985. 语言论：言语研究导论 [M]. 陆卓元，译. 北京：商务印书馆.

[5] 费尔迪南·德·索绪尔，1980. 普通语言学教程 [M]. 高名凯，译. 北京：商务印书馆.

[6] 徐通锵，1991. 历史语言学 [M]. 北京：商务印书馆.

[7] 叶晓芬，雷鸣，2013. 简论黔中汉语方言的历史形成 [J]. 怀化学院学报，32（10）：15−18.

## 安顺汉语方言词的构词理据及文化内涵研究*

在语言符号中，能指和所指之间具有某种关联性，即有一定的理据

---

* 本文作者：叶晓芬，贵州大学文学院副教授；雷鸣，安顺学院人文学院教授。本文原刊《廊坊师范学院学报》（社会科学版）2014 年第 5 期。

性,① 这种构词的理据性也即是给事物命名的理由和依据。命名的理据往往取决于客观事物本身的特点，人们的构词心理以及方言区的文化环境。词语可以反映事物的特征，人们在给事物命名时或幽默诙谐、亲切温和，或委婉曲折，据此，本文把贵州安顺汉语方言词的构词理据分为直接命名和间接命名两大类型，并对安顺汉语方言词的具体情形展开讨论。

## 一、直接命名

"直接命名"指根据事物本身的特征直接给事物命名，也即是说词的理据就直接体现在词义上。如"方桌""圆桌"，这是根据事物的形状直接命名；"甜酒"，这是根据事物的属性直接命名；"炸雷"，是根据声音的特点命名。

直接命名方式植根于一定的社会文化背景之中，人们的思维方式和所处环境的风俗习惯、文化传统等都在一定程度上影响人们的命名行为。如对同样的事物，普通话命名为"发髻""蜈蚣"，这是抽象思维的结果；安顺汉语方言命名为"粑粑转"（"粑粑"即圆形）"雷公虫"，这是具象思维的结果。思维方式不同，命名的思路就不一样，命名的结果也不一样。人们的文化观念深深地烙印在命名的理据之中。

（一）着眼于客观事物的外在特征

1. 着眼于事物形状的安顺汉语方言词

如：柿饼茄（西红柿），形状像柿子；苞谷嘴（龅牙），用苞谷的形状作比；黄鳝背（小腿正面），用黄鳝的特征作比；连包肚（小腿肚），肚子是身体肉多之处；脚弯弯（腘），形状呈弯曲状；马桶盖（一种发型），只留头顶一圈发的发型，形状像盖子；剪刀菜，形状如剪子；筒子骨（猪大腿骨），形状像竹筒；肚螂皮（肚皮），用螳螂的特征作比；羊子窝（腹股沟），用羊的特征作比；捧瓜（佛手瓜），瓜形如两掌合十，有佛教祝福之意。

以上安顺汉语方言词都突出了事物的形状，其构词理据也都是事物的形状。

2. 着眼于事物动态的安顺汉语方言词

如：跳跁［pai⁵⁵］跁［pai⁵⁵］脚，一只脚独跳的儿童游戏，侧重跳的

---

① 全淑，2008. 试论湖南常德方言词语的造词理据［J］. 湖北广播电视大学学报（1）.

动作；骑马马肩（又叫扛马马肩），小孩骑在大人肩上的游戏，侧重骑的动作；扑灯蛾（飞蛾），侧重飞蛾扑灯的动作；狗刨搔（游泳），同义词"凫［fu³⁵］水"；牛抱耳（牛鼻线），牛鼻线套过耳朵；屙肚子，腹中之物涌动；蕴［xo⁵⁵］麻［ma⁵⁵］（荨麻），侧重蕴的动作；躲猫猫迷［mi³⁵］（捉迷藏），侧重躲的动作；跳拱背（一人弯腰作拱，其余之人从拱上跳过），侧重跳的动作；挤油渣（儿童相互拥挤取暖的游戏），侧重挤的动作；分葱，同义词"香葱"，葱可以移植；套头（头巾），侧重套住的动作。

3. 着眼于事物颜色的安顺汉语方言词

如：胭脂花（紫茉莉），胭脂色；白雨（冰雹），白色；清油（又叫菜籽油），色泽清亮；红虹［kaŋ³⁵］（彩虹）；红苕（红薯），同义词"红山药"，红色。

这些方言词的构词理据都是事物的色彩。

4. 着眼于事物声音的安顺汉语方言词

如：鸡拉武叫（高声叫嚷），指音调非常高，使人生厌，故用鸡叫声打比；唧拉子（蝉），声音如同鸡仔叫；叫唧唧（蛐蛐），声音如同鸡仔叫；□［piaŋ²¹］荡酒，□［piaŋ²¹］荡当为摔倒之象声词，侧重于声音。这些安顺汉语方言词的构词理据都是事物的声音。

上述安顺汉语方言词着眼于事物外在特征，用最直观的方式给事物命名，这是具象思维的结果。人们传统的思维方式是重具象思维，即注重从直观的感受出发，运用形象、联想、类比等方式进行具象思维。这种思维方式反映在构词活动中，那就是构造出大量的形象化词语，如上述例词中突出事物的形状、颜色、声音等的词语均为形象化词语，相对于普通话中相应的词语，这些词更形象、更生动。这说明人们善于运用具象思维方式观物取象，创造出形象化的符号来反映客观世界。

具象思维方式是上述形象化词语构词理据的深层文化根源，具体到某一个词，还可探究其不同的文化内涵。如屯堡方言"挂山"着眼于处所进行命名，因祭祀仪式在坟山举行。在安顺祭祀仪式又因片区的不同而略有差异，譬如黄果树地区一年有两次较为隆重的祭祀仪式，一次是在清明节，一次是在正月十五，后一次规模较大。

（二）着眼于事物存在的时间、处所

1. 着眼于时间的安顺汉语方言词

如：冻桐花（清明前后一段时间天气寒冷，时值桐树开花），清明粑

（清明时节前后，用清明菜制作而成的粑粑），晚娘（继母在亲生母亲之后，故称"晚娘"），长年（长期的佣工）。

2. 着眼于处所的安顺汉语方言词

如：屁爬骨（臀部上方）；手套拐（肘），连接了手和拐的位置；上天膛（上膛），上腭，后脑壳（后脑）；下爬骨（下巴），"下"，说明方位；脑眉心（太阳穴），位置侧重额头；阶檐坎（房檐下的台阶），侧重房檐的位置。

用事物所处的时间、处所来给事物命名，颇能反映地方特色。如上面所举"冻桐花"指的是清明时节桐树开花，天气仍然非常寒冷。安顺人也常说谚语："穷人不要喳，还有 24 天冻桐花"，意思是不要对暂时变暖的天气感到高兴，还会有持续一段时间的降温。

### （三）着眼于事物产生的原因或结果

雷公虫（蜈蚣），打雷时常出现；奶结猪，阉割之后不能生育的母猪，"结"指不能畅通生育；亮火虫（萤火虫），有亮光；隔锅香（别人家的饭菜味道可口），对别人的饭菜感到新奇；挑针（眼睑麦粒肿），左手反伸向右腰，并用针挑拨反向之处；寡蛋（孵小鸡未成的变质蛋），"寡"指变质；寡酒（无佐食的喝酒法），"寡"指空腹喝酒；灰苞（生病的玉米），玉米穗变成灰色；裂口（皮肤受冻皲裂），皮肤开裂；亮灯（元宵节到坟山上祭祀），祭祖时需要点灯；饭蚊（苍蝇），指苍蝇常出现在米饭上。

事物产生的原因或结果作为一种构词理据，也具有一定的文化内涵，如"雷公虫"是因为打雷的时候该虫常常出现，所以该事物的命名是人们对这一现象的总结。"奶结猪"即没有了生育能力的母猪，类似的表达还有"结扎"，意即扎住了女性的生殖器官，使之不能生育。"挑针"一词很有意思，人们认为眼睑肿之后，只要用针轻轻拨动一下左手反倒右背肩的位置，或右手反倒左背肩的位置便能痊愈，这或许是人们的心理暗示所起的作用。

### （四）着眼于事物的属性或分类

1. 以事物的本质属性或主要特征作为构词理据

如：酸辣椒（糟辣椒），有酸味；大襟排（排扣），排列着的扣子；甜酒（甜酒酿），味道甜美；毛稗（稗子），稗上有毛茸茸的穗；毛栗（野生板栗），壳上有厚厚的毛刺；毛桃（野生桃子），桃上有茸毛；连枷（脱去油菜籽或豆粒外壳的器具），两根相连的棍子。这样一些词语以事物的本质属性或主要特征为构词理据，产生了一些独具地方特色的方言词，如"毛栗""毛桃"，以"毛"字命名不仅是因为其外表包裹着厚厚的茸毛，还有细小之意。类似的表达还有"毛孩"等。

2. 着眼于事物的分类不同

如：古肚鱼（蝌蚪），归入鱼类；画字虫（小轿车），比作虫类；人人妹（影子），归入人类；花花雁（蝴蝶），归入鸟类；肚皮眼（肚脐眼），归入眼类；长虫（蛇），古代常归入虫类；田鸡（青蛙），味道鲜美如鸡；豺狗（豺），归入狗类；豪猪（刺猬），归入猪类；大猫（虎），归入猫类；佛头（佛事组织者），按所从事的活动归类；神头（地戏组织者），按所从事的活动归类。

依据分类不同进行命名的方言词的一个突出特点是人们往往将一些新的、陌生的事物归入与之相近的、旧的、熟悉的事物类别中："蝌蚪"被认为是鱼类，故而用"古肚鱼"作为称谓；"画字虫"则形象地反映了在偏僻的山区，由于经济落后，人们接受新鲜事物具有一定的滞后性，故而人们形象地用虫类指代车。

（五）着眼于事物的来源、用途、功能

如：洋烟（鸦片），从国外而来；土酒，本地制作的酒；老开机（膝盖），指其作用非常关键；指甲花（凤仙花），可用于染甲；饭薯（红薯，又叫红苕），可作为主食；吃水（可食用之水），区别于洗衣物之水；楼枕，楼板的横梁，作用相当于枕头；炉桥，炉心里支撑煤块的铁架，又称为炉鼻子，作用相当于桥；引袋（旅行袋），起到指引作用；堡坎，建房子时垫高的基脚，起到保护作用；炕笆，悬挂在房梁上的竹篾，作用是炕干物品。

以事物的来源作为构词理据，最突出的是带"洋"字的一族词，如洋铲（铁铲）、洋火（火柴）、洋钉（铁钉）、洋芋（马铃薯）、洋葱、洋瓷碗（瓷碗）等，"洋"主要指西洋，扩大到所有来自外国的物品，命名时都冠以"洋"字。侧重于事物的用途来给事物命名，反映了人们注重实用的构词心理。"饭薯"反映了过去由于经济水平的低下，粮食极为匮乏，人们将红薯作为主食。楼板的横梁是起到支撑作用，功能就像枕头一样，因此，被形象地给予"楼枕"的称谓。

## 二、曲折命名

曲折命名是以曲折引申的方式给事物命名，词的理据间接体现词义。如以"罢脚货"比喻过时的水果、蔬菜。"鬼"叫"矮罗子"，是因"鬼"在人们的心目中代表着某种不可预示的神秘事物，人们忌讳说"鬼"。"吃闲饭"说明女子在社会生活中不被认可，即使她们承担着生儿育女，传宗接代的使命，也不可避免地被看作不干活只吃闲饭之人。在曲折命名的词中，词的深层义是与表层义相似或相关的另一事物，并且通过表层义生动形象或曲折隐晦地表现出来。

### （一）引申式

1. 借喻引申

借喻式是用与甲事物具有相似性的乙事物去为甲事物命名的构词方式。借喻式构词可以分为借喻式与半喻式两类。借喻式中本体事物不出现，直接用喻体代替本体，如以"半桶水"直接代替了"对某种知识只略知一二的人"；半喻式的一部分是比喻，另一部分是直指，如"鬼画符"的"鬼画"是比喻，"符"直指该事物所属的类别。

借喻式的词语，举例如下。

白口白嘴（言语不真实），"白"，空话；蛮头杵脑（长相彪悍），"蛮"，粗野，强悍；皮皮翻翻（事情处理得不利落；多嘴多舌炫耀），"皮"，头屑脱落状；夹壳核桃（吝啬之人），"夹壳"，壳硬肉少且难以获取；磨皮擦痒（烦躁不安，无聊的样子），"磨"，摩擦；半中拦腰（事情进行的中途），"拦"，拦截；煽风点火（鼓动，煽动），"煽"，扇火使之旺盛；滴汤漏水（办事不干脆），"滴汤"，汤洒；连渣闹（未去渣的食物，又可指渣豆腐）；扎媒子（使用不正当的手段骗取财物），"扎"，装扮；卖关子（说话留悬念），"关"，关卡；老黄历（过时之事），"黄历"，陈旧的日历；打烂仗（无明确目标谋生度日），"烂仗"，失败之战；夹生饭（不熟练），米饭不熟，常用来形容一个人水平不够；揩屁股（收拾残局）；装烟筒（受人骗将钱财投入生意场中受损，又叫钻烟筒），"烟筒"，指鸦片；烧天书（没辙），"天书"，难以企及；灰猫猫（自讨没趣），猫身上有灰；强盗肉（表面看不出，实则长得结实的肌肉），"强盗"，暗地做坏事；翻嘴（藏不住话，打小报告），"翻"，翻动；罢脚（过时的水果，蔬菜），"罢"，完毕，已过；揍煽（整治），"煽"，干煽、干炒；隔馊（有矛盾），

"馊"，饭菜变味；裹绞（不干脆、不爽快），"裹"，缠绕；放水（泄密，透漏消息或放任作弊），"放"，放任；扣门（布的宽度），做衣服需要掌握尺寸，类似做门要尺寸与门框相符。

半喻式的词语，举例如下。

水色（肤色）；鬼画符（字迹潦草）；茶叶货（假冒伪劣产品）；街坊亲（邻里之间认作亲戚）；挂角亲（亲戚关系较远）；走后门（用不正当的手段谋求个人利益），找关系；萝卜坑（量身定做招聘条件），"坑"，地洞；乌鸦嘴（说不吉利的话），"乌鸦"，黑色鸟类；老变婆（坏人，特指女性），"变婆"，狰狞。

这些半喻式名词的前一部分是比喻，形象地揭示出被比对象的特点，后一部分是直指，指出对象所属的事物类别。

也有半喻式形容词，前一部分是比喻，后一部分表事物的性质或状态；前一部分是直指，指出对象的所属、处所、性质等，后一部分是比喻。如箭杆雨（大雨）、大闹鹰（鹰）、凌板（结冰现象）、钢火（刀刃的钢质好而锋利）等。

2. 借代引申

借代即换名，换一个与本体有关联的名称为本体命名。借代构词的心理基础是相关联想，这种联想同样受制于特定区域的文化因素。如有生育之喜的人家要赠送亲朋好友煮熟的红鸡蛋，以示喜庆。久而久之，"吃红鸡蛋"就代表生育之喜，正如"吃喜酒""吃喜糖"一样。"蝙蝠"被称为"盐耗子"，一是因为蝙蝠全身都是毛，其体貌特征与耗子有相似之处；另一方面是因为，二者大多是白天憩息，夜间觅食，生活习性非常相似。

四盘八碗（酒席丰盛），数字虚指；跪搓衣板（男人受妻子惩罚或小孩受到长辈惩罚），搓衣板：洗衣的器具；灶司菩萨（女主人），灶司说明其核心地位；盐耗子（蝙蝠），以相似之物相代；老米饭（年事较高的父母），需要儿女赡养；偷油婆（蟑螂），习性指代；红尾巴（鲤鱼），以部分代整体；夜猫子（大晚上才回家的人），猫：晚上活动；扮姨妈（儿童游戏），姨妈：大人；飞龙雨（六月间的雨），雨速快且较为短暂；白胆猪（责罚、教育对其不起作用的人），用猪的习性指代；猫盖屎（做事敷衍，只求表面），用猫的习性指代；门槛猴（见不得世面之人），迈不出门槛；哭稀饭（爱哭的小孩）；夹舌子（说话口吃的人，又叫夹舌巴），夹：夹住，不利索；红毛枪（棱木）；剪绺（扒手），形象代本体；吃酒（赴宴做客），具体代抽象；小话（背后说人是非），小：见不得人；做小（小老婆），小：地位低贱；垫背（代人受过）；背篼（从事搬运工作的务工者），背篼：竹篾编织而成的器具；开山（斧头），功能指代；僵巴（长不高的小孩），僵巴：枯缩的水果；千翻（挑剔的女孩），程度指代；针线（针线活）；放锅（做饭，又叫顿锅），顿：放置、安放。

## （二）委婉与忌讳

委婉的表达，如：大姨妈（又名三号，例假）；吃闲饭（坐月子）；出客（出嫁），女孩嫁给外人；谢顶（头顶掉头发）；着凉（又叫凉倒，感冒）；困难（又叫难得过，贫寒）；外家（又叫老外家，娘家），因女孩嫁给外人；红事（红喜）。

忌讳的表达，如：矮罗子（鬼）；快发财（猪肝）；千层肚（又叫牛百叶肚，毛肚）；失枕（脖子筋脉不畅）；圿圿（成条的污垢，又叫圿汗）；成神（老人过世）；老家（棺材，又叫木头）；发引（出殡）；倒坎（折本，倒霉）；鞭子（雄性牲畜的阴茎）；白事（丧礼，白喜）；老衣（死人穿的衣服）；老鞋（死人穿的鞋子）；落井（棺材下葬，下圹）；落气（死亡，断气）。

受传统观念的影响，人们形成了对客观事物进行具象思维的习惯，且善于从整体上对思维客体进行直接把握，在思维过程中从直接感受体验出发，运用形象、联想、类比等思维方式进行具象化，所以直观性、形象性和具体性是具象思维的核心。

## （三）义位变体

词和义位都是对事物（包括动作、形状）的抽象，在抽象的过程中，主要概括事物的本质特征，而把一些不重要的差异舍弃了。所以，只要是使物体来回地运动的都叫"摇"，而不管摇的具体方式如何；只要是用力使某物（包括人）离开原处而快速运动的都叫"投"，只要用手紧紧抓住某物就叫"摄"，而不管这些动作具体有什么差别。这就是"义位"的意义。但是这些动作具体的差别在一定的上下文中会显示出来。这些因上下文而显示出的不同意义，我们称之为"义位的变体"[①]。例如：

冲气（生气），对象是小孩；腰子（肾脏），对象是动物；衣胞（胎盘），对象是动物；尿包（膀胱），对象是动物；肝子（肝脏），对象多指猪；连提（胰脏），对象是猪；黄牯（黄公牛）；水牯（成年雄性水牛）；妹牛（黄母牛），未下过崽；仔鸡（小鸡），未下过蛋；赶伴（交配），对

---

① 蒋绍愚，2012. 古汉语词汇纲要 [M]. 北京：商务印书馆：42.

象是动物；号春（交配），特指猫；起草（交配），特指动物；粉肠（小肠头），猪胃和小肠连接的一小段；郎猪（配种的公猪），郎：男性；骟猪（阉割猪），对象是猪；硬朗（身体健壮），对象是老人；结实（身体健壮），对象是年轻人；撞［tsʰuaŋ³⁵］（逛）街，对象是人；晾［laŋ³⁵］风（溜达），对象是动物。

　　词语的命名受民族文化心理、习俗的影响相当大，如公猫叫男猫，母猫称为女猫，公狗称为伢狗，公猪称为伢猪，母狗称为草狗，阉割猪称为骟［san³⁵］猪，但若对象是人，就不能用骟了，而是"结"等字眼。日常交际中，人们还喜欢用谐音的方式造词，如"破柴"即"破财"，"折巴折"即"责巴责"，如：你能负什么责，负～还差不多。再如小孩叫妈妈为"妈咿"，这便是一种自然而然的母子之情。此外，在过去由于生活水平低下，人们对很多自然现象感到难以理解，因此，将春节贴在大门上的人物画称为门神老爷，希望它们在新的一年里，能够保佑一家人平平安安，无灾无祸。另，正话反说是一种含蓄的表达，如把"漂亮"说成是"假"，"还差"说成是"还增"等等，都体现出不同地域的人们，对待事物的认知方式、审美情趣、风俗习惯等的不同。

**参考文献**

［1］蒋绍愚，2012. 古汉语词汇纲要［M］. 北京：商务印书馆.

［2］曲彦斌，1989. 民俗语言学［M］. 沈阳：辽宁教育出版社.

［3］罗常培，1989. 语言与文化［M］. 北京：语文出版社.

［4］王艾录，1995. 汉语理据词典［M］. 北京：北京语言学院出版社.

［5］常敬宇，1995. 汉语词汇与文化［M］. 北京：北京大学出版社.

［6］全淑，2008. 试论湖南常德方言词语的造词理据［J］. 湖北广播电视大学学报（1）：112－113.

# 语 法 篇

## 广东封开南丰话的三种正反问句*

广东省肇庆市封开县位于西江中上游、贺江下游，西北跟广西梧州和贺州交界，东南与广东怀集、德庆和郁南接壤。两汉时期作为岭南首府的交趾/交州刺史部治所的广信即在今封开、梧州一带。封开境内的主要方言是粤语勾漏片，个别地方讲客家话和标话（一种壮侗语）。历史上封开曾分为封川和开建两县，内部的主要方言也有差别，大致可分为南北两片：南片是以罗董话为代表的封川方言，北片则是以南丰话为代表的开建方言。封开县现在讲南丰话的地方除了南丰镇，还包括长安、金装、渡头（现并入南丰）、都平和大玉口等镇。南丰镇位于贺江中下游，是封开人口最多、经济最发达的地区。

在南丰话中，表达普通话正反问句①意思的时候有三种固定句式，举例如下：

①你阿［a˥］见过李平（你有没有见过李平/你见过李平吗?）
②你见过李平曾［tseŋ˩］（你见过李平没有?）
③你阿见过李平曾（你见过李平没有?）

本文分别把这三种句型表示为"阿 VP""VP 曾""阿 VP 曾"。这三种句型有时可以互换，如上面这三个例句；有时候却不能互换，如可以问"你喫脱（完）嘅（这）碗饭阿好?"，但不能问"你吃脱嘅碗饭好曾?"和"你吃脱嘅碗饭阿好曾?"

下面从共时和历时两个方面对这三种疑问句式的用法、性质以及形成

---

* 本文作者：侯兴泉，暨南大学文学院/汉语方言研究中心教授。本文原刊《方言》2005 年第 2 期。本文曾在"桂北平话与周边方言学术研讨会"（200410，南宁）上宣读，会上承蒙曹志耘教授、庄初升教授等专家的指点。导师彭小川教授和暨南大学中文系的伍巍教授为本文的写作和修改提供了许多宝贵的意见。在此对他们表示衷心的谢意！
① 本文对"正反问句"的定义采用袁毓林先生（1993）的说法。

过程进行探讨。

## 一、三种各有特色的正反问句

（一）"阿 VP"，南丰话中最常用的正反问句式

　　④你阿喫饭？（你吃不吃饭？）

　　⑤你阿肚饥？（你肚子饿不饿？）

　　⑥佢究竟阿熟写毛笔字嘞？（他到底会不会写毛笔字啊？）

　　⑦王老师嘅篇文章写得阿好？（王老师这篇文章写得好不好？）

　　⑧阿萍连小学都唔曾毕业，阿是？（阿萍连小学都还没毕业，是不是？）

④至⑥都是对句子的谓语部分进行提问，其中谓语的中心可以是行为动词、形容词或者是能愿动词。⑦是对句子的补语部分进行提问，一般只有性质形容词才能进入这一结构。⑧是附加式正反问句。

通过对南丰话"阿 VP"和普通话正反问句的比较，可以看出两者有以下异同点：

（1）普通话"VP 不 VP"和"VP 吗"这两种疑问句式所表达的意思在南丰话中一般都是用"阿 VP"来表示，南丰话"阿 VP"的使用范围比普通话"VP 不 VP"大。

（2）南丰话的"阿 VP"后面可以加"啵［po﹨］""呢［ni˥］""嘞［lak˧］"这些不是专门表示疑问的语气词，但不能加"啩［kua˧］""啊［a˩］"等表示测度的疑问语气词。虽然使用的疑问词不同，但这种用法跟普通话"VP 不 VP"的用法是基本相同的。

此外，南丰话的"阿 VP"还可以被包孕在陈述句中，充当陈述句主语或宾语的一个成分，这也跟普通话"VP 不 VP"的用法相同。如：

|  | 南丰话 | 普通话 |
|---|---|---|
| 作主语成分 | 佢阿喫饭唔关我事 | 他吃不吃饭不关我的事 |
| 作宾语成分 | 我唔知佢阿去南丰 | 我不知道他去不去南丰 |

对于方言中的"阿 VP"句型如何归类，学界尚存在争论。有的学者把苏州话等方言的"阿/格/克 VP"（统称"可 VP"或"K-VP"）归为反

复问句①，而另一些学者则认为苏州话的"阿 VP"应归为是非问句②③。袁毓林先生④认为不能简单地说"阿 VP"是不是是非问句，因为是非问句并不是个单纯的类，他通过讨论是非问句的内部差异以及根据"阿 VP"和"VP 吗""VP 不 VP"的双重对应关系，从建立泛时性汉语疑问句系统的角度出发，把"阿 VP"和无标记的"VP 吗"合称为正反问句。本文认为袁先生的这种处理方式是符合汉语方言实际的，因此我们采用袁先生的观点，把南丰话的"阿 VP"定性为正反问句。

（二）"VP 曾"

⑨你喫哈饭曾？——喫哈（咧）/唔曾。（你吃了饭没有？——吃了/没有。）

⑩佢去过南丰曾——去过（咧）/唔曾。（他去过南丰没有？——去过/没有。）

⑪你吃饭曾——吃咧/唔曾。（你吃不吃饭啊/你吃饭吗？——吃/不吃。）

⑫你去南丰曾——去咧/唔曾。（你去不去南丰啊/你去南丰吗？——去/不去。）

⑨⑩是对过去发生或完成的动作进行提问，其中"哈［·ha］"是南丰话里表示动作完成的动态助词，相当于普通话的"了₁"；"过［kuəˇ］"是经历态标志，同于普通话。⑪⑫则是对将要发生的动作进行提问，这时候更多的人还是对听话人的心理趋向进行提问，即问对方要不要去做某件事情，往往含有说话人希望听话人马上或尽快去做某事的语用义。⑪⑫肯定回答动词后面一般都要加上一个类似普通话"了₂"的语气词，表达肯定的语气；否定回答时"唔曾"表示的意思跟⑨⑩不同：⑨⑩是否定曾经发生过某动作；而⑪⑫是对将要进行的动作进行否定，这里"曾"的读音虽然跟⑨⑩中"曾"的读音相同，都读作［tsəŋˋ］，但是"曾"原有的语义已经虚化了，不再表示曾经义了。这四个例句句末都是陈述语调，提问的时候经常省略主语，否定回答的时候则通常省略谓语。

---

① 朱德熙，1985. 汉语方言里的两种反复问句［J］. 中国语文（1）.

② 李小凡，1990. 语言学和汉语教学［M］. 北京：北京语言学院出版社.

③ 刘丹青，1991. 苏州方言的发问词与"可 VP"句式［J］. 中国语文（1）.

④ 袁毓林，1993. 正反问句及相关的类型学参项［J］. 中国语文（2）.

（三）"阿 VP 曾"

从结构形式上就不难看出，"阿 VP 曾"是"阿 VP"和"VP 曾"的一种混合形式。在南丰话的日常使用当中，如果句子的谓语是表示动作行为或趋向的动词，而且都是过去已经发生的，这三种正反问句所表达的意思基本上是一样的，如本文开头的例句①②③。

我们认为"阿 VP 曾"这种混合型正反问句是在"VP 曾"的基础上糅合"阿"而来的。凡是用"VP 曾"提问的句子都可以用"阿 VP 曾"来提问。如⑨至⑫的提问可以改为：

⑨'你阿喫哈饭曾？
⑩'佢阿去过南丰曾？
⑪'你阿喫饭曾？
⑫'你阿去南丰曾？

但并非所有用"阿 VP"提问的句子都可以换成"阿 VP 曾"，如⑦⑧就不行。下面的说法在南丰话中是不成立的：

⑦'＊王老师嘅篇文章写得阿好曾？
⑧'＊阿萍连小学都唔曾毕业，阿是曾？

## 二、"VP 曾"的来源

"VP 曾"这种疑问句式是如何形成的？为什么它能用于未然体？下文将讨论这一问题。

（一）古今文献极少用"VP 曾"表示疑问句

用"VP 曾"句式表示疑问，这在古今文献中是极少见的。我们用电子书库对不同时代的多部作品①进行搜索，没有发现这样的用例。"VP-neg 曾"倒是不少，这里略举数例：

---

① 我们使用电子版《四库全书》查阅的作品有：《孔丛子》《韩非子》《史记》《世说新语》《曲江文集》《宋史》。使用一般的电子书库查阅的作品有：《水浒传》《金梅瓶》《红楼梦》《封神演义》《儒林外史》《今古奇观》《西游记》《海上花列传》《围城》《倾城之恋》《私人生活》《你不是一个俗人》《文化苦旅》。

⑬月娘问道："他吃了饭不曾？"（《金梅瓶》）

⑭宝玉道："取了我的斗篷来不曾？"（《红楼梦》）

⑮纣王曰："那贱人招了不曾？"（《封神演义》）

⑯两都督道："萧千总，你曾去过不曾？"（《儒林外史》）

⑰梁尚宾回来问道："方才表弟到此，说曾到顾家去不曾？"（《今古奇观》）

⑱行者……问道："驸马爷爷拿来的那长嘴和尚，这会死了不曾？"（《西游记》）

现代方言中也有，如吴语区的丹阳、常州、宜兴和衢州等地以"VP-neg 曾"为表示已然体的问句①。如衢州话：

佢来勿曾葛？——佢勿曾来。

个别方言也有"VP 曾"，如吴语浙江金华方言可以"VP 曾"表示正反问，如：

佢去曾？（他去没去？）②

在西江中上游，除南丰外，广西桂岭、仁义、铺门等地也用"VP 曾"句式。③

（二）"VP 曾"是由"VP-neg 曾"脱落否定词而来

本文认为南丰话的"VP 曾"是由"VP-neg 曾"脱落否定词而来的，理由有下面两点：

（1）从回答的形式上看，"VP 曾"和"VP-neg 曾"是一样的：回答如果是肯定的，就直接用问句中的动词；如果是否定的，则把"neg 曾"放在动词前（否定回答一般省略谓语动词）。当"VP 曾"用于已然体时，它跟"VP 曾"所表达的语法意义是一样的，都是对是否经历或已经完成的事情进行正反提问。试比较南丰话和衢州话的用例：

---

① 游汝杰，1993. 吴语里的反复问句［J］. 中国语文（2）.

② 此例引自黄伯荣等（2001：14），其对句末"曾"的解释是："曾，副词，此处相当于否定词'未'"。

③ 此三地"曾"读［tɐŋ］阳平（各地调值有差异）。桂岭、铺门的材料见唐择扶主编的《贺州市志》（2001：964），其中"曾"写同音字"腾"。又桂岭"腾"标为高升调，可能是标的疑问语调。仁义的材料为笔者调查所得。笔者还实地核对过铺门的材料。

|  | 南丰话 | 衢州话 |
|---|---|---|
| 提问 | 佢来哈曾？ | 佢来勿曾葛？ |
| 肯定回答 | （佢）来哈咧。 | （佢）来了。 |
| 否定回答 | （佢）唔曾（来）。 | （佢）勿曾（来）。 |

显然两者的回答形式以及问句所表达语法意义都是一样的。

从语音上看，吴语区用"VP 勿曾"表示正反问时候，常把"勿曾"读成合音的形式：［fən］或［vən］①。南丰话的情况有所不同，它的否定副词是单独成音节的鼻辅音"唔"，一般读［m̩］，有［n̩］、［ŋ̍］两个自由变体，主要受前后音素影响而变。"唔曾"的"唔"受"曾"影响，读［n̩］。我们设想，当"唔曾"跟动词组成一个固定的疑问结构"VP 唔曾"后，否定词"唔"在语流中很容易弱化并脱落。至于否定回答的时候，由于否定词是语句强调的重点和信息的焦点，所以不会脱落（这也反过来说明"VP 曾"确是由"VP 唔曾"脱落否定副词而来的）。我们假定从"VP 唔曾"到"VP 曾"否定副词的脱落经过了四个阶段：

A. 否定副词（m 声母，带元音）→B. 元音脱落（剩下鼻辅音 m）→C. 鼻辅音［m̩］向［n̩］靠拢（受"曾"的声母的发音部位影响）→D. 完全脱落。

这个变化过程在勾漏片粤语及贺江流域其他方言中可以找到一些印证：如广西昭平县的巩桥和黄姚本地话正反问句"VP-neg 曾"中的"neg 曾"读作［mo nən］，否定词依然保留元音（不过"曾"字的声母被同化成鼻音了），这可看作 A 阶段存在的方言例证。B 阶段我们在同一属勾漏片粤语的广西玉林话中找到证据：老派玉林话正反问句"VP-neg 曾"中的否定词读作鼻音［m̩］②。C 阶段在贺江上游贺街镇（属广西贺州）的本地话中有例证，这里"VP 唔曾"中的"唔曾"读作［n̩ taŋ］，否定词的元音已经脱落，鼻辅音也已经变为［n̩］③。南丰话和桂岭、仁义、铺门的"VP 曾"即为 D 阶段。

（三）为什么南丰话的"VP 曾"可以用于未然体呢？

前面我们论证了"VP 曾"是由"VP-neg 曾"脱落否定副词而来的。

① 游汝杰，1993. 吴语里的反复问句［J］. 中国语文（2）.
② 玉林话的情况由玉林师范学院中文系梁忠东老师提供，在此致以衷心的感谢。
③ 巩桥、黄姚、贺街的材料由本人调查所得。

"VP-neg 曾"只能用于已然体中，按理"VP 曾"也只能用于已然体，那为什么南丰话的"VP 曾"可以用于未然体呢？我们认为，这是"曾"语法化的结果。

首先，"VP-neg 曾"作为一种表达正反问的固定句式，脱落否定词后，由于句末没有疑问语气词，兼起煞尾作用的"曾"的语义也进一步虚化，逐渐向表示疑问的标志演变（但是它还不像普通话"吗"那样完全虚化，这从已然体的否定回答唔"曾"中还可看到"曾"最初的意义）。其次，现在南丰话表曾经义的"曾"不能单独使用①，只能以黏着语素的形式出现在疑问句末和否定副词的后面，这样一来"唔曾"就只能以词汇的形式出现，而问句"VP 曾"末尾的"曾"就能相对独立地向着疑问标志的方向发展了。最后，南丰话的已然和未然主要是通过谓语动词是否带动态助词来区分的，因此问句"VP 曾"中的"曾"也就更有理由不再充当单纯表已然的角色，而慢慢转变为一个疑问标志。

这点从普通话"VP 吗"里的疑问标志"吗"也可以得到印证。大多数学者都认可普通话的"吗"是由古代 m 声母的否定词虚化而来的。袁毓林先生②从类型学的角度把无标记的"吗"归入正反问句当中。"吗"虚化后也是既可用于已然体，也可用于未然体。试比较：

南丰话

已然 你喫哈饭曾？—喫哈咧/唔曾（喫）。

未然 你喫饭曾？—喫咧/唔曾（喫）。

普通话

你吃饭了吗？—吃过了/没（吃）。

你吃饭吗？—吃/不吃。

两者除了具体的表现形式有别外，它们所表达的语法意义是基本一致的。

（四）如何定性"VP 曾"句式

综上所述，南丰话的"VP 曾"是由"VP-neg 曾"脱落否定词发展而来的；此后，用法进一步泛化：它不但可以用于已然体，还可以用于未然体。这样一来，我们对"VP 曾"句式的定性就碰到了困难：究竟是把

---

① 南丰话有一个读音跟"曾"相近、可以独立运用的词，相当于普通话副词"还"，读作 [tsɛŋ]。

② 袁毓林，1993. 正反问句及相关的类型学参项［J］. 中国语文（2）.

它归为正反问句还是把它归为是非问句？如果从"VP 曾"源于"VP-neg 曾"以及它在已然体中使用的情况来看，把它归为正反问句是可行的；如果从"VP 曾"的形式以及它在未然体中使用的情况看，归为是非问句似乎也是可以的。

从发展的角度来看，我们认为南丰话的"VP 曾"已经基本完成由固定的疑问句式（正反问句"VP-neg 曾"）向带疑问标记（"曾"类似普通话疑问语气词"吗"）问句转变的过程。这跟陕北方言"VP-neg"的情况有点相似。根据邵敬敏和王鹏翔①的研究，陕北方言的"VP-neg"煞尾的否定词已经语法化了，正在变化为一种疑问标志，他们从类型学的角度把它叫作"正反是非问"。我们认为南丰话的"VP 曾"也可以看成一个过渡类型，但为了保持全文术语的一致性以及讨论的方便，我们把"VP 曾"看成正反问句的一个特殊类，这也是本文比较赞同袁毓林先生②提出的汉语疑问句泛时性系统里"正反问句"这一概念的原因。

## 三、"VP 曾""阿 VP""阿 VP 曾"三者的历史层次

朱德熙先生③曾经提出这样一个观点："'可 VP'和'VP 不 VP'两类反复问句互相排斥，不在同一种方言里共存。"文章发表后引起学界广泛的兴趣。王世华④、施其生⑤和刘丹青⑥等先生撰文指出扬州话、汕头话和苏州话中这两种句型可以并存。针对这些现象，朱先生⑦又对自己的观点进行进一步的阐述，认为混合形式的出现本身就说明"K-VP"与"VP-neg-VP"两种句型属于不同的历史层次，两者之中必有一种产生时代较晚，而混合形式不过是这种创新句型的本地化而已。具体到扬州话和苏州话，他认为可以找到证据说明这两种句型属于不同的历史层次，即"K-VP"是固有的，而"VP-neg-VP"相对来说是一种创新。至于汕头话，虽然暂时还难以确定两种句型哪种更古老，但朱先生仍然相信两者属

① 邵敬敏，王鹏翔，2003. 陕北方言的正反是非问句——一个类型学的过渡格式研究 [J]. 方言（1）.

② 袁毓林，1993. 正反问句及相关的类型学参项 [J]. 中国语文（2）.

③ 朱德熙，1985. 汉语方言里的两种反复问句 [J]. 中国语文（1）.

④ 王世华，1985. 扬州话里两种反复问句共存 [J]. 中国语文（6）.

⑤ 施其生，1990. 汕头方言的反复问句 [J]. 中国语文（3）.

⑥ 刘丹青，1991. 苏州方言的发问词与"可 VP"句式 [J]. 中国语文（1）.

⑦ 朱德熙，1991. "V-neg-VO"与"VO-neg-V"两种反复问句在汉语方言里的分布 [J]. 中国语文（5）.

于不同的时代层次。

朱先生从历史层次把握不同正反问句的研究思路非常具有启发性。我们沿着这一思路考查了南丰话的三种正反问句，认为"VP 曾""阿 VP""阿 VP 曾"属于不同的历史层次："VP 曾"处于历史的最底层（早期正反问句的存留），"阿 VP"是后来引进的，"阿 VP 曾"则是引进"阿 VP"后的创新。下面我们将从句型形成、方言类比、移民史实等方面对此进行论证。

（一）处于最底层的"VP 曾"

从历史形成的角度来看，语法学界一般都认为"VP-neg（-VP）"的形成远远早于"阿 VP"。而南丰话的"VP 曾"是由"VP-neg 曾"发展而来的，因此"VP 曾"在南丰话三种正反问句中应该是最古老的。

另外，粤语的正反问句基本上都是"VP-neg-VP"型的，其代表方言——广州话正反问句的具体形式大概有"V 唔 V""有无 V""V 未""系不系 V"几种①。现在的广州话不使用"VP-neg 曾"这种正反问（它使用的是形式和意义差不多的"VP 未"），但根据笔者的调查，在整个贺江流域的汉语方言中，基本上都还保留着"VP（neg）曾"这种用法，只是各地的语音形式稍有不同。有学者②③提出，早期的粤语在汉代就形成于西江中部的广信一带。因此，封开一带的方言应该在一定程度上代表早期粤语的一些语言面貌。据张敏先生④的研究，在古代文献中最早出现的反复问句是"VP-neg"，从先秦到南北朝，除了秦墓竹简比较特别外，"VP-neg"是唯一的反复问句形式。从移民史实看，秦汉北方政权曾派遣大量的中原人口开发岭南，在两汉时期，广信作为当时的岭南首府，是整个岭南地区政治、经济和文化的中心，当时的人口主要是分布在西江中游一带⑤。"VP-neg"（包括"VP-neg 曾"）应该就是在这个时期由中原带到这一带的。

（二）后来的客人——"阿 VP"

"阿 VP"是一种分布不十分广泛的方言句式，主要在下江官话、吴

---

① 方小燕，1996. 广州话里的疑问语气词 [J]. 方言 (1).

② 叶国泉，罗康宁，1995. 粤语源流考 [J]. 语言研究，1995 (1).

③ 罗康宁，1996. 封川话浊塞音声母初探 [J]. 岭南文史 (4).

④ 张敏，1990. 汉语方言反复问句的类型学研究：共时分布及其历时蕴含 [D]. 北京：北京大学.

⑤ 陈乃良，1998. 封中史话 [M]. 广州：广东省地图出版社.

语和西南官话的一些地区使用。"阿VP"产生的时代比"VP-neg-VP"晚，但确切的形成时间现在还难以断定，从文献上看，"阿VP"型反复问句大量出现在明清时代的白话小说里（朱德熙）[①]。粤语本来是没有"阿VP"的（现在的广州话也没有），据笔者的初步调查，整个贺江流域的大部分汉语方言也都没有"阿VP"，而位于贺江中下游的南丰、桂岭、仁义、铺门一带现在却有"阿VP"这种正反问句，说明"阿VP"应该是后来从别的方言借入的。

我们曾经查对过《封开县志》[②]第三篇第五章中关于县内主要姓氏的介绍，发现他们的祖先大多是在宋明两代迁移到封开一带的。根据1990年人口普查的资料统计，全县万人以上的姓氏有11个，占全县总人口的53.3%。在这11个大姓当中，有5个姓氏（陈、梁、莫、苏、卢）的祖籍都是江苏南京，还有一个人口接近一万的张姓也是由南京迁移过来的。我们知道南京话的正反问句是"阿VP"型的，这为我们认定"阿VP"是从别的方言借入的提供了佐证。另外，这11个大姓当中还有4个姓氏（侯姓和陈、梁、卢姓的另一支）的祖籍是南雄；还有人口介于5000～10000人的邓、刘、欧、姚等姓的祖先也是来自南雄。广东北部的南雄是唐代梅关（大庾岭）开通以后北人进入岭南的一个桥头堡和中转站，要是再往前追溯他们的祖籍，估计会有来自吴语、江淮官话或西南官话区使用"阿VP"的原居民。我们假设由于宋明这两个朝代，从使用"阿VP"的方言区迁入封开南丰一带的人口特别多，他们对当地的语言造成较大的影响，以致"阿VP"这种句式竟逐渐取代了南丰话原来的"VP-neg（-VP）"句式，现在只剩下"VP曾"这种句式还多少保留着原来正反问句"VP-neg（-VP）"的一点痕迹。

（三）"阿VP曾"是"阿VP"融入后的创新

一个合理的推断是："阿VP"传入南丰一带后，渐渐融入本地的方言，并和本地的"VP（neg）曾"混合成一种新的句型"阿VP（neg）曾"。开始的时候"阿VP（neg）曾"可能只是偶尔地使用，时间长了也就跟"阿VP"和"VP（neg）曾"一样不分彼此了。[③]

这样的融合创新在广州话中能找到类似的例子。副词"先"放在动词

---

① 朱德熙，1985. 汉语方言里的两种反复问句［J］. 中国语文（1）.

② 封开县地方志编纂委员会，1998. 封开县志［M］. 广州：广东人民出版社.

③ 但我们无法判断是这种混合先发生还是"VP-neg曾"中的否定词先脱落，也不知道是否曾存在过"阿VP-neg曾"这种句式。

之后,是广州方言语法方面的一大特色(参看袁家骅等《汉语方言概要》第九章)①,可表示为"VP 先"。如:"我行先,你等一阵来"(我先走,你等一会来),"你食先,唔使客"(你先吃,甭客气)。但现在广州渐渐地流行起"先 VP 先"的说法,如"我先行先""你先食先"等等。这是由于推广普通话运动和北方人口进入广东之后,一方面北方话型的"先VP"被广州人接受,另一方面,广州话的"VP 先"也会慢慢被在广东的北方人所接受,本地化创新的结果,便出现了"先 VP 先"这样一种混合形式。这与古代南丰话中"阿 VP"的传入以及"阿 VP 曾"的形成可有一比。这反过来也说明语言的融合是各个时期都会发生的(尤其是在发生大规模移民的时代),而融合的过程会有许多规律可循。

## 四、小结

通过上面的讨论,我们可以小结如下:

(1)从共时的角度看,现在的南丰话有"阿 VP""VP 曾""阿 VP曾"三种正反问句:"阿 VP"对应于普通话的"VP 不 VP"和"VP 吗",是南丰话中最常用的一种正反问句;"VP 曾"是正反问句的一个特殊类;"阿 VP 曾"是在"VP 曾"的基础上糅合"阿 VP"而成的一种混合句式。

(2)从历时的角度看,"VP 曾"处于历史的最底层,由"VP-neg曾"脱落否定副词而来;"阿 VP"大概是在宋明时代从别的方言借入的;"阿 VP 曾"则是一种混合句式,是借入"阿 VP"后本地化的创新。

**参考文献**

[1] 陈乃良,1998. 封中史话 [M]. 广州:广东省地图出版社.

[2] 方小燕,1996. 广州话里的疑问语气词 [J]. 方言(1):56−60.

[3] 封开县地方志编纂委员会,1998. 封开县志 [M]. 广州:广东人民出版社.

[4] 黄伯荣,孙林东,陈汝立,等,2001. 汉语方言语法调查手册 [M]. 广州:广东人民出版社.

[5] 李小凡,1990. 语言学和汉语教学 [M]. 北京:北京语言学院出版社.

---

① 袁家骅,等,1983. 汉语方言概要(第二版)[M]. 北京:文字改革出版社.

[6] 刘丹青, 1991. 苏州方言的发问词与"可VP"句式 [J]. 中国语文 (1): 27-33.

[7] 罗康宁, 1996. 封川话浊塞音声母初探 [J]. 岭南文史 (4): 35-36.

[8] 邵敬敏, 1996. 现代汉语疑问句研究 [M]. 上海: 华东师范大学出版社.

[9] 邵敬敏, 王鹏翔, 2003. 陕北方言的正反是非问句——一个类型学的过渡格式研究 [J]. 方言 (1): 40-48.

[10] 施其生, 1990. 汕头方言的反复问句 [J]. 中国语文 (3): 182-185.

[11] 贺州市地方志编纂委员会, 2001. 贺州市志 [M]. 南宁: 广西人民出版社.

[12] 王世华, 1985. 扬州话里两种反复问句共存 [J]. 中国语文 (6): 415-416.

[13] 叶国泉, 罗康宁, 1995. 粤语源流考 [J]. 语言研究 (1): 156-160.

[14] 游汝杰, 1993. 吴语里的反复问句 [J]. 中国语文 (2): 93-100.

[15] 袁家骅, 等, 1983. 汉语方言概要 (第二版) [M]. 北京: 文字改革出版社.

[16] 袁毓林, 1993. 正反问句及相关的类型学参项 [J]. 中国语文 (2): 103-111.

[17] 张敏, 1990. 汉语方言反复问句的类型学研究: 共时分布及其历时蕴含 [D]. 北京: 北京大学.

[18] 朱德熙, 1985. 汉语方言里的两种反复问句 [J]. 中国语文 (1): 10-20.

[19] 朱德熙, 1991. "V-neg-VO"与"VO-neg-V"两种反复问句在汉语方言里的分布 [J]. 中国语文 (5): 321-332.

[20] 贺州市地方志编纂委员会, 2001. 贺州市志 [M]. 南宁: 广西人民出版社.

## 试论黔中屯堡方言中的语气词"哩"

### ——兼谈其与贵州汉族移民的关系 *

屯堡方言①指早期屯堡人定居贵州安顺之后世代流传下来的汉语方言。元末明初大批汉族军事移民②进入黔地，为了解决诸多军人的生活问题，明朝廷便命令军人们就地屯田，开垦荒地，解决日常生活所需。之后，除军屯以外，又有大批民屯和商屯驻扎在黔中的交通要道上，逐渐形成今天的屯堡村寨。

自吕叔湘发表《释〈景德传灯录〉中在、著二助词》（1941）以来，学界对语气词的讨论不胜枚举。江蓝生在《疑问语气词"呢"的来源》一文中将"呢"分为"呢₁"和"呢₂"两大类，其中"呢₁"指疑问语气词，"呢₂"指非疑问语气词。吕叔湘《现代汉语八百词》中注明"哩"是方言，用法同"呢"的两种使用情况：（1）指明事实而略带夸张：a. 可＋形＋呢，b. 才＋动＋呢，c. 还＋动＋呢；（2）用在叙述句的末尾，表示持续的状态，常和"正、正在、在［那里］"或"着"连用。③研究发现，屯堡方言中的语气词"哩"不仅具备"呢₁"和"呢₂"的两种用法，还可与"吗"等互换使用。与之不同的是，安顺城区普遍使用的是"么"。下文将结合具体用例对此进行讨论。

## 一、疑问句中的"哩"

屯堡方言的语气词"哩"不仅可以用于疑问句中，亦可以用于陈述句中。总的说来，用于疑问句中的情形要多于用于陈述句中的情形。

屯堡方言中的疑问句有四种类型，包括是非问、选择问、特指问及正反问。"哩"在这些疑问句中都读作中平调［li³³］，语调无需升高。另外，由于"哩"的强势地位，现代汉语中经常使用的疑问语气词"吧""啊"

---

﹡ 本文作者：叶晓芬，贵州大学文学院副教授。本文原载侯兴泉、张晓山编《汉语方言学的传承与创新》（暨南大学出版社，2024 年）。

① "屯堡"是很明显的他称，习惯上指地域比较集中的安顺。

② 明代对贵州实行的大规模的军事移民，主要有四类：一是异地任官，二是军士留戍，三是谪迁流放；四是自发流移，参见：叶晓芬，雷鸣，2013. 简论黔中汉语方言的历史形成 [J]. 怀化学院学报，32（10）.

③ 吕叔湘，2016. 现代汉语八百词 [M]. 北京：商务印书馆：413.

等在该方言中几乎都见不到踪迹。

（一）是非问

　　①你老家黄果树哩？（你的家乡是黄果树吗？）
　　②今年天太干［lan²¹］，晓得谷子是有点收成不得哩？（今年的气候很干燥，不知道稻子有没有点收成呢？）
　　③他离开家好多年噢/哩，哪个晓得他现在在哪里哩？（他离家很多年了，不知道他现在人在哪里呢？）

以上例句省掉"哩"依然成立，只是表达效果相对较弱。一般来说，正是因为有末尾的语气词"哩"，屯堡方言才显得比较地道。此外，例③中的"噢"可用"哩"替换，但是在日常交际中，言语者为了避免重复，前一个小句的末尾有意避开"哩"的情形也是存在的。

在屯堡方言中，是非问句中的副词不仅有肯定形式，亦有否定形式，但两者传达的信息都是说话人已对询问事件有一定的心里预设，并不一定需要对方给予肯定的答复。这类句子有反问的色彩在内。从句法位置看，这类副词可在句子的主语之前也可在主语之后。

1. "该是"是非问

这类句式表面上用了含肯定的副词"该是"，但实际表达的效果却同"不是"是非问很相似，在一定程度上暗含了询问人对某一事件的质疑态度，有时甚至有轻微的批评意味在内。

　　④今天该是/该比昨天冷哩？［（你该不会没有发现）今天比昨天冷吧？！］
　　⑤这个方法该是简单哩？［这个方法简单吗？（言外意为这个方法很简单呢。）］
　　⑥找钱又不容易，一天大手大脚的！我们该是没有讲错你哩？（挣钱不容易，整天大手大脚的，我们讲错你了吗？）

此外，"该是"类句型还常见于比较句中。从形式上来说，这类句子多有两个客观事物作为参照对象，不禁会让人有二选一的错觉。但实际上句子暗含了询问者对某一事物的肯定态度，或有一点轻松的调侃意味在内。

　　⑦市里该是比乡下热闹哩？（市里比乡下热闹吧？）
　　⑧坐高铁该是比坐火车舒服哩？（坐高铁比坐火车舒服吧？）

⑨现在哩，娃娃该是要比以前哩①，享福哩？吃得好，穿得好！（现在，娃娃比以前享福呢，吃得好，穿得好！）

对于例⑦至例⑨中的"哩"，大部分贵州汉语方言用的是"吧"或"哈"，亦或不加任何语气词。此外，例⑨中的"哩"不仅可出现在句末，也可出现在句中。这种情况在屯堡方言中比较常见，下文将会作进一步的探讨。

2. "硬是"是非问

这里"硬是"的"硬"是疑母字，保留了中古音的读法，读作[ŋəŋ²⁴]。该词有两个意思：一是指态度坚决，一点儿都听不进他人的意见；二是指总是或真是之意。

⑩你硬是还要吃哩？等我打电话问哈医生哈。（你坚持要吃嘛？！等我打电话问问医生。）

⑪你硬是学不进哩？那老师也不得办法，只有叫家长来把你请回家啦。（你一直学不进嘛？那老师也没有办法，只有叫家长把你请回家啦。）

⑫讲啦这么多道理（哩），你硬是听不进（哩）？（讲了这么多道理，你就一直没有听进去吗？！）

例⑫中，如前一个分句的末尾用了"哩"，那么后一分句的末尾则无需再用；反之，如前一分句的末尾没用"哩"，那么后一分句句末便需要添上。

3. "白"（"白白"）是非问

这类句型不仅可单用"白"，亦可叠用"白白"。"白"是非问同样表示问话人有反诘的语气在内，暗含对对方的批评或是不满态度。

⑬讲了这半天，难道我白说了哩？（讲了这半天，难道我白说了吗？）

⑭哪样苦都怕吃，光想白（白白）的要哩？（什么苦都怕吃，只想白要吗？）

⑮他家老嘞都不上门来和我们说哈，这个事就想白白嘞算了哩？（他家老的都不上门来和我们说一下，这个事就想白白算了吗？）

---

① 屯堡方言助词"的"也读[li³³]，但一般不用于停顿当中。除此之外，多见于人称代词之后，强调所属关系时使用。

据孙锡信的研究，"白"在《红楼梦》及《儿女英雄传》中又有了一些新的用法。他总结了四种情况，分别是：（1）表特定目的，有"特意"之意；（2）表无特定目的，有随便之意；（3）表示范围，有"只"之意；（4）可以修饰介词。[①] 对大部分贵州汉语方言来说，"白"（"白白"）除了可以用于是非问句外，还可作为陈述词用于上述三种情况后面。结合贵州大部分汉语方言的使用情况，可以发现，"白"用于陈述句中也是低级语义标志。

⑬至⑮三例句末的"哩"，一般在贵州汉语方言中可用"啊"替换。

4. "不是"是非问

⑯昨天他不是才吃过哩？（昨天他不是才吃过吗？）

⑰你不是答应过他哩，咋个就搞忘了哩？（你不是答应过他吗，怎么就搞忘了呢？）

⑱不是听说他家娃娃出门打工去了哩？咋个今天还在街上看到哩？（不是听说他娃娃出门打工了吗，怎么今天还在街上看到呢？）

"不是"是一个表否定的副词，但结合交际情景看，句子表面上看是问话人对某一类事物或事件并不怎么确定，但实际上是发问者自己已经半信半疑，心里或许已有预设的答案，询问对方，无非是想进一步获取确认。句子表面表否定，实乃肯定，这与语气词"哩"的使用密不可分。

另外，如果是对已经完成的动作发出疑问，则应在"哩"前面再加上完成体的语气词"了"。

⑲活路做完了哩？就回家去休息了。（活做完了吗？就回家休息了。）

⑳作业做完了哩？给我看一下才能出去玩。（作业做完了吗？给我看一下才能出去玩。）

上述两例中的"哩"主要为听话者对说话者的内容再次重复，以便更好地衔接下文，即起到重申标记的功能。

（二）选择问

现代汉语的选择问句，就是把几个项目并列提出来，要求从中选择一

---

① 孙锡信，2014. 中古近代汉语语法研究述要［M］. 上海：复旦大学出版社：361.

项作答，常采用复句形式，前后分句常用"是"和"还是"来呼应，常涉及的语气助词是"呢""啊"，而不是"哩"。屯堡方言的选择问句通常也是以选择关系的复句形式出现，句中的关联词不一定都得出现，但须得有语气词"哩"进行辅助。除此之外，"哩"亦可以看作是引发、转接和占据话轮的话语标记。

1."哩"出现于带关联词的选择问句

屯堡方言的选择问句可以有多种形式的关联词，这与贵州其他汉语方言差别不大，但与普通话仍有一定差异。

A. "是……哩，是……哩"

㉑我在那边一直听到你们在摆白，觉得你们讲哩方言和我们那边的好像，所以想问哈你们是安顺城头的哩，是大西桥的哩？（我在那边一直听你们聊天，觉得你们讲的方言和我们那边的很像，所以想问问你们是安顺城里的还是大西桥的？）

㉒家头的日历搞落欧，我想问哈端午是明天哩，是后天？（家里的日历搞丢了，我想问问端午是明天，还是后天？）

㉓他家办酒是明天哩，是后天？ （他家办酒是明天呢，还是后天？）

例㉑中的"摆白"指聊天之意。此外，由于㉑句子稍长，名词短语中的"安顺城头"之后紧接着用了"哩"，有舒缓语气、停顿的作用；而地点名词"大西桥"之后的"哩"显然是整个句子的疑问语气词。此句语境为说话人之前没有加入言语交谈，因为对旁人的某一话题感兴趣，以加入"哩"的方式，占据话轮，吸引旁人成为自己的听众，并希望对方对自己的问题作出答复，同时带动话题继续深入交流。例㉒及㉓中都只用了一个"哩"，按照屯堡方言疑问句都有"哩"的规律，理论上来说，句末如果再加上一个"哩"，句子也勉强成立；但语言也遵循经济简洁的原则，这两例一般为言语交谈者随意对某一事件进行询问，抑或中途转接与之前交流不甚相关的话题。

B. "是……哩，还是……（哩）"

㉔这件毛衣是大哥哩/嘞，还是二哥哩？（这件毛衣是大哥的呢，还是二哥的呢？）

㉕是在家吃饭哩，还是出去吃？随便你。（是在家里吃饭呢，还是出去吃？随便你。）

㉖你是要拿锄头去哩，还是镰刀去？我好找出来。（你是拿锄头去呢，还是拿镰刀去？我好找出来。）

可见，这一格式与普通话的"是……还是"是一致的，提问者给出并列的选项，供对方做出选择。

C. "还是……哩，还是……"

㉗你还是在上海打工哩，还是在广州？（你是在上海打工呢，还是在广州？）

㉘我们还是吃了哩，还是要等？这大半天都还不见他来。（我们开始吃了呢，还是要等？这好大会都还没见到他。）

㉙你们那里还是种水稻哩，还是种包谷？（你们那里是种水稻还是种玉米？）

上述例子中的第一个"还是"并不指某事某物的持续状态，而是表示询问者的试探语气。

虽然这种句式普通话中没有，但与贵州其他汉语方言几乎相差无二。此外，这一句式常对应于普通话中的"……还是……"或者"是……还是……"两种格式。

D. "……哩，还是……"

㉚今天寨子头有两家办酒，去李老二家哩，还是张麻子家？（今天寨子里有两家办酒，是去李老二家还是张麻子家？）

㉛明天赶场天人多很，晓得得坐班车哩，还是面包车回来？（明天赶集人很多，不知道能否坐上中巴车还是面包车回来呢？）

从上述例句可看出："……哩，还是……（哩）""是……哩，是……（哩）"句式都是"是……哩，还是……（哩）"句式的变体，在日常交际中"是……哩，还是……（哩）"使用频率最高。

E. "不是……哩，还是……哩"

㉜昨天的油不是你拿来哩，还是你拿来哩？（昨天的油是不是你拿来的？）

㉝这件事不是你干哩，还是你干哩？（这件事是不是你干的？）

受这一句式的影响，另有少许"不是……哩，是……（哩）"的格式。

诸如：

㉞柜子里的戒［kai²⁴］指不是你拿哩吗是你拿哩？（柜子里的戒指是不是你拿的？）

㉟你跟我说诶［ei⁵⁵］不是那个位置哩是？（你和我说的是不是那个位置？）

例㉞中除有“哩”外，还有疑问词“吗”，二者在句中并不是羡余现象，去掉“吗”句子依然成立，但是去掉“哩”句子则不成立：“柜子里的戒［kai²⁴］指［tsɿ³³］不是你拿吗是你拿吗？”二者在句中共同增强疑问的效果，同时也表明说话人在内心已经认定对方就是事件的执行者，因此难免流露出批评的语气。这类句子还可以更直接地表达成反问句：

㊱柜子里的戒［kai²⁴］指不是你拿哩吗还能有哪个？（柜子里的戒指不是你拿的还能有谁？）

㊲柜子里的戒［kai²⁴］指不是你拿哩吗？（柜子里的戒指难道不是你拿的吗？）

上述句式目前主要是老年人在使用，年轻人已经鲜有这么使用了。

2.“哩”出现于不带关联词的选择问句

在这种句式中尽管关联词不出现，但是除使用语气词“哩”外，同时还会使用“嘞［lɛ³³］”“哈［xa²⁴］”等语气词，并且不能互换位置。

㊳你真嘞给哩假嘞给？（你是真愿意给呢？还是假给？）

㊴这件衣服你看哈大哩小？（这件衣服你看看是大还是小呢？）

㊵你到底喜欢绿［lu³³］哩吗红哩？赶紧选好哩，好回家。（你到底喜欢红色还是绿色呢？赶紧选好，好回家。）

㊶这［tsɿ³³］个月的水费要收哩不收？（这个月的水费收还是不收？）

与上文例句一致的是，“哩”仍然可出现在句中或句末。其中例㊵中的“哩”可用“呢”替代，结合安顺城区的使用情况，这里可看作疑问语气词。该句有催促、求证口吻，而这种效果则是离不开“到底”与“……哩/吗”的双重表达。

3.“哩”与“吗”“么”的互换使用

在屯堡方言中，除“哩”是高频词外，“吗”亦很常用，在选择问句中，二者往往可以互换。安顺城区汉语方言中与之相对应的词是"么"。
以下按照屯堡方言、安顺城区方言、普通话的次序举例。

　　㊷明天读书哩（吗）放假？（屯堡方言）
　　　明天读书么放假？（安顺城区方言）
　　　明天是读书还是放假？（普通话）
　　㊸你家是刘官哩（吗），是九溪？（屯堡方言）
　　　你家是刘官嘞么，是九溪嘞？（安顺城区方言）
　　　你家是刘官村还是九溪村？（普通话）
　　㊹你到底吃哩（吗）不吃？（屯堡方言）
　　　你到底吃么不吃？（安顺城区方言）
　　　你到底是吃还是不吃？（普通话）
　　㊺这个月的水费要收哩（吗）不收？（屯堡方言）
　　　这个月的水费要收麽不收？（安顺城区方言）
　　　这个月的水费要收还是不收？（普通话）
　　㊻你是［ʂʅ³³］在贵阳工作哩（吗），还是在安顺工作？（屯堡方言）
　　　你是［ʂʅ⁵⁵］在贵阳工作么［mɛ⁵⁵］，还是在安顺工作？（安顺城区方言）
　　㊻你是在贵阳工作，还是在安顺工作？（普通话）
　　㊼你也要去哩？搞快点，我们都已经在楼下噢。（屯堡方言）
　　　你也要去么［mɛ⁵⁵］？么［mɛ⁵⁵］搞快点，我们都已经在楼下噢。（安顺城区方言）
　　　你也要去吗？快一些，我们已经在楼下了。（普通话）

　　首先，例㊸中的"哩"尽管对译时能够与"的"相对应，但是这里仍认为是"哩"。因为在日常交际中，结构助词"的"尽管有白读［li³³］，但这种情形更常用于"女的""男的"，情景对话中的"的"更常读作［lei³³］，这是其一；其二，上文已经提及"哩"有引起话题的作用，如果是"的"则不符合这一用法；其三，"的"不能用于这一句式。

　　其次，从例㊷至㊻不难看出，在选择问句中，屯堡方言的"哩"基本都能够被"吗"，甚至安顺城区汉语方言中的"么"替换。但是，如果是一般的是非问则很少用"吗"，仍可用近义词"么"。不过，在安顺城区汉语方言中，如果言语行为的双方关系较为熟络，往往在是非问之后再用一个"么"起重新提起话题的作用，还有询问、求证的意味在内，这类句中的第二个"么"不能用"哩"或"吗"替换。

最后，当“是”“象”“姓”“属于”等不及物动词作谓语时，或动作是长期行为，或问话者语气较急切/简洁/较粗鲁时，“哩”亦常被“吗”代替。

㊽他是乡镇干部吗是老师？（他是乡镇干部还是老师？）

㊾你姓叶吗，姓聂？（你姓叶还是姓聂？）

㊿明天赶场吗，吃酒？（明天是赶集还是去赴宴？）

(51)穿皮鞋好吗穿布鞋好？（穿皮鞋舒服还是穿布鞋舒服？）

（三）特指问

屯堡方言的特指疑问句（特指问）由疑问代词和相关短语组成，这点和普通话一样。通过疑问代词（如“哪个、哪刚［kaŋ⁴²］、咋个”等）和由它组成的短语（“怎么搞、搞哪样、做哪样”等）来表明疑问点，说话者希望对方就疑问点作出答复。特指问句主要分为两类：完全式、简略式。

1. 完全式

(52)零件多得不得了，到底这个东西要咋个做［tsəu²⁴］哩？（零件多得很，到底这个东西要咋做呢？）

(53)刚才都没有看到你，你是哪刚［kaŋ⁴²］来的哩？（刚才都没有看到你，你是什么时候来的呢？）

(54)哪个喊你出院哩？（哪个喊你出院呢？）

(55)今年您多大年纪哩？（今年你多大年纪了？）

(56)好多钱才够去浙江的路费哩？（多少钱才够去浙江的路费呢？）

例(52)中的“做”为老派读法，(53)中“哪刚”的“刚”为白读，表示什么时候之意。

2. 简略式

简略式省略了疑问代词，但仍有体词或体词性短语以及疑问语气词。尽管和是非问在形式上很接近，但从语义上本文仍将其认定为特指问句。

(57)我的车子哩？（我的车子呢？）

(58)就你们两姊妹在，你妈哩？（就你们两姊妹在，你妈呢？）

(59)你爹哩？（你爹呢？）

以上例句中的"哩"，大部分贵州汉语方言可用语气词"嗯"［ən⁵⁵］"哊"与之对应。此外，"嗯"与"哊"还有些小小的区别：如果问话人第一次已经从某处获取了相关信息，但是还不是那么肯定，往往用含"哊"的特指问，目的是期待对方给予肯定答复；如果问话人对某件事情的情况完全不清楚，则多用"嗯"提出疑问信息，以便获得自己想要的确切信息。

（四）正反问

屯堡方言中的正反问同普通话一样，传达的是一种未定信息。从形式上来说，正反问也是以"×不×"的格式出现。

⑥⓪去不去哩？（去不去呢？）
⑥①他胖不胖哩？（他胖不胖呢？）
⑥②学校隔你家近不近哩？（学校隔你家近不近？）

例⑥①中的"胖"为白读［maŋ³³］。此外，"×不（没）×"式也可以用于附加疑问句中。

⑥③去年村委组织 60 到 75 岁的老人去昆明玩了一趟，妈咦，30 多个老人，一路上唱着山歌去，收拾打扮的，你说大家欢喜不欢喜哩？（去年村委组织 60 到 75 岁的老人去昆明玩了一趟，天哪，30 多个老人，一路上唱着山歌，收拾打扮的，你说大家欢喜不欢喜？）
⑥④不得彩礼就上门来提亲，搞没搞错哩？（没有彩礼就上门提亲，搞错没有呀？）
⑥⑤这几天老是看你去医院打吊针，手都打肿哦，痛不痛哩？（这几天一直看你去医院打点滴，手都打肿了，痛不痛嘛？）

从上述几例看，如果删掉句中的"×不（没）×"，前面的句子也是成立的，只是语义的完整性稍微欠缺一些。

另外，正反问从类型上来说主要有两种：
1."A 不 A"式正反问

⑥⑥这间屋头你说脏不脏哩？（这间屋子你说脏不脏？）
⑥⑦你是不是来吃喜酒哩？（你是不是来喝喜酒的呀？）
⑥⑧这件衣服的质量好不好哩？（这件衣服的质量好不好呢？）

据考察，这类"A 不 A"式正反问结构中的"A"通常是单音节动词和形容词，在句中作谓语成分。此外，这类正反问中还有一种格式是"好不好"，主要是作为疑问句的插入语使用。诸如："明天我和你一起去，好不好？""暑假我们一家人去北京旅游，好不好？"这类"好不好"结构表面看是正反问，实际上是有很强烈的征询对方意见的口吻在内。这一类的"好不好"是受否定式"好不"的词汇扩大化影响产生的；否定式"好不"之后才有肯定式"好不"的出现。不过，在现代汉语中否定式"好不"已经消失了，但在贵州大部分地区的汉语方言中仍能寻找到一点蛛丝马迹。

2."A 不/没 AB"

普通话中双音节动词或形容词的正反问结构通常为"AB 不/没 AB"，其变体有"AB 不/没 AB"和"A 不/没 AB"两种，屯堡方言中以后一种情况居多。

⑥你到底是舒不舒服哩？（你到底舒服不舒服呀？）

⑦这家饭店到底干不干净哩？（这家饭店到底干净不干净呀？）

⑦他到底讨不讨嫌哩？（他到底讨厌不讨厌呢？）

⑦他到底起来没起来哩？（他到底起床没有呀？）

例⑦也可说成："他到底起没起来哩？"尽管"AB 不/没 AB"和"A 不/没 AB"两种形式差别不太大，但是仔细分辨的话，二者在语义上仍有细微差别。含"VP-不"句式的，主要是对某一事件的已然情况进行质疑；带"VP-没（得）"句式的主要是对某一事件的未然情况进行质疑。也即是说前者的信息焦点体现的是过去时，而后者体现的是将来时，这两种形式在语义上是互补的。

（五）"哩"的交际类型——回声问

关于回声问最早的研究，可追溯至吕叔湘 1944 年出版的《中国文法要略》一书中的"复问"说。王长武认为：回声成分可以是先述话语的任何部分或者整体，表现形式可以是词和短语，间或也有单句、句群或语素，一般来说有直引式、截取式和转换式三种形式。① 屯堡方言中的"哩"亦广泛运用于回声问中，诸如：

⑦生活哩？做得多就多得点吃，做得少嘛就少得点吃。（生活嘛，做得多就多得点吃，做得少就少得点吃。）

---

① 王长武，2014. 现代汉语回声结构研究 [J]. 理论月刊（11）.

⑭那〔a²⁴〕个哩？你去哪点找哩？〔那个呢？你去哪里找？（言外意为：哪里有这么好的事?!）〕

⑮唱山歌哩？要有吃闲饭的才唱。（唱山歌的人，得做月子的或比较空闲的人才唱。）

屯堡方言中的回声问主要针对询问者的疑问，先重复话题，然后再做出答复，这不仅可以起到提醒听者注意的效果，还很有韵律。

## 二、陈述句中的"哩"

"哩"在屯堡方言的陈述句中，不仅可以用于分句的末尾，也可以用于整句之末。分句中的"哩"主要起舒缓语气的作用，而整句之末的"哩"则起成句作用，在现在或将来的时态中不能省略。从语调上来说，口语中多采用平调，书面中全句末尾用句号。

屯堡方言陈述句中的"哩"，可以用于过去、现在及将来几种时态。无论是十分确定，还是不太肯定的语气，都能用到它。"哩"在句中仍读高平调33，句子用平调。如：

A. 过去式

⑯他们怕做活路哩，全部出去打工了。（他们怕做农活，全部出去打工了。）

⑰这回哩，她在那边生得两个娃娃。（这回，她在那边生得两个娃娃。）

⑱那阵子哩，哪家都老火。（那阵子嘛，哪家都困难。）

B. 现在式

⑲一般般哩，也不好讲嘛。（家里情况一般，不知道如何说。）

⑳她来了几天哩，都是在家头，我还没见到哩。（她来了几天了，都是在家里，我还没见着她呢。）

㉑忙个哪样，村长都还在这里，不用赶着下田哩。（忙啥，村长都还在这里，不用太着急。）

C. 将来式

㉒今天天黑暸，明天起早点哩，再慢慢去。（今天天黑啦，明天

起早点啦，再慢慢去。）

⑧一哈不下雨哩，就把谷子拿出来晒哈。（一会不下雨嘛，就把谷子拿出来晒下。）

⑧你们赶紧收拾走了，一哈城管的就来了哩。（你们赶紧收拾走了，一会儿城管就来咯。）

置于句末的"哩"主要表示赞美、惊喜、夸张、着急等语气，语调亦非常清脆。如：

⑧今年还得了"三好学生"奖状哩。（今年还得了"三好学生"奖状呢。）

⑧这么小的娃娃还会帮他妈妈卖菜哩。（这么小的娃娃还会帮他妈妈卖菜呢。）

⑧她年轻的时候坐月子一天能吃一只鸡，哪怕这哈下大泡雪，还能在门边穿针哩。（她年轻的时候坐月子一天能吃一只鸡，哪怕现在下大雪，她还能在门边穿针呢。）

⑧这么大的年纪，还能扫街哩。（这么大的年纪，还能扫街呢。）

⑧时间不早哩，赶紧卖完好回家哩。（时间不早了呢，赶紧卖完好回家呢。）

例⑧至⑧体现出说话人的惊喜及赞誉之情；例⑧和⑧则体现出说话人对对方的夸赞及惊讶；例⑧中，因为时间的关系，对话中的一方正在焦急地催促另一方。

上文爬梳了"哩"在屯堡方言疑问句和陈述句中的使用情况。屯堡方言中的"哩"为什么能兼顾这么多的语用功能？在现代汉语文献中"哩"与"吗""么"几乎没有交集，为何在屯堡方言及安顺城区汉语方言中它们会有诸多牵连？"哩"的历史来源为何？后文将对这些问题进行讨论。

## 三、"哩"的历史源流及被"吗""么"替换的原因

### （一）"哩"的历史源流

据杨树达先生《词诠》的研究，现代汉语中的"呢"在古代用同"尔"字。"尔"在《广韵》中为"儿氏切"，止摄纸韵字；"呢"在《广韵》中为"女夷切"，止摄脂韵字。因此，王力认为"尔"后来变为"呢"

也是说得通的。江蓝生认为作为疑问语气词的"呢₁"较早的写法是"聻"，该词出现于五代南唐泉州招庆寺静、筠二僧师编辑的禅宗语录集《祖堂集》中。

⑨夹山问："这里无残饭，不用展炊巾。"对曰："非但无有，亦无者处。"夹山曰："只今聻?"对云："非今。"(《祖堂集》，卷3)

⑨仰山便去香岩处贺喜一切后便问："前头则有如是次第了也，然虽如此，不息众疑。作摩生疑聻? 将谓予造，师兄已是发明了也。别是气道造，道将来!"(《祖堂集》，卷5)

此后，在《景德传灯录》(根据《祖堂集》改写而成)中，"呢₁"仍然少见，往往用"你"和"那"对应。金代《西厢记诸宫调》和元杂剧中都不乏大量"那"用作"呢₁"的情况。

⑨你过门七日，谁与你递茶送饭那?(《举案齐眉》第二折)
⑨婆婆，你为什么烦恼啼哭那?(《窦娥冤》第一折)

被当作非疑问语气词用的"呢₂"，据王力先生研究产生于13世纪左右。《正字通》载："哩，音里，元人词曲，借为助语。"学界大多认为"哩"的较早形式是"裹"。吕叔湘先生旁征博引，认为"裹"是唐宋语气词"在裹"的省略。"唐人多单言在，以在概裹；宋人多单言裹，以裹概在。裹字俗书多简作里。本义既湮，遂更著口。传世宋代话本，率已作哩，或宋世已然，或后人改写，殆未易定。"①"哩"主要在元代使用，它不仅可以表示舒缓、愤怒、惊讶等语气，还可以兼表疑问语气。兹举数例如下：

⑨(旦云)山寿，来有何故?(山寿云)俺师父使我来问姐姐讨花哩。(《董秀英花月东墙记》第二折)

⑨(道姑云)小姐，老相公去后，你每日做甚么功课?(正旦云)我绣着一床锦被哩。(《玉清庵错送鸳鸯被》第一折)

上述两个例子中的"哩"都用在陈述句中，主人公的语气都较为平缓，如实回答对方的问题。

---

① 吕叔湘，2002. 汉语语法论文集［M］//吕叔湘全集：2卷. 沈阳：辽宁教育出版社：62.

⑩寡人拿这弹弓在手，那诸禽百鸟看见，只道要打他，都也惊怕哩。（《金水桥陈琳抱妆盒》第一折）

⑰〔相见科。末〕来，我且问你两个，往常间不曾恁的快活，今日如何这般快活？〔丑〕院公，你那得知我吃小姐苦哩！（《琵琶记》第三出）

⑱张驴儿，你当日下毒药在羊肚儿汤里，本意药死俺婆婆，要逼勒我做浑家，不想俺婆婆不吃，让与你父亲吃，被药死了，你今日还敢赖哩。（《窦娥冤》第四折）

⑲母亲，我一径的来问这亲事哩。（《赵盼儿风月救风尘》）

例⑩中的"哩"描写"诸禽百鸟"认为要被"寡人"用弹弓攻击的惊恐之情；例⑰体现出府堂中的小丫头日常生活的艰辛；例⑱描写窦娥在公堂上对张驴儿的恶行作申述时，极端愤懑的心情；例⑲生动详细地描摹了主人公周舍想娶宋引章的急切心理。

⑩嫂嫂，咱坟园到那未哩？（《鲠直张千替杀妻》第一折）

⑩介休于府学中攻书，已经半年之间，不知你做甚功课哩？（《晋文公火烧介子推》第三折）

⑩（红云）你道请谁哩？（《西厢记》第三折）

⑩（旦云）请谁？（红云）请张生哩。（《西厢记》第三折）

例⑩至⑩中的"哩"都用于是非问中。其中前两例询问的焦点或是在前一小句，或是在后一小句。例⑩和例⑩则比较简洁，前者体现出丫头小红知道小姐崔莺莺对张生暗生情愫之后，很是欣喜地告知她到访之人便是张生，这句表面是一般的设疑而问，实则表明言语者内心已经很是明确，用设疑的方式是为了更好地烘托氛围，以便引起对方的关注。针对丫头的询问，主人公崔莺莺内心有千言万语难以诉说，她的疑问更像是自问自答。

另，"哩"亦常见于小句中，起到停顿语气的作用，舒缓句子过长带来的发音压力。

⑩这妇人抬举着我那孩儿哩，我如今唤他抱出那孩儿来，我试看咱。（《刘夫人庆赏五侯宴》头折）

⑩大凡结亲呵，儿孩儿便看他家道，女孩儿便看他颜色。也速该亲家，我家里有个女儿，年幼小哩，同去看来。（《元朝秘史》卷一》

⑩师父正望先生来哩，只此少待，小僧通报去。（《西厢记》第二折）

尽管在元代文献中"哩"大量出现，但同时也有不少把"哩"写作"那"的。另外，明代的典籍中亦有不少"哩"共同出现于感叹句、陈述句及疑问句中。

⑩番官道："好胡诌哩！《三宝太监西洋记》第二十四回）

⑩王明道："你们不要吊谎哩！"（《三宝太监西洋记》第五十九回）

⑩番官听知，大笑了一声，说道："好胡诌！自古到今，那里有个天会射得叫哩？"（《三宝太监西洋记》第二十四回）

⑩二魔道：兄长放心，我这葫芦装下一千人哩。（《西游记》第三十五回）

⑪行者闻言，呵呵笑道："早哩，早哩！还不曾出大门哩！"（《西游记》第三十六回）

⑫八戒慌了道："哥哥，莫是妖精弄法，假捏文殊菩萨哄了我等，却又变作和尚，来与我们斗智哩？"（《西游记》第四十回）

⑬你道差远不差远哩？（《禅真后史》第四回）

清代之后，由于"呢"字的用法进一步发展，在文献中基本取代了"哩"。此时期，"呢"可谓多功能语气词，不仅用于短句之中，亦常见于长句中。例如：

⑭胡千听了，不觉从鼻子管中，笑出一个哼声来，说道："我真不懂你这位老姑大王，究竟还是真要成佛成仙，作个女圣人呢？还是十八付假面具，装出假道学来，哄骗你亲兄弟么。（《八仙全传》第五十八回）

⑮云宗道："哑，你如今不挑水了。叔叔有信，叫你进京，与他为子，要享富贵呢。"（《大明奇侠传》第二回）

⑯那些衙役便喝道："吠！站着，老爷问话呢！"（《大明奇侠传》第三回）

⑰你道是甚么事呢？（《二十年目睹之怪现状》第六十六回）

清代的文献中，如《二十年目睹之怪现状》《红楼梦》等，"呢"字大量出现，使"哩"几乎退出了历史舞台。如今，"哩"仅保存在南方方言中。可以说，屯堡方言中的"哩"是近代汉语的遗留，是江淮官话的体现，且属于早期对"呢₁"和"呢₂"的混用。"哩"在今安徽来安南部方言中也有所保留，① 其情况大致可分为以下两类。

第一，用于特殊的特指问当中，即"NP+哩"和"VP+哩"，如：

⑱小娃子都吃过了，大人哩？
⑲外头这么热，我们过一刻子再去哩？

第二，用于选择疑问句中或选择疑问句末尾，如：

⑳我是买红颜色的哩，还是买绿颜色的唉？
㉑我是买红颜色的哩，还是买绿颜色的哩？

（二）"哩"被"吗""么"替换的原因

"吗""么"② 的源流一直是学界关注的热门话题，这里选择其中部分观点简介。

1. "吗"的源流

"吗"的较古形式是"么"。《集韵》载"么"为"眉波切"，中古属戈韵，起初念［muɑ］（细也），后来由于韵头失落，变为［ma］，估计借用为语气词的时候，"么"已经是［ma］，后来整个歌戈韵演变为［o］［uo］［ə］，只有"他、么"等少数字较为强势，没有参与变化。最后才有人采用了比较合适后代音系的谐声偏旁的"马"字，写作"吗"。

2. "么"的源流

"么"应该是从"无"演变来的。"无"的上古音是［mǐwa］，它的文言音和白话音不同：文言音逐渐变为轻唇（mǐuɑ→mǐwu→vǐwu→vu→wu；白话音则保留着重唇的［m］，丧失了韵头。语气词"无"能保持更多的原来形式，所以从中古到现在，在普通话里，一直是［mɑ］。（王力《汉语史稿》）储泰松、杨军亦持这种观点，他们认为唐宋时期"无"在书面语里语音固然产生了变化，但在某些方言或口语里仍然保持上古读音［mu］的读法，存雅的文献里依然写"无"，求俗的文献里写为"么磨摩"类词；由于入声韵尾的消失，导致"么"与"末"二者变成同音字，还可写作"没"。元代以后，"么"类字在书面语里读音又发生了变化，读［mo］，而口语里仍然读［ma］，"么"就不能准确反映这一读音了，于是

---

① 唐国栋，胡德明，2017. 安徽来安南部方言疑问语气词浅探［J］. 文教资料（12）.
② 虽然"么"的产生时间要早于"吗"，但本文研究的出发点是屯堡方言，因此行文中的书写顺序是"吗""么"。

写作"嘛""吗"。另，据赵颖对《红楼梦》和《儿女英雄传》中"么"和"吗"的对比研究，发现"么"和"吗"的使用频率对比是相当惊人的：二者在《红楼梦》中的使用频率对比为34∶0，在《儿女英雄传》中则是142∶218。从两组数据可发现，"吗"在清代中晚期开始广泛使用，其使用频率远高于"么"。

通过对"哩""吗""么"历史来源的剥茧抽丝，能够很好地解释为什么屯堡方言中的"哩"能够被"吗"、安顺城区汉语方言中的"么"取代。也即是说，"哩"在元代被大量使用，并且一兼二职，不仅可以用于非疑问语气，亦可以用于疑问语气。语言随着时代的发展变化而变化，从清代开始，"么""吗"被大量使用，在实际交际中二者都能够与"哩"交替使用。

值得注意的是，尽管"吗""么"在语用功能上有很大程度的重叠，但仍有细微的差异。"么"产生的时间相对久远，语法功能有弱化的倾向，譬如上述所举例㊼。通过对安顺城区汉语方言"么"的考察来看，"么"有时在句中起连接词的作用，而"吗"后来居上，表疑问语气的功能一直居于强势地位。不过，纵观屯堡方言和安顺城区汉语方言，"吗"的使用频率虽居高不下，但并没有完全取代"么"。在疑问功能上处于弱势的"么"发展了其在非疑问语气方面的功能，最终得以生存。

此处将"哩"的历史源流及其在现代屯堡方言中的使用情况梳理如下图1。

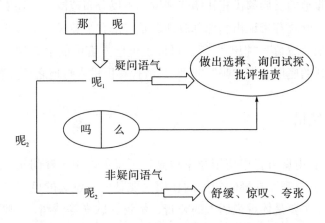

**图1　"哩"的历史源流及在现代屯堡方言中的使用**

"哩"在屯堡方言中的使用有两条主线，一是指向"呢₁"，一是指向"呢₂"。其中矩形框内的"那"与"呢"表示早期"呢₁"的用法，小椭圆形内的"吗"与"么"则表示在屯堡方言选择问中其与"哩"互用的情形；而大椭圆形内的注释则表示"哩"的功能节点。箭头表示语义演变方向。

## 四、由"哩"看黔中的汉族移民成分

上文讨论了"哩"在屯堡方言中的用法，同时也论证了它是早期江淮官话的底层，其存在与明清时期黔中汉族移民有诸多关联。在元以前贵州大部分地区的居民以少数民族为主，鲜有汉人进入贵州。可以说，在元以前，贵州还未得到真正的开发。在之前的各个历史朝代，贵州也一直处于边缘地位。13 世纪中叶，为了进一步稳固疆土，忽必烈带兵进攻云南大理国，以便夹攻南宋，铲除边疆少数民族的反叛势力。之后，元朝正式在云南建立行省，为统一管理，将今云南、四川西南部、贵州安顺等地与中南半岛北部都纳入行政管辖。元末明初，明朝廷在清扫云南元朝残余势力时，为了巩固西南疆土，将大量汉人迁入贵州黔中一带，而这些驻扎在交通要道上的汉族移民逐渐成了今天的屯堡人。早期屯堡移民以江淮地区的人为主。叶晓芬从屯堡方言声母的角度，论证了其中的翘舌声母"tʂ、tʂʰ、ʂ、ʐ"与南京、昆明、庐江及巢湖等地的方言有很大的相似性，这为屯堡方言的底层来源于明代江淮官话提供了有力的证据。而语气词"哩"的使用再次反映了这一情况。

清代又有一大批汉族移民进入贵州，这一时期移民的成分相对复杂。除占主流的江西籍移民外，还有不少四川、湖广、广东等地的移民。清代进入黔中腹地的汉族移民相比明代来说，不仅分布范围广，还更深入少数民族地区。叶晓芬考证出当地部分地名是汉语和少数民族语言相互交融的结果，诸如"坡贡""把路"等。可以说屯堡方言中的语气词"哩"是明代江淮官话的底层，而"吗""么"是清代移民进入黔地之后叠置的结果。

## 五、结语

"哩"在屯堡方言中使用频率很高，不仅可以用于疑问句，还可以用于非疑问句。"哩"在疑问句中的作用主要是增添设疑的色彩，在非疑问句中的作用主要是体现说话人的夸赞、惊讶、欣喜等情绪。"哩"在表达夸赞、惊讶等动作行为时与另一个高频词"妈咦"[①] 异曲同工。这再次证明屯堡方言乃江淮官话的活化石。从"哩""吗""么"产生的时间顺序看，应该是这样的：哩──→么──→吗。只不过，屯堡方言中"吗"可以广

---

① "妈咦"来自江淮官话，例如："妈咦，这个有哪样好？还有比这个更好的"。

泛替换"哩",而安顺城区汉语方言大量使用的是"么",这清晰地反映出明清时期当地移民来源的不同。

语气词"哩"的使用情况梳理如表1、表2、表3所示。

表1 屯堡方言语气词"哩"在疑问句中的使用情况

| 句型 | 出现的情况 | 所处位置 |
|------|-----------|---------|
| 是非问 | 1. "该是" | 句中、句末 |
| | 2. "硬是" | 句末 |
| | 3. "白(白白)" | 句末 |
| | 4. "不是" | 句末 |
| 带关联词的选择问 | 1. "是……是……" | 句中、句末 |
| | 2. "是……还是" | 句中、句末 |
| | 3. "还是……还是……" | 句中 |
| | 4. "……还是……" | 句中 |
| | 5. "不是……还是……" | 句中、句末 |
| 不带关联词的选择问 | — | 句中、句末 |
| 特指问 | 1. 完全式特指问 | 句末 |
| | 2. 简略式特指问 | 句末 |
| 正反问 | 1. "A 不 A"式正反问 | 句末 |
| | 2. "A 不/没 AB" | 句末 |

表2 "哩"在部分汉语方言中的非疑问语气用法①

| 所属语言分区 | 地点 | 读音 | 义项 | 出现位置 |
|------------|------|------|------|---------|
| 西南官话 | 屯堡 | li$^{33}$ | 哩 | 句中、句末 |
| 北京官话 | 北京通县 | nə | 呢 | 句末 |
| 中原官话 | 山西襄汾 | li$^{22}$ | 呢 | 句末 |
| | 河南郑州 | li° | 呢 | 句末 |
| | | li° | 的 | 句中 |
| | 山东东平 | li° | 的 | 句末 |

---

① 除屯堡方言外,其余方言参照许宝华、宫田一郎,1999. 汉语方言大词典[M]. 北京:中华书局:4800.

续表

| 所属语言分区 | 地点 | 读音 | 义项 | 出现位置 |
|---|---|---|---|---|
| 晋语 | 山西和顺 | lei$^{11}$ | 呢 | 句末 |
| | | lei$^{31}$ | 的 | 句中 |
| | 山西忻州 | liə° | 呢 | 句末 |
| 吴语 | 上海 | li$^{13}$ | 呢 | 句末 |
| | 江苏苏州 | li$^{31}$ | 呢 | 句末 |
| 徽语 | 安徽歙县 | lei$^{31}$ | 呢 | 分句之末 |

表 3　屯堡方言与其他贵州汉语方言疑问语气词对照表

| 句型 | 类型 | 屯堡方言 | 贵州其他大部分汉语方言 | 普通话 |
|---|---|---|---|---|
| 结构类型 | 是非问 | 哩 | 嘛、啦、哈、吧 | 呢、吗、吧 |
| | 选择问 | 哩 | 嘞、噢、咯、么① | 呢、吧 |
| | 特指问 | 哩 | 嘛、哟、哎、喽、嗯 | 呢 |
| | 正反问 | 哩 | 哦、嘛 | 呢 |
| 交际类型 | 回声问 | 哩 | 嘞、嗯、呀［ia$^{242}$］、呢［nιn$^{55}$］② | 呀、啊、呢 |

**参考文献**

[1] 储泰松，杨军，2015. 疑问语气词"婆"的语源及其流变 [J]. 安徽师范大学学报（人文社会科学版）(1)：83—91.

[2] 黄国营，1986. "吗"字句用法初探 [J]. 语言研究 (2)：131—135.

[3] 江蓝生，1986. 疑问语气词"呢"的来源 [J]. 语文研究 (2)：17—26.

[4] 吕叔湘，1984. 释《景德传灯录》中"在""著"二助词 [G] //汉语语法论文集. 北京：商务印书馆.

[5] 吕叔湘，2016. 现代汉语八百词 [M]. 北京：商务印书馆.

[6] 邵敬敏，1996. 现代汉语疑问句研究 [M]. 上海：华东师范大学出版社.

---

① "么"主要见于安顺城区。

② "呀"［ia$^{242}$］和"呢"［nιn$^{55}$］主要见于安顺城区汉语方言。前者用例，如："问：今天城管没有来追你们呀？答：城管？今天城管呀没有来。"后者使用之例，如："问：今天你拿去的菜卖完呢？答：卖完噢呢［nιn$^{55}$］。"

[7] 孙锡信，2014. 中古近代汉语语法研究述要［M］. 上海：复旦大学出版社.

[8] 太田辰夫，2003. 中国语历史文法［M］. 蒋绍愚，徐昌华，译. 修订版. 北京：北京大学出版社.

[9] 唐国栋，胡德明，2017. 安徽来安南部方言疑问语气词浅探［J］. 文教资料（12）：27－28＋76.

[10] 王长武，2014. 现代汉语回声结构研究［J］. 理论月刊（11）：64－69.

[11] 王力，2015. 汉语史稿［M］，北京：中华书局.

[12] 王珏，2016. 再论"吗"的属性、功能及其与语调的关系［J］. 汉语学习（5）：3－13.

[13] 吴福祥，1997. 从"VP-neg"式反复问句的分化谈语气词"麽"的产生［J］. 中国语文（1）：44－54.

[14] 叶晓芬，雷鸣，2013. 简论黔中汉语方言的历史形成［J］. 怀化学院学报，32（10）：15－18.

[15] 张静，2004. 浅谈现代汉语疑问语气词"么"［J］. 伊犁师范学院学报（1）：76－79.

[16] 赵颖，2015. 近代语气词"么""吗"的对比研究——以《红楼梦》和《儿女英雄传》为考察对象［J］. 常州工学院学报（社科版），33（1）：79－83.

# 纳雍老派穿青话的方式指代词［tʂʰaŋ$^{24}$］*

　　贵州省的穿青人有 67 万人（2000 年，第五次人口普查数据），其中毕节市约 54 万人，安顺市约 8 万人，六盘水市约 2 万人，其他地区约 3 万人。学界对穿青人的语言研究非常少，笔者近几年调查发现，现在绝大多数穿青人使用的语言是汉语西南官话黔北片、贵昆片的当地话，大约有 50 人还在讲老派穿青话，当地叫"老版腔"。穿青人认为老派穿青人说的话"别声别气"，说明新、老派穿青人的语言至少有腔调的差别。经调查，

　　* 本文作者：叶晓芬，贵州大学文学院副教授；侯兴泉，暨南大学文学院/汉语方言研究中心教授。本文原刊于《民族语文》2020 年第 4 期。

"老版腔"穿青话一些词的韵母有明显的鼻化现象,这大概就是所谓的"别声别气"。本文不讨论穿青话的语音问题,只对老派穿青话①的方式指代词 tshaŋ²⁴ 的用法和词源作一探讨,以期对老派穿青话与周边汉语方言的关系有所认识。

## 一、方式指代词 [tshaŋ²⁴] 的用法

纳雍老派穿青话的方式指代词是 [tshaŋ²⁴],本字不明②,义为"怎样""怎么""怎么样""咋样",语义语法为表疑问的方式。例如:

①□[tshaŋ²⁴] 讲嗯?我没有听清楚。(怎么说/什么意思?我没有听清楚。)

②□[tshaŋ²⁴] 会不 [pu⁵⁵] 得吃嘞?那 [a²⁴] 些年成 [tshən⁵⁵] 我们家条件也还是过得去嘞。(怎么会没有吃的呢?以前我们家的条件还是过得去的。)

③你到底要□[tshaŋ²⁴] 做 [tsəu²⁴] 嘛?(你到底要怎么做嘛/你到底想做什么?)

④好几年都不得见过他了,晓得是□[tshaŋ²⁴] 样一个哦 [o²⁴]?(好几年没有见过他了,不知道他现在情况如何?)

⑤张家老三终于接媳妇了,晓得是□[tshaŋ²⁴] 样一个?(张家老三终于结婚娶媳妇了,不知道他媳妇长什么样?)

⑥姑娘家买了新沙发,晓得是□[tshaŋ²⁴] 家 [tɕia⁵⁵] 一个?我还不 [pu⁵⁵] 得去看过。(女儿家里买了新沙发,不知道是什么样的?我还没有去看。)

⑦晓得他家女婿是□[tshaŋ²⁴] 家 [tɕia⁵⁵] 一个?我们都不得见过。(他女婿不知道长什么样?我们都没有看到过。)

"□[tshaŋ²⁴]"作为表疑问的方式指代词不仅能用于是非问中,如例①④⑤⑥⑦,同时亦可以用于反诘问中,如例②③。例①至④主要是对动作的行为方式进行提问,例⑤至⑦主要是对名词(通常省略)的性状进行提问。整体来看,"□[tshaŋ²⁴]"主要用在以下三种场合:一是由于问话

---

① 调查点为贵州省纳雍县勺窝镇巴雍村,主要发音人为张振国,男,时年 65 岁,小学文化,未出过远门。

② 下文举例时标记为□[tshaŋ²⁴]。

人自己不会或者没有能力做某事时，向对方询问的语气；二是对对方说出的话表示否定的反诘语气；三是对某事某人的关切态度，想了解进展情况。另外，"□[tshaŋ²⁴]"由于常和"做""样""家"等搭配使用，有向复音词靠拢的趋势。

"□[tshaŋ²⁴]"除了经常用在疑问句中对动作的行为方式或名词的性状进行提问，还可以用在陈述句中（通常要加上一个后缀"家"），其意义和用法相当于普通话的指代词"这样"。例如：

⑧问：这些是怎么做的？答：就是□[tshaŋ²⁴]家做［tsəu²⁴］啦。（回答者边回答，边示范）

⑨问：还有事不得？答：就是□[tshaŋ²⁴]家啦。（还有事没/没有别的要说的/要交代的；就是这样/就是这些了。）

"□[tshaŋ²⁴]"在陈述句中的用法应由反诘问中的无疑而问引申而来，很多时候还比较依赖说话时的语境，有时候还需要辅以相应的指示性动作来配合表达"这样"的定指用法。

## 二、与老派穿青话对应的汉方言方式指代词［tsoŋ²⁴］

在纳雍的汉语方言中，与老派穿青话对应的方式指代词是□[tsoŋ²⁴]。例如：

⑩□[tsoŋ²⁴]大嘛？你讲来听哈。（到底怎样个大法嘛？你说来听一下。）

⑪他买的小轿车晓得是□[tsoŋ²⁴]个样一个？看都没看到。（他买的小汽车不知道是什么样的，看都没看到。）

⑫李老二家老妈前几天就听说住院了，晓得是□个［tsoŋ²⁴]样喽？（李老二的妈妈前几天就听说住院了，不知道情况如何？）

⑬今天□个［tsoŋ²⁴ko²⁴]会下雨啊？（今天怎么会下雨啊？）

⑭要□个［tsoŋ²⁴ko²⁴]才到那［a²⁴]点嘛？（要怎么才能到那里？）

⑮哪晓得要□个［tsoŋ²⁴ko²⁴]才合你的心？（我怎么知道要怎样做才让你满意/合心？）

⑯□[tsoŋ²⁴]子会搞成这样？（怎么会弄成这样？）

⑰你要□[tsoŋ²⁴]子？尽管来。（你要做什么？/你要干什么？尽

管来。)

由上述几例不难看出，"□[tsoŋ²⁴]"在是非问句中不仅可以单说，亦可接词缀"个"及"子"。此外，它主要表达两种含义：一是由于说话人在交际情景中，因为没有把握处理好某件事情时，就具体的动作行为向对方进行咨询；一是对涉及的名物进行提问，在这种情况下，往往话题的论元在前半句中已经有所体现，因而即使该词之后不再出现，对话双方亦是心中有数的。

跟老派穿青话的方式指代词"□[tʂʰaŋ²⁴]"和"□[tʂʰaŋ²⁴]家"的用法类似，纳雍汉语方言的指代词"□[tsoŋ²⁴]"和"□个[tsoŋ²⁴ko²⁴]"也可以用在陈述句中，其意义和用法相当于普通话中的指代词"这样"。例如：

⑱好啦，我挂电话啦，就□个[tsoŋ²⁴ko²⁴]啦哈。（好啦，我挂电话了，就这样了。）

⑲□[tsoŋ²⁴]就得喽嘛，简单很。（这样就可以了，很简单的。）

## 三、老派穿青话方式指代词词源考证

通过对老派穿青话及周边汉语方言方式指代词的讨论，不难发现纳雍老派穿青话的"□[tʂʰaŋ²⁴]"和周边汉语方言"□[tsoŋ²⁴]"是一组存在明显音义对应关系的方式指代词，与之相对应的"□[tʂʰaŋ²⁴]家"和"□个[tsoŋ²⁴ko²⁴]"，其形式、语义和用法也是相对应的。由于"□[tʂʰaŋ²⁴]"和"□[tsoŋ²⁴]"都属于高频虚词，其本字或词源已不为一般人所知，颇值得研究。我们认为"□[tʂʰaŋ²⁴]"和"□[tsoŋ²⁴]"都是"咋样"的合音，下文分别对其展开论述。

在纳雍的老派穿青话中，今读"□[tʂʰaŋ²⁴]"的常用语素有"唱、怅、畅"等，从这些语素的语义和用法来看，这些语素很难虚化为一个专用的高频指代词。综合考察贵州毕节周边汉语方言的相应用法、合音的基本原理以及穿青人的来源，我们认为"□[tʂʰaŋ²⁴]"应为"咋样"的合音。

首先，我们在黔西、黔西北大部分汉语方言中都发现有"咋样""咋个"等疑问指代词，贵州安顺话的相应说法就是如此。例如：

⑳你不是［sʅ⁵⁵］答应过他嘞咩［me⁵⁵］？咋个［tsa³¹ko²⁴］就搞忘了。（你不是答应过了他吗？怎么就搞忘了。）

㉑最近状况咋样［tsa³¹iaŋ²⁴］？（最近情况怎么样？）

㉒你好好给我们说一下，这是［sʅ⁵⁵］咋［tsa³¹］回事？（你好好给我们说一下，这到底是怎么回事？）

其次，从音理来讲，指代词"这样""那样""怎样""哪样"等发生合音在汉语方言中是普遍现象，这与网络上经常把普通话的"这样""那样"写作"酱""酿"的原理是一样的。闽南的地方戏文中经常出现的"障/向般""障/向年""障/向生"①，其中的"障""向"分别是"即样"（这样）和"许样（那样）"的合音。贵州安顺话问"怎样"除了可以用"咋样""咋个"等疑问指代词提问外，还可以用"哪样"（合音形式［naŋ⁴²］）进行提问或反问，例如：

㉓你究［tɕiu⁵⁵］竟想搞［naŋ⁴²］嘛？（你究竟要做什么？）（暗含不满之意）

㉔我刚抽完血，都还在拿着棉签，你也是［sʅ⁵⁵］在做［tsəu²⁴］个［naŋ⁴²］？（我刚抽完血，手上还拿着药棉，你也是的，你到底想做什么？）（这是说话人在训斥对方）

㉕一天不好好学习，你到底是在想个［naŋ⁴²］？（整天不好好学习，你到底在想什么？）（这是家长在训斥小孩）

由此可见，纳雍老派穿青话中的"□［tʂhaŋ²⁴］"应为"咋样"的合音，这在音理上是完全可以解释得通的。具体合音过程大体如下：

咋［tʂha³¹］＋样［iaŋ²⁴］→ 咋样［tʂhaŋ²⁴］

贵州汉语方言中"咋"的声母一般是不送气的清塞擦音［ts］②③④，纳雍老派穿青话中"咋"的声母却读作送气清塞擦音［tsh］，这个问题很值得探讨一番。"咋"在中古时期其反切主要有"侧革切"和"锄陌切"

---

① Lien，Chinfa. 2014. The Development of Southern Min Demonstratives ＋ Type，Classifier/Quantifier Construction in Late Ming and Early Qing Texts：From Demonstratives to Intensifiers. *Language and Linguistics*，15（4）：500－503.

② 明生荣，2007. 毕节方言研究［M］. 北京：中国社会科学出版社：107.

③ 龙异腾，吴伟军，宋宣，等，2011. 黔中屯堡方言研究［M］. 成都：西南交通大学出版社：116.

④ 涂光禄，2011. 贵州汉语方言特色词语汇编［M］. 贵阳：贵州大学出版社：44.

两个①，如果从现在西南官话"平送仄不送"的主流音变规则来看，这两个反切上字在西南官话中都应读作不送气的清塞擦音［ʦ］。老派穿青话中"咋"的声母读作送气［ʦh］很可能来自"锄陌切"，笔者调查走访获知，穿青人的祖籍多为江西。根据江西赣语古全浊声母今读不论平仄皆读送气清音的主流音变规则，"咋"字的声母应读为送气的［ʦh］②，这在江西等地的赣语中（诸如永新）③ 都可以得到印证。老穿青话现在还有个别古全浊声母入声常用字今读为送气清音的，如"族［ʦhu³¹］""沓［tha³¹］""昨［ʦho³¹］"等。

西南官话黔北片方式指代词"□［tsoŋ²⁴］"，由于其形式、意义和用法跟老穿青话的"□［ʦhaŋ²⁴］"相对应，我们也认为其源于"咋样"的合音。其合音过程大体如下：

咋［ʦa³¹］+样［iaŋ²⁴］→咋样［ʦaŋ²⁴］→咋样（个）［tsoŋ²⁴］［ko²⁴］→咋样［tsoŋ²⁴］

西南官话黔北片（包括部分黔西片）的方式代词"咋样"在合音过程中跟老派穿青话相比有两点不同：一是"咋"的声母跟贵州其他地区的西南官话相同，都读作不送气的［ʦ］；二是合音为［ʦaŋ²⁴］之后再受到经常跟其搭配的领属词"个"的韵母的影响，读作"［tsoŋ²⁴］（［ko²⁴］）"。领属词"个"在方式指代词中不是必有成分，由于"咋样个"经常共现，就容易发生语音同化现象。"个"即使不出现，"咋样"的读音也已经定型为［tsoŋ²⁴］。

跟西南官话黔北片的"咋样个［tsoŋ²⁴ko²⁴］"相对应的纳雍老派穿青话有一个类似的说法为"咋样家［ʦhaŋ²⁴ ʨia⁵⁵］"，老派穿青话的这个"家"本字应该就是表领属的量词"家"，其功能与"个"相同。

## 四、结论

通过对比研究，我们认为纳雍老派穿青话的方式指代词"□［ʦhaŋ²⁴］"是"咋样"的合音词，为了书写的方便，可以用一个同音字"畅"来记录。该词不仅可以用在疑问句中，对动作的行为方式或名词的性状进行提问，还可以用在陈述中，表示确定无疑的方式。该词在疑问

---

① 陈彭年，2008. 宋本广韵（附韵镜七音略）［M］. 南京：江苏教育出版社：89，152.

② 孙宜志，2007. 江西赣方言语言研究［M］. 北京：语文出版社：107.

③ 李如龙，张双庆，1992. 客赣方言调查报告［M］. 厦门：厦门大学出版社：425.

句中的用法相当于普通话的"怎样"或"怎么"，陈述句的用法相当于普通话的"这样"。

我们认为西南官话黔北片的指代词［tsoŋ²⁴］的词源也是"咋样"的合音，其用法跟老派穿青话的"□［tshaŋ²⁴］"相同，两者读音上的差异恰好反映了老派穿青话跟周边汉语方言在来源上的差异。老派穿青话仍保留有一定的赣语特征，而纳雍及周边地区的汉语方言的主要特征是属于西南官话所有的，来源上可能跟江淮官话关系密切。

**参考文献**

［1］陈彭年，2008. 宋本广韵（附韵镜七音略）［M］. 南京：江苏教育出版社.

［2］李如龙，张双庆，1992. 客赣方言调查报告［M］. 厦门：厦门大学出版社.

［3］龙异腾，吴伟军，宋宣，等，2011. 黔中屯堡方言研究［M］. 成都：西南交通大学出版社.

［4］明生荣，2007. 毕节方言研究［M］. 北京：中国社会科学出版社.

［5］孙宜志，2007. 江西赣方言语言研究［M］. 北京：语文出版社.

［6］涂光禄，2011. 贵州汉语方言特色词语汇编［M］. 贵阳：贵州大学出版社.

# 论湘西苗语的名词性并列结构*

并列结构（Coordinate Structures）一直是国内外语言学研究的重要话题，相关研究成果颇丰。一般来说，并列结构是指两个或两个以上语义地位相当的成分通过显性（overt）或隐性/零形式（covert）连接件（coordinator）联合在一起组成的一种结构体，其句法范畴一般与单个组成成分一致，又称"联合结构"。能充当并列项的语类一般有名词性、动词性及形容词性语类或短语，所构成的并列结构有名词性、动词性和形容词性并列结构。

目前来说，学界关于苗语并列结构的研究较少，主要有余金枝[①]、姬

　　* 本文作者：吴秀菊，贵州民族大学文学院教授。本文原刊《贵州民族研究》2019 年第 3 期。本文为"湘西苗语名词性短语的类型学研究"（项目编号：16XYY036）的阶段性成果。

　　① 余金枝，戴庆厦，2011. 湘西矮寨苗语参考语法［M］. 北京：中国社会科学出版社.

安龙①等学者的研究。以往的研究以单点列举为主，缺乏细致的描写以及跨语言、跨方言的比较，也尚未将研究纳入类型学视野。本文拟在类型学的框架下对湘西苗语的名词性并列结构进行研究，主要对象是词和短语层面的名词性并列结构（NP conjunction），并以二项式和三项式为主。

## 一、名词性并列结构的类型

根据标记的有无，湘西苗语的名词性并列结构可分为无标记和有标记两大类，但受语用的影响，有些名词性并列结构是否有标记又并非是绝对的，无标记类名词性并列结构有时也可以使用标记，有标记类名词性并列结构有时也可以省略标记。

（一）无标记类

无标记类名词性并列结构是指并列项之间无停顿，也无连接词插入，并列项之间直接联结。湘西苗语名词性并列结构的无标记类主要有如下特点。

1. 形式

按音节的多少，湘西苗语名词性并列结构可以分为二音格和四音格两种形式，其中四音格更为丰富。二音格形式并列项主要由名词充当，也有少量由形容词充当。例如：

ne³³mɔ³⁵父母　　　　　nɔ²¹⁴kɯ⁴²兄弟　　　　lau³⁵lɔ⁴⁴田地

母　父　　　　　　　　兄　弟　　　　　　　　地　田

tɯ³⁵tau²²手艺　　　　　ɕa²¹⁴xhei⁴²方寸　　　qo³⁵ʐɔŋ³⁵老少

脚趾 手　　　　　　　　轻　重　　　　　　　　老 年轻

在四音格形式中，有的是一个结构层次的，并列项为带前缀的名词、谓词的名物化形式、名词的重叠形式或单音节名词。例如：

□qɔ²¹⁴②jɔ⁴⁴□qɔ²¹⁴kɯ⁴²兄弟姐妹　　　mɔ⁵⁵③ã²¹⁴mɔ⁵⁵mjai²²酸甜苦辣

（缀）姐（缀）弟　　　　　　　　□　苦　□　辣

---

① 姬安龙，2012. 苗语台江话参考语法［M］. 昆明：云南民族出版社.

② □qɔ²¹⁴（缀）：泛指物品、东西。

③ mɔ⁵⁵□：在本篇中指名物化标记。

qɯ²² qɯ²² ʒoŋ²² ʒoŋ²² 村村寨寨　　　　pjaɯ⁴² tɯ²² tsaŋ⁵⁵ tɕhɯ³⁵ 居室屋宇

村　村　寨　寨　　　　　　　房　屋　床　榻

有的是两个结构层次的，并列项为定中结构的复合名词短语或数量结构等。例如：

au²¹⁴ qɛ²¹⁴ au²¹⁴ mɛ⁴⁴ 鼻涕眼泪　　　ɯ⁴² thjo²¹⁴ ɯ⁴² tɛ³⁵ 衣衫褴褛

水　眼睛　水　脸　　　　　　衣　旧　衣　烂

mjɛ²¹⁴ jɛ̃⁵⁵ mjɛ⁵⁵ tɕha⁴² 单身人群　pjɔ²¹⁴ po⁴² ʈau³⁵ mɔ³⁵ 五宗六支

人　剩　人　余　　　　　　　五　公　六　父

2. 表义特点

无标记名词性并列结构的二音格、四音格形式虽然是由并列项组合而成，但其表意具有整合性，整体意义不是并列项意义的简单相加，而是并列项意义的有机结合，但整体意义跟并列项意义总有或多或少的联系。

（1）整体意义接近于并列项意义的组合。这类并列结构的两个并列项意义相近或相关，组合后的整体意义与两个并列项意义的组合基本等同。例如：

nɛ³³ mɔ³⁵ 父母　　　　　　　lau³⁵ lɔ⁴⁴ 田地

父　母　　　　　　　　　　地　田

mɔ⁵⁵ qo⁴² mɔ⁵⁵ lo⁴⁴ 赊的借的　　pjaɯ⁴² tau²¹⁴ pjaɯ⁴² tshaɯ⁴² 土屋茅房

□　借　□　借　　　　　　　房　土　房　草

（2）整体意义为并列结构中的一个并列项的意义，即意义偏指。这类并列结构的意义不等于两个并列项意义的简单相加，而是与其中一个并列项相等或相近。例如：

tɔ⁴² kji²¹⁴ tɔ⁴² mphã⁴² 虫类　　　tɛ²¹⁴ ŋkaĩ²¹⁴ tɛ²¹⁴ mjo⁴⁴ 孤儿

（缀）虫（缀）蚂蚁　　　　　小　鬼　孤　儿

（3）整体意义是并列项意义的概括或扩大。这类并列结构的整体意义表示的是并列项意义的上位义或概括义，语义上具有增量特点。例如：

□qo²¹⁴ jo⁴⁴ □qo²¹⁴ kɯ⁴² 兄弟姐妹　□qo²¹⁴ mpɛ⁴² □qo²¹⁴ sɛ⁴² 粉末残渣

（缀）姐（缀）弟/妹　　　　（缀）粉　（缀）渣

（4）整体意义是并列项意义的引申。这类结构的并列项结合后，意义有所引申。例如：

ɕa²¹⁴xhei⁴²（为人处世的）方寸　　　tɯ³⁵taɯ³³手艺

轻　重　　　　　　　　　脚趾手

### 3. 结构凝固性

上文所述的名词性并列结构的二音格、四音格形式，通常以无标记形式出现。从并列项的结合程度来看，有些并列结构凝固性非常强，为合成词，不可随意拆开使用，也不可插入并列标记，拆开或插入成分之后会出现表意不达或结构不成立的情况。例如：

tɯ³⁵taɯ²²手艺 ≠ * tɯ³⁵ŋɔŋ⁴⁴taɯ²²

脚趾手　　　　　脚趾和手

pjɔ²¹⁴pɔ⁴²ʈaɯ³⁵mɔ³⁵五宗六支 ≠ * pjɔ²¹⁴pɔ⁴²ŋɔŋ⁴⁴ʈaɯ³⁵mɔ³⁵

五　公　六　父　　　　五　公　和　六　父

也有些名词性并列结构凝固性较弱，一般情况下其结构不会变动，但在一定语境下，如因为韵律需要或凸显需要可以插入连词进行扩展。例如：

ne⁵⁵pjaɯ⁴²sa³⁵tsaɯ⁵⁵ŋkɛ²¹⁴（ŋɔŋ⁴⁴）ŋɯ⁵⁵，ve²²pjaɯ⁵⁵tɕɛ⁵⁵kɯ²¹⁴laɯ³⁵

别人家都足金　（和）　银　我家不够田

（ŋɔŋ⁴⁴）lɔ⁴⁴。

　与　地

人家金银多多，我家田地匮乏。

ne⁵⁵tɕoŋ²¹⁴pjaɯ⁴²tɕɛ̃⁴²（ŋɔŋ⁴⁴）pjaɯ⁴²wɔ⁴⁴，paɯ²¹⁴tɕoŋ³⁵pjaɯ⁴²taɯ²¹⁴

别人坐　房　砖　（和）　房　瓦　我们　坐　房　土

（ŋɔŋ⁴⁴）pjaɯ⁴²tshaɯ⁴²。

（和）　房　草

人家住砖屋瓦房，我们住土屋茅房。


### （二）有标记类

有标记类名词性并列结构的并列项通常是临时组合而成，并列项之间有明显停顿，或者用并列标记联结。湘西苗语名词性并列结构的标记类型比较丰富，主要有语音停顿（本文用顿号表示），数量结构 aɯ²¹⁴lɛ²¹⁴ "两个"，并列连词（conjunction）ŋɔŋ⁴⁴ "和"、qau⁵⁵（/au⁵⁵）"跟"、tai³⁵taɯ²² "还有"，语气助词 ɔ⁴⁴ "啊、呀" 等。同类别的标记互相排斥，不能同时出现；不同类别的标记却是相容的，如 ŋɔŋ⁴⁴ "和"、qau⁵⁵（/au⁵⁵）

"跟"、tai³⁵ tau²² "还有"这三个并列连词通常都可以互换，只不过 ŋɔŋ⁴⁴ "和"的使用频率最高，qau⁵⁵（/au⁵⁵）"跟"使用频率其次，tai³⁵ tau²² "还有"使用频率较低。下文将详细举例说明。

1. 两项式

两个并列项之间能使用语音停顿（本文用顿号表示），数量结构 au²¹⁴ lɛ²¹⁴ "两个"，并列连词（conjunction）ŋɔŋ⁴⁴ "和"、qau⁵⁵（/au⁵⁵）"跟"，语气助词 ɔ⁴⁴ "啊、呀"等做并列标记。数量结构 au²¹⁴ lɛ²¹⁴ "两个"只用在表人的并列项之间，其他的不限。例如：

tɔ⁴² qa²¹⁴ 、tɔ²¹⁴ mpa³⁵ jɔ⁴² jɔ⁴² kɔŋ⁴⁴ tjɛ̃⁵⁵ lhi³⁵ ɔ⁰ 。
（缀）鸡　（缀）猪 全部 给 成　饭（语助）
猪、鸡全部喂过食了。

v²² au²¹⁴ lɛ²¹⁴ /ŋɔŋ⁴⁴ /qau⁵⁵ vɛ²² ɲi⁴⁴ thoŋ²² ɕo²² 。
他 两 个 /和　/跟 我 是 同 学
他和我是同学。

m⁵⁵ tho²¹⁴ tɛ²¹⁴ □pi⁴² lu⁴⁴ ŋɔŋ⁴⁴ /qau⁵⁵ xhwɔ⁴⁴ saī³³ lo³⁵ naŋ⁵⁵ 。
你 拿 点（前缀）桔 和/跟　花 生 来 吃
你拿点桔子和花生来吃。

tjɛ̃²¹⁴ sɿ²¹⁴ ɔ⁴⁴ 、tjɛ̃²¹⁴ xhwɔ²¹⁴ ɔ⁴⁴ ，mɔ⁵⁵ n̥heī⁴² pjau⁴² pjau⁴² sa³⁵ mɛ⁵⁵ 。
电 视 啊 电 话 啊 现 在 家 家 都 有
电视啊、电话啊，现在家家都有。

2. 多项式

多项式的并列项之间有两种联结方式：一种是前两项之间使用语音停顿，最后两项之间使用并列连词 ŋɔŋ⁴⁴ "和"、qau⁵⁵（/au⁵⁵）"跟"或 tai³⁵ tau³³ "还有"。例如：

lɔ⁴² ji²¹⁴ 、lɔ⁴² ɕi³³ ŋɔŋ⁴⁴ /qau⁵⁵ /tai³⁵ tau²² lɔ⁴² ɯɯ³³ ɲi³³ nɔ²¹⁴ kɯ⁴² 。
阿应　阿兴　和/跟/ 还 有 阿 尤 是 兄 弟
阿应、阿兴和/跟/还有阿尤是兄弟。

tha³⁵ n̥hɛ²¹⁴ kja²¹⁴ nã⁵⁵ jy²² 、nau⁴⁴ qa²¹⁴ ŋɔŋ⁴⁴ /qau⁵⁵ /tai³⁵ tau²² pɛ⁵⁵ tsha²¹⁴ 。
今 天 炒 牛 肉　鸡 蛋 和/跟/ 还 有 白 菜
今天炒牛肉、鸡蛋和/跟/还有白菜。

另一种是各项之间一律使用语音停顿或语气助词 ɔ⁴⁴ "啊、呀"来做并列标记。例如：

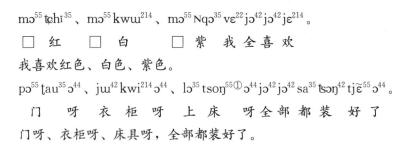

mɔ⁵⁵ tɕhĩ³⁵ 、 mɔ⁵⁵ kwɯ²¹⁴ 、 mɔ⁵⁵ Nqɔ³⁵ vɛ²² jɔ⁴² jɔ⁴² jɛ²¹⁴ 。

　□　红　　□　白　　　□　紫　我　全　喜　欢

我喜欢红色、白色、紫色。

pɔ⁵⁵ ţau³⁵ ɔ⁴⁴ 、 jɯ⁴² kwi²¹⁴ ɔ⁴⁴ 、 lɔ³⁵ tsoŋ⁵⁵①ɔ⁴⁴ jɔ⁴² jɔ⁴² sa³⁵ tsoŋ⁴² tjɛ̃⁵⁵ ɔ⁴⁴ 。

　门　呀　衣　柜　呀　上　床　呀全部都装　好了

门呀、衣柜呀、床具呀，全部都装好了。

总的来说，湘西苗语名词性并列结构的联结手段较为丰富，可以概括为：

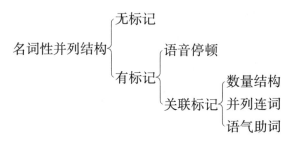

## 二、制约名词性并列标记使用的因素

湘西苗语名词性并列结构中的标记使用是有规可循的，那么制约标记使用的因素主要有哪些呢？

### （一）语义整体性

从并列结构的形成来看，并列结构的合成词旨在说明并列项之间构成的集合的整体性，所以并列项之间结合紧密，这时必然无标记，例如上文所举的苗语二音格、四音格中，在语义上大部分表达的是一个整体概念，所以通常不出现标记；而临时组合而成的并列结构则侧重于强调每一个并列项概念上的独立性，这时就倾向于使用并列标记隔离并列项。

### （二）语义亲近性

并列项在概念上越是亲近，不出现标记的可能性越大，例如无标记类型的并列项通常是近义、类义关系，它们容易构成固定的词。而概念距离大的并列结构倾向于使用标记，特别是异类词并列项之间必须加标记。例如：

---

① lɔ³⁵ tsoŋ⁵⁵表达"床具"一意，二者实际上联系得比较紧密。

ɔ⁴⁴ko⁴²mɔ⁵⁵ta⁵⁵mɔ⁵⁵ŋtha³⁵li⁴⁴xhɯ³⁵ko⁴²mɔ⁵⁵soŋ⁵⁵mɔ⁵⁵wai³³。

一些　□　强　□　能　要　帮　些　□　弱　□　屏

那些强大的要帮助那些屏弱的。

v²²aɯ²¹⁴lɛ²¹⁴te²¹⁴ɕi³³tɔ⁵⁵koŋ³³m²²i⁰。

他　两　个　阿　兴　打　工　去　了

他和阿兴打工去了。

### （三）句法位置

句法位置的差异也制约着并列标记的使用。例如：主语、宾语位置上并列项之间的标记类型比较多样，这些并列标记可以是语音停顿、并列连词或语气助词。而领属定语位置上的并列项之间主要用语音停顿、并列连词做标记，不能用语气助词做标记。例如：

lɔ⁴²ji²¹⁴、lɔ⁴²ɕi³³ŋɔŋ⁴⁴lɔ⁴²zɯ³³noŋ⁴²ɯ⁴²pɔ²¹⁴tjy²²i⁰。

阿应　　阿兴　和　阿尤　的　衣服脏　完　了

阿应、阿兴和阿尤的衣服都脏了。

＊　lɔ⁴²ji²¹⁴ɔ⁴⁴、lɔ⁴²ɕi³³ɔ⁴⁴、lɔ⁴²zɯ³³ɔ⁴⁴noŋ⁴²ɯ⁴²pɔ²¹⁴tjy²²i⁰。

　阿应（语助）阿兴（语助）阿尤（语助）的衣服脏　完　了

### （四）音节和韵律限制

如果两个单音节、双音节或三音节的名词、短语并列时，一般倾向于加标记，但在入句做主语、宾语时，可以采取动态直接组合方式省略标记，以便达到音律的和谐齐整，读来抑扬顿挫，节奏感强。例如：

ɕẽ̝²¹⁴　（ŋɔŋ⁴⁴/qau⁵⁵）　n̥tɕɯ⁴²sa³⁵noŋ⁵⁵tjy²²i⁰。

油　　（和/跟）　　盐　都　吃　完　了

油盐都吃完了。

v²²tha³⁵n̥hɛ²¹⁴n̥hai⁴²ɯ⁴²kwɯ²¹⁴　（ŋɔŋ⁴⁴/qau⁵⁵）　ŋkhɯ⁴²phu⁴²。

他　□　天　穿　衣服　白　（和/跟）　　裤子　灰

他今天穿白衣灰裤。

xho⁴²lo²¹⁴①ŋkɛ²¹⁴　（ŋɔŋ⁴⁴/qau⁵⁵）　xho⁴²lo²¹⁴ɲɯ⁵⁵jɔ⁴²jɔ⁴²sa³⁵n̥ɯ⁴²tau³⁵ɔ⁴⁴。

□　□　金　　（和/跟）　　□　□　银全部都买　得了

金耳环银戒指全部都买得了。

---

①　这两个音节各自无实意，但共同表达"耳环"一意。

但当并列项的定语较为复杂时，则必须使用中标记。例如：

mĩ⁵⁵ pɛ²¹⁴ nɔŋ⁴² ɕɛ̃²¹⁴ ŋɔŋ⁴⁴／qau⁵⁵ vɛ²² ȵɯ⁴² nɔŋ⁴² ȵtɕɯ⁴² sa³⁵ noŋ⁵⁵ tjy²² i⁰。
他们分的  油  和／跟 我 买 的  盐  都 吃 完了
他们送的油和我买的盐都吃完了。

若并列项的音节不平衡，或并列项为三个或以上，则不能省略标记，一般需要加标记来使句子结构匀称、谐调。例如：

v²² tha³⁵ ȵhe²¹⁴ ȵhaĩ⁴² ɯ⁴² kwɯ²¹⁴、tɕi⁴² ŋkhɯ⁴² phu⁴²。
他  □  天  穿  衣服     白  裤子  灰
他穿了白衣和一件灰裤子。

xho⁴² lo²¹⁴ ŋkɛ²¹⁴、□qɔ⁴² ntɔ⁴² ŋkɛ²¹⁴ qau⁵⁵ □qɔ⁴² pu⁴⁴ ŋkɛ²¹⁴ jɔ⁴² jɔ⁴² sa³⁵ ȵɯ⁴² tau³⁵ ɔ⁴⁴。
□  □  金  （前缀)戒指金  跟(前缀)镯子金 全部 都 买  得了
金耳环、金戒指和金手镯全部都买得了。

（五）语用因素

有时为了达到强调、突出并列结构中的各并列项或某一项这种语用目的，一些无标记并列结构的并列项之间有意添加了 ŋɔŋ⁴⁴ "和"等连词做标记，使得两个并列项的内容被突出、强调出来，比原本的无标记形式显得更具体一些。如：

nɛ⁵⁵ pjaɯ⁴² sa³⁵ tsaɯ⁵⁵ ŋkɛ²¹⁴ ŋɔŋ⁴⁴ ȵɯ⁵⁵，vɛ²² pjaɯ⁵⁵ tɔɛ⁵⁵ kɯ²¹⁴ lau³⁵ ŋɔŋ⁴⁴ lɔ⁴⁴。
别人 家 都 足 金 和 银 我 家 不 够 田 与 地
别人家金银多多，我家田地匮乏。

有时为了突出并列结构的一种整体性，一些临时组合的有标记并列结构使用"动态直接组合"的方式省略掉并列标记，从而达到缩减距离、凸显结构整体性的特殊语用目的。

ɕɛ̃²¹⁴ ȵtɕɯ⁴² sa³⁵ noŋ⁵⁵ tjy²² i⁰。
油  盐  都  吃 完了
盐油都吃完了。

## 三、影响名词性并列结构语序的因素

湘西苗语的名词性并列结构的并列项之间的语序问题比较复杂，有时固定有时灵活。下文将分析影响和制约名词性并列结构内部语序的因素。

（一）语义因素

1. 生命度

通常来说，在语序排列上，生命度等级高的并列项会前置于生命度等级较低的并列项。例如：

v²² ŋɔŋ⁴⁴ lɔ⁴² ɕi³³ n̥i²¹⁴ ɔ⁴⁴ lɛ²¹⁴ pã³³ nɔŋ⁴² 。

他 和 阿兴 是 一 个 班 的

他和阿兴是一个班的。

v²² kɯ⁴² tɛ⁴² tɛ²¹⁴ ŋɔŋ⁴⁴ □qɔ²¹⁴ toŋ²¹⁴ ntjɔ⁵⁵ lau³⁵ tʰɛ³³ 。

他 把 孩子 和 （前缀）东 提 下 车

他把孩子和东西提下车。

2. 时间顺序

并列项之间存在时间上的先后顺序时，短语的语用序和并列项之间的时间顺序一致。例如：

lhɔ³⁵ pjɔ²¹⁴ lhɔ³⁵ tau³⁵ mɔ⁵⁵ t̥a⁵⁵ tɛ³³ ，lhɔ³⁵ tɕoŋ⁴⁴ lhɔ³⁵ ʑi³³ mjaɯ⁵⁵ tã⁴⁴ lɛ²¹⁴ 。

月 五 月 六 □ 炎 热 月 七 月 八 稻谷 熟 个

五月、六月炎热天，七月、八月稻谷熟。

ji²² ʃ̥²¹⁴ tɕɛ³³ li⁴⁴ tɕi⁴² ntei³⁵ pu²¹⁴ n̥hɛ²¹⁴：tʰa³⁵ n̥hɛ²¹⁴ 、ɕi⁴² n̥hɛ²¹⁴ 、au²¹⁴ pã⁴²① 。

银饰 节 要 举 办 三 天 □ 天 □ 天 水 □

银饰节要举办三天：今天、明天、后天。

3. 空间顺序

并列项在空间上通常按照事实路线推移的顺序、由前到后的顺序、由近到远的顺序等进行。例如：

tɔ³³ paɯ²¹⁴ pjaɯ⁴² qa³⁵ tɕi²² ʃaɯ⁵⁵ ，li⁴⁴ kwɔ³⁵ wɔŋ⁵⁵ sei⁴² tɕhɔŋ⁵⁵ 、lɔ²² ʑi⁵⁵ 、

从 我们 家 往 吉 首 ，要 过 黄 丝 桥 、阿 拉、

□tɕi²¹⁴ tɛ⁴⁴ 、tɕi³³ ɕi²¹⁴ 。

（前缀）寨 吉 信

从我家去吉首要经过黄丝桥、阿拉、凤凰、吉信。

v²² kɯ⁴² nɯ²² pjaɯ⁴² t̥ai³⁵ pjaɯ⁴² kɯ⁴² nɔŋ⁴² tsha²¹⁴ tsha²¹⁴ ʃã⁴² ʃã⁴²。

他 把 前 屋 后 屋 打扫 得 干 干 净净

---

① 这三个词是由各自两个音节合起来，表示"今天""明天""后天"，单独无意义。

他把屋前屋后打扫得干干净净的。

xhɔŋ³³ neɨ⁴² 、xhɔŋ⁴² ai²⁴ ɔ⁴⁴ ʃai³⁵ ʒau³⁵ 。

　边　这　　边　那一样　好

这边、那边一样好。

（二）语用交际因素

（1）信息结构成分的配位：表已知信息的并列项前置于表未知信息的并列项。例如：

A：tha³⁵ n̥hε²¹⁴ mε⁵⁵ m⁵⁵ ŋɔŋ⁴⁴ lε²¹⁴ ti²¹⁴ ʃɔŋ¹⁴ pã³³ ？

　　□　天　你　和　谁　　上班

今天你和谁上班？

B：mε⁵⁵ vε²² ŋɔŋ⁴⁴ ɕo⁵⁵ mɨ²² 。

　　有　我　和　小　明

有我和小明。

（2）焦点成分的配位：表焦点的并列项置于凸显位置上。例如：

A：lɔ⁴² xhwi²¹⁴ qa³⁵ ti²¹⁴ m²² i⁰ ？

　　阿　慧　往　哪　去了

阿慧去哪里了？

B：lɔ⁴² xhwi²¹⁴ qau⁵⁵ lɔ⁴² ɕɨ³³ qau³³ ʒɔŋ²² m²² i⁰ 。

　　阿　慧　跟　阿兴　访　村　去了

阿慧和阿兴走亲戚去了。

（3）受语境影响，上下文要连贯一致。例如：

v²² tha³⁵ n̥hε²¹⁴ nɯ⁴⁴ tau³⁵ n̥ha²¹⁴ ɯ⁴² ja²¹⁴ nɯ⁴² tau³⁵ n̥hã²¹⁴ ŋkhɯ⁴² ，ɯ⁴² ɕɛ̃²¹⁴

她□　天　买　得件衣服又　买　得件　　裤子　　衣新

ŋɔŋ⁴⁴ ɯ⁴² ɕɛ̃²¹⁴ jɔ⁴² jɔ⁴² sa³⁵ xho⁵⁵ ntjɯ⁴² ta⁴² 。

和　裤　新全部　都　合　身　极

她今天买了件衣服又买了件裤子，新衣服和新裤子都很合身。

（三）韵律因素

并列项音节相同时，并列项的组合语序大多受到声调的制约，主要表现为第四音节的调类通常都在第二音节之后（后面的阿拉伯数字表示调类）。例如：

tɕɯ⁴²lhi³⁵酒饭（3-5）　　　　　lau³⁵lɔ⁴⁴田地（5-6）

酒　饭　　　　　　　　　　　　　地　田

tɔ⁴²kji²¹⁴tɔ⁴²mphã⁴²虫类（1-3）　tɔ²¹⁴jy²²tɔ²¹⁴mpa³⁵家畜类（4-5）

（缀）虫（缀）蚂蚁　　　　　　　（缀）牛（缀）猪

并列项音节数不同时，通常音节数少的并列项在前，音节数多的并列项在后。例如：

pi⁵⁵、pi⁴²tɕɔ³³ŋɔŋ⁴⁴tso²²nɛ²²paĩ³⁵ve²²jɔ⁴²jɔ⁴²χhɯ³⁵m⁵⁵n̥ɯ⁴⁴tau³⁵a⁰。

笔　皮　橡　和　作　业　本　我　全部　帮　你　买　得　了

笔、橡皮和作业本我全部帮你买到了。

### （四）社会文化因素

并列项的排序还受到苗族传统文化及观念的影响。当社会文化因素和韵律因素冲突时，表达者优先考虑社会文化因素。例如：

1. 长幼有序

mɔ³⁵tɛ²¹⁴父子（5-1）　　　　□qɔ²¹⁴jɔ⁴⁴□qɔ²¹⁴kɯ⁴²兄弟姐妹（6-3）

父　子　　　　　　　　　　　（缀）姐（缀）弟

2. 尊重女性

ne³³mɔ³⁵父母（7-5）　　　　　□qɔ²¹⁴mphɔ³³□qɔ²¹⁴n̥i³⁵男人女人（7-5）

母　父　　　　　　　　　　　（缀）女　（缀）男

3. 趋吉避凶的心理

mɔ⁵⁵ʒau³⁵mɔ⁵⁵tɕɔ⁴²好的坏的（5-3）

□　好　□　坏

mɔ⁵⁵l̥ɔ³⁵mɔ⁵⁵kho⁴²富有贫穷（5-3）

□　富　□　穷

### （五）认知因素

时间顺序、空间顺序同时也属于认知方面的因素，这里不再重复。下面主要阐述其他方面的认知因素对并列短语内部语序的影响。

1. 由重要到次要

从人的认知经验上讲，对事物的认知有轻重缓急之分，重要的事会给人留下深刻印象，所以，人首先提取的是那些令自己印象深刻的语言材料。例如：

tho³⁵ ʒau³⁵ tʰe³³ pʰjo²¹⁴ ŋɔŋ⁴⁴ ɕɔŋ³³ tsɿ³⁵，li⁴⁴ ntjɯ³⁵ tʰe³³ lo²² i⁰。

拿　好　车　票　　和　箱子　要　上　车　来了

拿好车票和箱子，要上车了。

tha³⁵ mhɔŋ³⁵ kja²¹⁴ te²¹⁴ nã⁵⁵ jy²²、pe⁵⁵ tsha²¹⁴、xhwɔ³³ seɪ³³ lo²² lau³⁵ tɕɯ⁴²。

今　晚　炒　点　牛肉　　白菜　　花　生来　下　酒

今晚炒点牛肉、白菜、花生来下酒。

**2. 由熟悉到陌生**

在表达语言的过程中，人们往往根据自己对事物的熟悉程度来罗列事物，接触得多的或者说越熟悉的事物越容易靠前摆放。例如：

v²² le²¹⁴ ʃai⁵⁵ kjo⁵⁵ tjḛ²¹⁴ me⁴⁴ □pi⁴² lɯ⁴⁴、□pi⁴² kwa⁵⁵、phi²¹⁴ ko⁵⁵、po³³ lo⁴²、

他个水果店卖（前缀）桔（前缀）桃　苹果　菠萝

maŋ²² ko⁵⁵。

芒果

他的水果店里卖桔子、桃子、苹果、菠萝、芒果。

ɔ⁴⁴ ko⁴² mphɔ³³ ɕɔŋ²¹⁴ tsai²¹⁴ jḛ²¹⁴ ntau³⁵ ŋɯ⁵⁵ ɔ⁰，□qɔ⁴² pu⁴⁴、□qɔ⁴² ntɔ⁴²、

一些　女　苗　最　爱　戴　银啦（前缀）镯（前缀）戒指

xho⁴² lo²¹⁴、xho³⁵ Nqoŋ⁴²、ŋtoŋ⁵⁵ tɕy²¹⁴、ɕi⁴² mɔŋ²²、jḛ²² po⁵⁵ pai³³ ɔ⁴⁴ tjɯ⁴² pe⁴² pe⁴²。

□□　　项圈　针筒　细带　元宝背一身满满

苗族女人最爱穿戴银饰啦，镯子、戒指、耳环、项圈、针筒、细带、元宝戴得满满一身。

## 四、并列标记的跨方言比较

苗语分为湘西方言、黔东方言与川黔滇方言三大方言。从标记角度看，苗语三大方言的名词性并列结构都存在无标记和有标记两种类型的表达方式。这里首先考察苗语三大方言的标记类型及功能分布情况，然后再从数量、来源、功能分布等方面对苗语方言并列标记进行跨方言、土语的比较。

### （一）苗语三大方言并列标记的类型及功能分布情况

**1. 湘西方言**

苗语湘西方言分为西部土语和东部土语。本文主要考察了四个土语

点，它们的并列标记类型及功能分布情况如表 1 所示。

表 1　湘西方言的并列标记类型及功能分布情况

| 土语点 | | 名词性短语 | | | | 动词性短语 | 形容词性短语 |
|---|---|---|---|---|---|---|---|
| | | 代词 | 表人名词 | 表物有生名词 | 无生名词 | | |
| 西部土语 | 湘西凤凰苗话 | aɯ$^{214}$ lɛ$^{214}$, ŋɔŋ$^{44}_{(6)}$, qau$^{55}_{(2)}$, tai$^{35}$ taɯ$^{22}$ | aɯ$^{214}$ lɛ$^{214}$, ŋɔŋ$^{44}_{(6)}$, qau$^{55}_{(2)}$, tai$^{35}$ taɯ$^{22}$ | ŋɔŋ$^{44}_{(6)}$, qau$^{55}_{(2)}$, tai$^{35}$ taɯ$^{22}$ | ŋɔŋ$^{44}_{(6)}$, qau$^{55}_{(2)}$, ai$^{35}$ taɯ$^{22}$ | ŋɔŋ$^{44}_{(6)}$, qau$^{55}_{(2)}$ | ŋɔŋ$^{44}_{(6)}$, qau$^{55}_{(2)}$ |
| | 湘西矮寨苗话 | ɯ$^{53}$ le$^{53}$, ŋəŋ$^{22}$, tɕi$^{44}$ ko$^{44}$ | ɯ$^{53}$ le$^{53}$, ŋəŋ$^{22}$, tɕi$^{44}$ ko$^{44}$ | ŋəŋ$^{22}$, tɕi$^{44}$ ko$^{44}$ | ŋəŋ$^{22}$, tɕi$^{44}$ ko$^{44}$ | — | — |
| | 贵州松桃苗话 | ŋɔŋ$^{42}_{(6)}$, ku$^{53}_{(5)}$ | ŋɔŋ$_{(6)}$, ku$^{53}_{(5)}$, qo$^{31}_{(2)}$, ə$^{35}$ le$^{35}$ | ŋɔŋ$^{42}_{(6)}$, ku$^{53}_{(5)}$ | ŋɔŋ$^{42}_{(6)}$, ku$^{53}_{(5)}$ | ŋɔŋ$^{42}_{(6)}$, ku$^{53}_{(5)}$ | — |
| 东部土语 | 湘西小章苗话 | kə$^{51}_{(2)}$ | kə$^{51}_{(2)}$ | kə$^{51}_{(2)}$ | kə$^{51}_{(2)}$ | — | — |

## 2. 黔东方言

苗语黔东方言分为东部、南部、西部土语和北部土语（其养蒿话为标准音）。本文主要考察了四个土语点。它们的并列标记类型及功能分布情况如表 2 所示。

表 2　黔东方言的并列标记类型及功能分布情况

| 土语点 | | 名词性短语 | | | | 动词性短语 | 形容词性短语 |
|---|---|---|---|---|---|---|---|
| | | 代词 | 表人名词 | 表物有生名词 | 无生名词 | | |
| 北部土语 | 养蒿苗话 | na$^{13}$, su$^{11}$ | na$^{13}$, su$^{11}$ | na$^{13}$, su$^{11}$ | na$^{13}$, su$^{11}$ | na$^{13}$, su$^{11}$ | na$^{13}$, su$^{11}$ |
| | 台江苗话 | su$^{4}$, hei$^{1}$, tɕaŋ$^{1}$ | su$^{4}$g, hei$^{1}$, tɕaŋ$^{1}$ | su$^{4}$, hei$^{1}$ | su$^{4}$, hei$^{1}$ | su$^{4}$, hei$^{1}$ | su$^{4}$, hei$^{1}$ |
| | 镇远苗话 | su$^{11}$, təu$^{22}$ | su$^{11}$, he$^{33}$, təu$^{22}$ | su$^{11}$, he$^{33}$ | su$^{11}$, he$^{33}$ | su$^{11}$, he$^{33}$ | — |
| 南部土语 | 榕江苗话 | han$^{33}$ | han$^{33}$ | han$^{33}$, nɛ$^{13}$ | han$^{33}$, nɛ$^{13}$ | han$^{33}$ | — |

### 3. 川黔滇方言

苗语川黔滇方言包括七种次方言。本文主要考察了其中的五个次方言点，它们的并列标记类型及功能分布情况如表3所示。

表3 川黔滇方言的并列标记类型及功能分布情况

| 次方言点 | 名词性短语 | | | | 动词性短语 | 形容词性短语 |
|---|---|---|---|---|---|---|
| | 代词 | 表人名词 | 表物有生名词 | 无生名词 | | |
| 川黔滇次方言 | $tha^{43}_{(1)}$, $\eta to^{24}_{(6)}$ | $tha^{43}_{(1)}$, $\eta to^{24}_{(6)}$ | $tha^{43}_{(1)}$ | $tha^{43}_{(1)}$ | $tha^{43}_{(1)}$ | — |
| 滇东北次方言 | $thie^{54}_{(1)}$, $\eta to^{31}_{(6)}$ | $thie^{54}_{(1)}$, $\eta to^{31}_{(6)}$ | $thie^{54}_{(1)}$, $\eta to^{31}_{(6)}$ | $thie^{54}_{(1)}$, $\eta to^{31}_{(6)}$ | $thie^{54}_{(1)}$ | — |
| 罗泊河次方言 | $ta^{31}_{(A)}$, $\textit{t}e^{24}_{(C)}$ | $ta^{31}_{(A)}$, $\textit{t}e^{24}_{(C)}$ | $ta^{31}_{(A)}$, $\textit{t}e^{24}_{(C)}$ | $ta^{31}_{(A)}$, $\textit{t}e^{24}_{(C)}$ | $\textit{t}e^{24}_{(C)}$ | $\textit{t}e^{24}_{(C)}$ |
| 麻山次方言 | $ntə^{35}_{(6)}$ | $ntə^{35}_{(6)}$ | $ntə^{35}_{(6)}$ | $ntə^{35}_{(6)}$ | $ntə^{35}_{(6)}$ | $ntə^{35}_{(6)}$ |
| 重安江次方言 | $xu^{12}_{(4)}$ | $xu^{12}_{(4)}$ | $xu^{12}_{(4)}$ | $xu^{12}_{(4)}$ | $xu^{12}_{(4)}$ | — |

### （二）从数量看

苗语三个方言下的土语、小土语的并列标记数量不等，最少的有2个，如湘西小章苗话、重安江次方言；最多的有6个，如湘西凤凰苗话。

### （三）从来源看

湘西方言、黔东方言、川黔滇方言三大方言的并列标记中，有的是本民族固有词，有的是汉语借词。在固有的并列标记当中，只有一个是通用于三种方言的词，其声韵调都有对应规律，我们将其构拟为 * $\eta d l o^6$；其他的标记中，有的在某种方言中通用于各次方言、各土语点，有的只在某种次方言、某个土语点使用。

**表4　苗语三大方言中的固有标记与汉借标记**

| 固有标记 | 三种方言共有 | 湘西方言：ŋən$^{44}_{(6)}$ "和"（凤凰）；ŋən$^{22}_{(6)}$ "和"（矮寨）；ŋən$^{42}_{(6)}$ "和"（松桃） | * ŋdlo$^6$ |
|---|---|---|---|
| | | 黔东方言：na$^{13}_{(6)}$ "和"（养蒿）；nɛ$^{13}_{(6)}$ "和"（榕江小丹江） | |
| | | 川黔滇方言：ŋto$^{24}_{(6)}$ "和"（川黔滇次方言）；ŋto$^{31}_{(6)}$ "和"（滇东北）；ntə$^{35}_{(6)}$ "和"（麻山） | |
| | 某种方言独有（湘西方言） | qau$^{55}_{(2)}$ "跟"（凤凰）；qo$^{31}_{(2)}$ "跟"（松桃）；kə$^{51}_{(2)}$ "跟"（小章） | |
| | | aɯ$^{214}_{(1)}$ lɛ$^{214}_{(1)}$ "两个"（凤凰）；ɯ$^{53}_{(1)}$ le$^{53}_{(1)}$ "两个"（矮寨）；ə$^{35}_{(1)}$ le$^{35}_{(1)}$ "两个"（松桃） | |
| | | tai$^{.35}_{(5)}$ "还"（凤凰）；tei$^{.53}_{(5)}$ "还"（松桃） | |
| | | dɯ$^{31}_{(2)}$… dɯ$^{31}_{(2)}$ "边……边"（矮寨）；də$^{21}_{(2)}$… də$^{21}_{(2)}$ "边……边"（小章） | |
| | 黔东方言 | su$^{11}_{(4)}$（养蒿）；su$^{22}_{(4)}$（台江）；su$^{11}_{(4)}$（镇远） | |
| | | hɛ$^{33}_{(1)}$（养蒿）；hei$^{33}_{(1)}$（台江）；he$^{33}_{(1)}$（镇远）；han$^{33}_{(1)}$（榕江小丹江） | |
| | | tə$^{13}_{(6)}$（养蒿）；tao$^{24}_{(6)}$（台江）；təu$^{22}_{(6)}$（镇远） | |
| | | tɕaŋ$^{33}_{(1)}$（养蒿）；tɕaŋ$^{33}_{(1)}$（台江） | |
| | 川黔滇方言 | tha$^{43}_{(1)}$ "和"（川黔滇次方言）；thie$^{54}_{(1)}$ "和"（滇东北次方言）；ta$^{31}_{(A)}$ "和"（罗泊河次方言） | |
| | 次方言独有 | ɬe$^{24}_{(C)}$ "和"（罗泊河次方言） | |
| 汉借标记 | | 松桃苗语的 ku$^{53}_{(5)}$ "共"，榕江苗语的 han$^{33}$ "和" 及重安江次方言的 xu$^{12}_{(4)}$ "和" | |

### （四）苗语方言并列标记在功能上的特点

　　苗语三大方言所固有的并列标记连接名词性并列项时较少受限，但比较缺乏连接谓词性并列项的并列标记，即使有也比较受限，因此大部分方言点都有外借自汉语的表"共""又""边……边……"等语义的连词，以连接谓词性并列项。

　　苗语三大方言并列标记较为丰富，但功能有差异、有分工。有的标记功能较强，适用范围广，主要表现为既能连接名词性并列项（有生/无生），也能连接谓词性并列项（动词性/形容词性），如湘西方言凤凰苗话

的 $\eta\mathrm{o}\eta^{44}$ "和"，黔东方言养蒿话的 $\mathrm{na}^{13}$ 和 $\mathrm{su}^{11}$ 及台江话的 $\mathrm{hei}^1$，罗泊河次方言的 $\mathrm{tce}_{(6)}^{24}$，麻山次方言的 $\mathrm{nt\mathvariant{a}}_{(6)}^{35}$。有的标记功能较弱，主要表现为有的只能连接有生名词性并列项，如川黔滇次方言的 $\eta\mathrm{to}_{(6)}^{24}$，有的只能连接动词性并列项，如湘西方言凤凰苗话的 $\mathrm{tai}^{35}$，还有多个土语的汉语借词"边……边"。

通用于苗语三大方言的连词 $*\eta\mathrm{dlo}^6$，在各方言中的功能大小存在差异。例如，其在湘西方言凤凰苗话、黔东方言养蒿苗话中能用于连接名词性和谓词性并列项，但在川黔滇方言中只能用于连接名词性并列项，特别是在川黔滇次方言中只能用于连接有生名词并列项。某种方言独有的连词，在各土语、小土语中也存在功能大小的差异。例如湘西方言凤凰苗话中的 $\mathrm{qau}_{(2)}^{55}$ "跟"的适用面广，能连接名词性及谓词性并列项；小章苗话的 $\mathrm{k\mathvariant{a}}_{(2)}^{51}$ "跟"能连接名词性并列项，松桃苗话的 $\mathrm{qo}_{(2)}^{31}$ "跟"仅能连接有生名词性并列项。具有同源关系的并列标记在方言或土语、小土语之间的功能差异体现了并列标记语法化程度的差异。

**参考文献**

［1］邓云华，2004. 汉语联合短语的类型和共性研究［D］. 长沙：湖南师范大学.

［2］姬安龙，2012. 苗语台江话参考语法［M］. 昆明：云南民族出版社.

［3］余金枝，戴庆厦，2011. 湘西矮寨苗语参考语法［M］. 北京：中国社会科学出版社.

［4］Haspelmath Martin，2004. Coordinating Constructions［M］. Amsterdam：John Benjamins Publishing Company.

［5］Bril Isabelle，Netherlands 2004. Coordination strategies and inclusory constructions in New Caledonian and other Oceanic languages［M］. Amsterdam：John Benjamins Publishing Company.

下编　教学实践

# 语 音 篇[*]

## 贵州贵阳花溪区声调实验研究[**]

    贵州贵阳花溪区位于贵阳市南，地处贵州高原中部，苗岭山脉中段，为长江流域与珠江流域分水岭地带。花溪区汉族方言分为两个小片：贵州川黔滇方言贵阳次方言、惠水次方言。[①] 区内苗族所操苗语属汉藏语系苗瑶语族苗语支贵阳次方言和惠水次方言。区内布依族语言属汉藏语系侗语族壮傣语支。[②] 本文研究的花溪方言指的是花溪区内汉族人使用的汉语方言，下文简称"花溪方言"。

    学界过往对花溪方言的研究多集中于语言期待、语言演变和语言使用等方面，如熊湘华的《语言期待：城市化过程中的乡村语言变异——基于贵阳市花溪方言语音调查的分析》和《贵阳花溪区汉语方言语音地图及语音演变研究》、王远新的《贵阳市"城中村"的语言生活——花溪村居民语言使用和语言态度调查》，尚缺乏用实验语音的方法专门对花溪方言的声调做较为全面的分析和研究。单字调表现的是方言声调系统的静态现象，同时也是这种方言声调历史发展的沉淀，对一种方言声调系统的研究，应该以单字调研究为基础。因此，本文以花溪方言为研究对象，运用实验语音学的方法对花溪方言单字调进行分析。

---

    * 本编内容为教师教学指导下学生完成的实践作品。

  ** 本文作者：范子艺，北京语言大学文学院汉语言文字学专业硕士研究生。

    ① 贵阳市地方志办公室，2002. 贵阳市志·汉语方言分志［M］. 贵阳：贵州人民出版社：35.

    ② 贵阳市花溪区地方志编纂委员会，2007. 贵阳市花溪区志［M］. 贵阳：贵州人民出版社：161.

# 一、花溪方言声调实验的准备

## （一）实验例字

本实验所选取的实验例字主要为塞音声母与单元音韵母组合。根据以往的学术成果，在声调的语音实验中，声母最好选择不送气清塞音，韵母最好选择单元音韵母，这样有利于切分声调承载段，即此时的韵母段便是声调信息的承载段。[①] 做此选择的具体原因如下：一般情况下，塞音在声调语图上一般表现为相对较窄的竖直条，与韵母的区别较为明显；且因为都是单元音韵母，韵母即声调承载段，声调不容易受到介音和韵尾的影响。[②] 本文声调实验所有例字都是不送气清塞音，即 [p]、[t]、[ts]、[s]、[t]、[k]，韵母都是单元音，即 [i]、[u]、[a]、[o]、[e]，其中阴平例字 15 个，阳平 17 个，上声 17 个，去声 17 个，总例字数量为 66 个。具体例字见表 1。

**表 1　贵阳市花溪区语音实验发音例字**

| 阴平 | 巴 波 低 都 瘩 多 知 猪 渣 遮 师 赊 鸡 姑 哥 |
|---|---|
| 阳平 | 笔 不 八 脖 敌 读 答 夺 直 竹 杂 则 十 蛇 级 骨 各 |
| 上声 | 比 补 靶 簸 底 赌 打 躲 纸 祖 眨 者 死 舍 几 古 果 |
| 去声 | 闭 布 坝 薄 弟 杜 大 剁 志 住 诈 蔗 四 社 计 故 个 |

## （二）实验软件

录音软件：使用语保摄录机录音。

语音处理软件：使用 praat 语音处理软件进行声调承载段的标注、单字调基频和时长数据的提取以及描写分析过程中的语图观察等。

数据处理软件：使用办公软件 Microsoft Excel 2016 对基频和时长等数据进行统计与处理，运用了函数平均值、标准差、最大值、最小值以及 $T$ 值算法公式：$T = [(\lg f_x - \lg f_{\min})/(\lg f_{\max} - \lg f_{\min})] \times 5$，并做出了各个声调的基频图、$T$ 值调型格局图、绝对时长图、归一化时长图。

---

[①] 明茂修，2016. 重庆方言声调实验研究 [D]. 重庆：西南大学.

[②] 明茂修，2013. 试论汉语方言声调的实验研究方法 [J]. 临沂大学学报 35（3）.

（三）发音人

本次研究对发音人主要依据以下条件进行筛选：母语为本地方言，即花溪方言；发音人出生并从小长期生活于贵阳花溪，没有长期离开过本地；方言地道，口齿清楚，不存在任何影响发音的问题。本文所选发音人均为贵阳市花溪区本地人，选取了老派男发音人和女发音人各一人。其中老派男发音人用 M 表示，老派女发音人用 W 表示，发音人详细信息见表 2。

表 2　贵阳市花溪区语音实验发音人信息

| 发音人 | 年龄（岁） | 文化程度 | 职业 | 语言情况 | 发音状态 |
|---|---|---|---|---|---|
| M | 75 岁 | 初中 | 教师 | 方言及普通话 | 自然 |
| W | 65 岁 | 文盲 | 园艺工 | 方言及普通话 | 自然 |

## 二、贵阳花溪区方言声调基频的分析

### （一）原始基频

本文利用 *praat* 脚本在每个例字的承调段基频曲线上平均提取了 10 个点的基频值以及发音时长等数据。表 3 是贵阳花溪方言两个发音人的声调（四舍五入）的基频均值 $m$（单位：Hz）与标准差 $s$（单位：Hz），$N$ 为样本数量（单位：个），P1－P10 为基频采样点。因例字样本中某些发音人存在个别例字录音不合格的情况，在重新标注后仍与平均值差距过大，故在此次语音实验中予以剔除，详细情况将会以分数的形式体现在样本数据表中。

表 3　贵阳花溪区语音实验原始基频均值与标准差

| 发音人 | 声调 | 基频 | P1 | P2 | P3 | P4 | P5 | P6 | P7 | P8 | P9 | P10 | N |
|---|---|---|---|---|---|---|---|---|---|---|---|---|---|
| M | 阴平 | m | 170 | 187 | 196 | 202 | 205 | 205 | 206 | 206 | 207 | 207 | 13/15 |
| | | s | 12 | 15 | 14 | 13 | 13 | 14 | 13 | 14 | 13 | 9 | |
| | 阳平 | m | 162 | 167 | 166 | 162 | 157 | 150 | 140 | 128 | 113 | 98 | 16/17 |
| | | s | 14 | 15 | 15 | 15 | 14 | 13 | 12 | 11 | 11 | 13 | |
| | 上声 | m | 187 | 192 | 196 | 191 | 183 | 174 | 162 | 147 | 131 | 117 | 15/17 |
| | | s | 14 | 13 | 15 | 15 | 14 | 12 | 10 | 11 | 12 | 12 | |
| | 去声 | m | 128 | 136 | 145 | 152 | 161 | 168 | 172 | 170 | 158 | 140 | 15/17 |
| | | s | 9 | 11 | 12 | 13 | 12 | 13 | 15 | 15 | 16 | 15 | |
| W | 阴平 | m | 255 | 258 | 261 | 264 | 266 | 267 | 270 | 272 | 273 | 273 | 13/15 |
| | | s | 14 | 12 | 11 | 11 | 10 | 10 | 10 | 11 | 13 | 14 | |
| | 阳平 | m | 242 | 232 | 224 | 216 | 208 | 198 | 184 | 171 | 155 | 139 | 16/17 |
| | | s | 15 | 16 | 16 | 15 | 13 | 13 | 11 | 10 | 13 | 15 | |
| | 上声 | m | 288 | 287 | 283 | 276 | 267 | 250 | 226 | 202 | 184 | 174 | 15/17 |
| | | s | 13 | 13 | 13 | 14 | 12 | 12 | 14 | 15 | 15 | 15 | |
| | 去声 | m | 187 | 182 | 181 | 183 | 190 | 199 | 210 | 215 | 214 | 210 | 15/17 |
| | | s | 13 | 15 | 15 | 11 | 10 | 10 | 12 | 11 | 14 | 15 | |

注：表格中的数据均为原数值四舍五入保留整数的值。

通过表 3 中贵阳花溪方言声调的基频均值数据，我们可以绘制出每位发音人的基频均值调型格局图（见图 1），以便能够更加直观地看到方言的基频走向，图中横坐标为基频采样点，纵坐标为基频均值（单位：Hz），从上到下依次为 M 和 W。

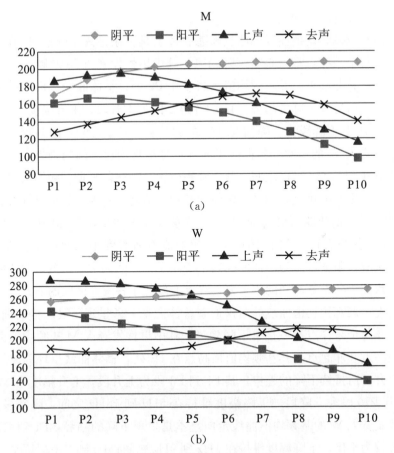

**图1　贵阳花溪区语音实验基频均值变化趋势**

通过图1，可以大致总结出贵阳花溪方言基于原始基频值的各声调基频曲拱形态，具体如下：

阴平调基频均值曲线的曲拱形态整体上是一条呈现缓升趋势的中高平曲线。其中女性发音人W的基频均值曲线走向基本是呈现均速缓慢上升的趋势，上升幅度维持在1Hz到3Hz之间，整体升幅较小。而男性发音人M的基频均值曲线在P1到P2段和P2到P3段的升势较为急促，上升幅度在8Hz到17Hz间，升幅较大；P3到P5段呈现均速上升趋势；P5－P10段相邻两个采样点的基频均值相差维持在1Hz以内，几乎呈现为一条高平曲线。观察阴平调基频均值最低点和最高点之间的跨度发现，男性发音人M的基频均值曲线跨度较大，跨度为37Hz，女性发音人W的基频均值曲线跨度较小，跨度为18Hz，男性发音人M的阴声调基频均值整体跨度略大于女性发音人W。总体来看，阴平调基频均值曲线处于个体发音区间的中上位置，曲线的起点大致位于各发音区间的中上方，终点大致位于各发音区间的上方。

阳平调基频均值曲线的曲拱形态整体上是一条呈现下降趋势的曲线，但并非每个采样点都一直呈下降趋势。其中男性发音人 M 基频均值曲线的最高点并非起点，其基频均值最高点在 P2 处，整体曲线呈现为先短暂的上升，后持续下降的趋势。其 P1 到 P2 段为上升段，上升幅度为 5Hz；P2 到 P10 为下降段，下降幅度维持在 1Hz 到 15Hz 之间，降幅较大。而女性发音人 W 的基频均值曲线走向基本是呈现均速下降的趋势，下降幅度维持在 8Hz 到 14Hz 之间，整体降幅较大。观察阳平调基频均值最低点和最高点之间的跨度，阳平调整体的基频均值跨度较大。其中男性发音人 M 的基频均值曲线跨度为 69Hz，女性发音人 W 的基频均值曲线跨度为 103Hz，男性发音人 M 的阴声调基频均值整体跨度小于女性发音人 W。总体来看，阳平调基频均值曲线处于个体发音区间的中下位置，曲线的起点大致位于各发音区间的中上方，终点大致位于各发音区间的下方。

上声调基频均值曲线的曲拱形态整体上是一条呈现下降趋势的曲线，但并非每个采样点都一直呈下降趋势。其中男性发音人 M 基频均值曲线的最高点并非起点，其基频均值最高点在 P3 处，整体曲线呈现为先短暂的上升，后持续下降的趋势，其 P1 到 P3 段为上升段，上升幅度为 5Hz；P3 到 P10 段为下降段，下降幅度维持在 5Hz 到 16Hz 之间，降幅较大。女性发音人 W 的基频均值曲线走向基本是呈现下降的趋势，P1 到 P5 段降势较为平慢，下降幅度维持在 1Hz 到 9Hz 之间；P5 到 P10 段降势变得较为急促，下降幅度维持在 10Hz 到 24Hz 之间，降幅较大。观察上声调基频均值最低点和最高点之间的跨度，上声调整体的基频均值跨度较大。其中男性发音人 M 的基频均值曲线跨度为 79Hz，女性发音人 W 的基频均值曲线跨度为 114Hz，男性发音人 M 的阴声调基频均值整体跨度小于女性发音人 W。总体来看，上声调基频均值曲线处于个体发音区间的中间位置，曲线的起点大致位于各发音区间的上方，终点大致位于各发音区间的下方。

去声调基频均值曲线的曲拱形态整体上是一条呈现先升后降趋势的曲线。其中男性发音人 M 在 P1 到 P7 段为升段，呈均速上升趋势，上升幅度维持在 7Hz 到 9Hz 之间；P7 到 P10 段为降段，降势较为急促，下降幅度在 2Hz 到 18Hz 之间。女性发音人 W 在前段并非每个采样点都一直呈上升趋势，其在 P1 到 P3 段呈现为下降趋势，下降幅度维持在 1Hz 到 5Hz 之间，降幅较小；P3 到 P8 段为升段，上升幅度在 2Hz 到 10Hz 之间；P8 到 P10 段呈现为下降趋势，降势较为缓慢，下降幅度在 2Hz 左右。男性发音人 M 的去声调基频均值下降的转折点为 P7，女性发音人 W 的去声调基频均值下降的转折点在 P8，较男性发音人相比转折点较为靠后。观察去声调基频均值最低点和最高点之间的跨度，去声调整体的基频均值跨度不大。其中男性发音人 M 的基频均值曲线跨度为 44Hz，女性发音人 W 的基频均值曲线跨度为 34Hz，男性发音人 M 的阴声调基频均值整体跨度略大于女性发音人 W。总体来看，去声调基频均值曲线处于个体发音区间的中下位置，曲线的起点大致位于各发音区间的中下方，终点大致位于各发音区间的中间。

（二）基频归一化

只有将基频值归一化，才具有典型的语言学研究意义，归一化的作用在于消除人际差异，从而有利于人际和语际的比较研究。因此，为了更准确地分析贵阳花溪方言，将该地方言声调的基频归一化后取对数值，再运用公式 $T = [(\lg f_x - \lg f_{min})/(\lg f_{max} - \lg f_{min})] \times 5$ 算出 $T$ 值[①]，并进行五度值转换。表 4 按调类进行分类，每个调类中从上到下依次为 M 和 W。

表 4　贵阳花溪区语音实验调类 $T$ 值

| 调类 | 发音人 | P1 | P2 | P3 | P4 | P5 | P6 | P7 | P8 | P9 | P10 |
|---|---|---|---|---|---|---|---|---|---|---|---|
| 阴平 | M | 3.58 | 4.22 | 4.42 | 4.51 | 4.61 | 4.63 | 4.70 | 4.71 | 4.76 | 4.77 |
| | W | 4.17 | 4.23 | 4.31 | 4.38 | 4.45 | 4.48 | 4.55 | 4.60 | 4.63 | 4.64 |
| 阳平 | M | 3.34 | 3.56 | 3.52 | 3.36 | 3.15 | 2.84 | 2.38 | 1.79 | 0.99 | 0.00 |
| | W | 3.79 | 3.52 | 3.27 | 3.02 | 2.75 | 2.41 | 1.93 | 1.41 | 0.74 | 0.00 |
| 上声 | M | 4.29 | 4.49 | 4.61 | 4.45 | 4.16 | 3.82 | 3.34 | 2.72 | 1.94 | 1.17 |
| | W | 5.00 | 4.97 | 4.88 | 4.70 | 4.46 | 4.03 | 3.33 | 2.54 | 1.92 | 1.12 |
| 去声 | M | 1.77 | 2.21 | 2.61 | 2.93 | 3.32 | 3.60 | 3.73 | 3.66 | 3.20 | 2.39 |
| | W | 2.03 | 1.83 | 1.82 | 1.86 | 2.02 | 2.41 | 2.85 | 3.11 | 3.08 | 2.93 |

注：表格中的数据均为原数据四舍五入后保留小数点后 2 位的值。

根据表 4，可以作出每个调类中各个发音人的调型格局图（见图 2），其从上到下依次为 M 和 W：

---

① 明茂修，张显成，2015. 试论汉语方言的调值格局及其演变机制 [J]. 西南大学学报（社会科学版），41（4）.

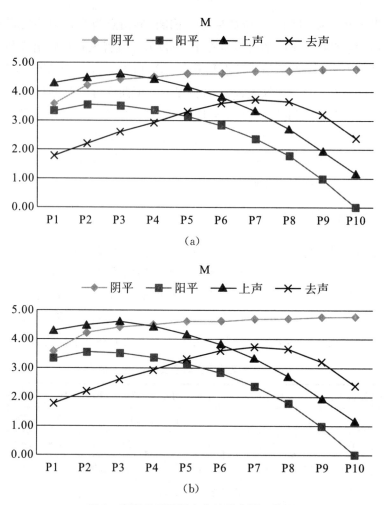

图 2　贵阳花溪区语音实验单字调 T 值图

通过图 2，可以大致总结出贵阳花溪方言单字调 T 值曲线图的整体特征，具体如下。

阴平 T 值曲线整体呈上升趋势，整体 T 值范围位于 3.5 到 5 之间。男发音人 M 起点 T 值最小，为 3.58；终点 T 值最大，为 4.77。由图 2（a）可得，曲线在 P1 到 P2 段增幅较大，上升幅度可达 0.64。根据调型整体的特征，可以认为 P2 到 P10 之间的 T 值曲线更能反映男发音人 M 的阴平调特征。女发音人 W 起点 T 值最小，为 4.17；终点 T 值最大，为 4.64；整体曲线呈均速上升趋势，临近点上升幅度维持在 0.01 到 0.07 之间。

阳平 T 值曲线整体呈下降趋势，整体 T 值范围位于 0 到 4 之间。其中男发音人 M 的曲线整体呈现先升后降的趋势，起点 T 值为 3.34，P2

为转折点，$T$ 值最大，为 3.56。曲线在 P1 处开始上升，在 P2 处转而下降，终点处 $T$ 值最小，为 0。女发音人 W 起点 $T$ 值最大，为 3.79；终点 $T$ 值最小，为 0；整体曲线临近点下降幅度维持在 0.15 到 0.74 之间。

上声 $T$ 值曲线整体呈下降趋势，整体 $T$ 值范围位于 1 到 5 之间。其中男发音人 M 的曲线整体呈现先升后降的趋势，起点 $T$ 值为 4.29，P3 为转折点，$T$ 值最大，为 4.61。曲线在 P1 处开始上升，在 P3 处转而下降，终点处 $T$ 值最小，为 1.17。女发音人 W 起点 $T$ 值最大，为 5；终点 $T$ 值最小，为 1.12；整体曲线临近点下降幅度维持在 0.03 到 0.8 之间。

去声 $T$ 值曲线整体呈先上升后下降趋势，整体 $T$ 值范围位于 1 到 4 之间。男发音人 M 的曲线整体呈现先升后降的趋势，起点 $T$ 值为 1.77，P7 为转折点，$T$ 值最大，为 3.73。曲线在 P1 处开始上升，在 P7 处转而下降，终点处 $T$ 值最小，为 2.39。女发音人 W 的曲线整体呈现先缓慢下降，又上升，最后又缓慢下降的趋势，起点 $T$ 值为 2.03；P3 是第一个转折点，$T$ 值最小，为 1.82；T8 为第二个转折点，$T$ 值最大，为 3.11；终点 $T$ 值为 2.93。根据调型整体的特征，认为 P3 到 P10 之间的 $T$ 值曲线更能反映女发音人 W 的去声调特征。

从表 4 和图 2 可以看出，在四个调类中，两位老派发音人的各调类 $T$ 值曲线图的整体走势基本一致：阴平调呈上升趋势，阳平调与上声调呈下降趋势，去声调呈先上升后下降的趋势。

（三）调型格局

在前文中，我们已经对两位发音人的基频数据进行了归一化处理。刘俐李在《江淮方言声调实验研究和折度分析》一文中提出：从语言学来看，基频数据的整理应该有两步：一是基频数据归一，二是声调格局调整。① 在对贵阳花溪方言单字调归一化处理后，我们需要对花溪方言单字调进行从声学数据向音系调值的规整。

本文在将 $T$ 值转换为五度值的过程中主要采用石锋的标准。石锋认为："声调在声学空间中不是一条线，而是带状的区域，所以声调格局规整的只是这条带状的中线，是声调典型性的归纳。"② 具体转换标准见表 5。

---

① 刘俐李，等，2007. 江淮方言声调实验研究和折度分析［M］. 成都：巴蜀书社：15.
② 石锋，2009. 实验音系学探索［M］. 北京：北京大学出版社：17.

表5　T值与五度值对应表

| 五度值 | 1 | 2 | 3 | 4 | 5 |
|---|---|---|---|---|---|
| T 值 | 0.0~1.0 | 1.0~2.0 | 2.0~3.0 | 3.0~4.0 | 4.0~5.0 |

根据以上标准，结合表4和表5可规整出以下数据：

表6　贵阳花溪区方言单字调格局规整表

| 发音人 | 调类 | 首点 T 值 | 折点 T 值 | 尾点 T 值 | 调值 |
|---|---|---|---|---|---|
| M | 阴平 | 3.58 | / | 4.77 | 45 |
| | 阳平 | 3.34 | / | 0 | 41 |
| | 上声 | 4.29 | / | 1.17 | 52 |
| | 去声 | 1.77 | 3.73/P7 | 2.39 | 243 |
| W | 阴平 | 4.17 | / | 4.64 | 55 |
| | 阳平 | 3.79 | / | 0 | 41 |
| | 上声 | 5 | / | 1.12 | 52 |
| | 去声 | 1.82/P3 | 3.11/P8 | 2.93 | 243 |

根据以上分析，结合表6可总结出贵阳花溪方言基于基频归一化值的声调的实验调值。

表7　贵阳花溪区语音实验调类实验调值

| 调类 | 阴平 | 阳平 | 上声 | 去声 |
|---|---|---|---|---|
| M | 45 | 41 | 52 | 243 |
| W | 55 | 41 | 52 | 243 |

综上所述，我们可以得出贵阳花溪方言有阴平、阳平、上升和去声四个调类。其中，阴平为高平调，调值为55；阳平为中高降调，调值为41；上声为高降调，调值为52；去声为曲折调中的中凸调，调值为243。

## 三、对贵阳花溪方言声调时长的分析

### （一）绝对时长

表8所示是两个发音人 M、W 花溪方言声调四舍五入去除小数点位的绝对时长（单位：ms），以及保留小数点后两位的归一化时长。

表8　贵阳花溪区语音实验绝对时长和归一化时长

（单位：ms）

| 发音人 | 时长类别 | 阴平 | 阳平 | 上声 | 去声 |
|---|---|---|---|---|---|
| M | 绝对时长 | 326 | 310 | 279 | 366 |
| | 归一化时长 | 1.02 | 0.97 | 0.87 | 1.14 |
| W | 绝对时长 | 296 | 273 | 232 | 326 |
| | 归一化时长 | 1.06 | 0.99 | 0.85 | 1.19 |

根据表8，可以绘制出花溪方言各声调绝对时长图（见图3），图3（a）以发音人为横坐标进行分类，图3（b）以调类为横坐标进行分类。

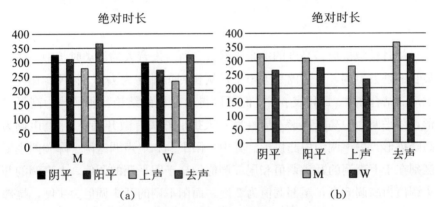

（a）　　　　　　　　　　（b）

图3　贵阳花溪区语音实验归一化时长

根据图3，我们可以对绝对时长做出以下分析：

从不同发音人的发音时长来看，两位发音人阴平的绝对时长相差30ms，阳平相差37ms，上声相差47ms，去声相差40ms。男性发音人M各个调类的整体的绝对时长要大于女性发音人W。

从不同调类的发音时长来看，去声最长，两位发音人的绝对时长分别为366ms和326ms；阴平次之，两位发音人的绝对时长分别为326ms和296ms；阳平再次，两位发音人的绝对时长分别为310ms和273ms；上声最短，两位发音人的绝对时长分别为279ms和232ms。贵阳花溪方言各单字调时长从长到短排序为：去声＞阴平＞阳平＞上声。

（二）归一化时长

根据表8中的归一化时长数据，我们可以作出花溪方言各声调归一化时长图（见图4），图4（a）以发音人为横坐标进行分类，图4（b）以调类为横坐标进行分类。

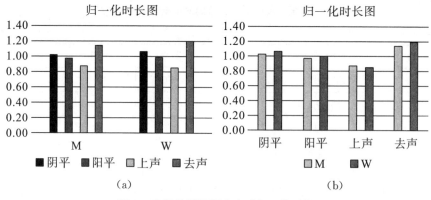

**图4 贵阳花溪区语音实验归一化时长**

## （三）时长与拱形

从时长与拱形、高度的关系来看，在所有发音人的调类时长中，时长最长的是去声调，最短的是上声调，从长到短排序为去声＞阴平＞阳平＞上声。结合图1、2和表6，我们可以得出这样的结论：阴平调为高平拱形，阳平调为中高降拱形（男性发音人拱形开头有微升趋势），上声调为高降拱形，去声调为中凸拱形。其中，阳平调和上声调这两个降调的主要区别在于上声调的开头调值和尾部调值均高于阳平调的调值。上声调的开头调值为高调5度，尾部调值为2度，而阳平调的开头调值为4度，尾部调值为1度，由此可知，上声调和阳平调同作为降声调，上声调的调值整体要高于阳平调。综上，我们可以得出贵阳花溪方言的时长与拱形、高度的主要规律性特征：曲折调的时长大于非曲折调的时长，平调和升调的时长大于降调的时长，中高调的时长大于高调的时长。

## 四、贵阳花溪方言的声调特点

通过对贵阳花溪方言声调的实验分析，我们可以对花溪方言声调的拱形、调型格局、时长以及其与拱形、高度的关系等方面的特点做如下总结。

## （一）拱形特点

贵阳花溪方言的声调主要有平拱形、降拱形和凸拱形3种基本拱形。具体如下：平拱形中，阴平调为高平拱形，调值为5度；降拱形中，阳平调为中高降拱形，调头皆分布于中高调值，调尾皆分布于低调值；上声调为高降拱形，调头皆分布于高调值，调尾皆分布于低调值，上声调首尾调值差较大，达到了 3 个调值，主要为 52；升降拱形中，去声调以升势为主，降势主要分布于后半段，且尾部调值不会高于起始调值。

（二）调型格局特点

贵阳花溪方言单字调格局共包含四个调类：阴平、阳平、上声、去声。贵阳花溪方言声调的调型格局可以概括成"高平—中高降—高降—中凸"的格局类型。通过实验测出来的各调类调值分别为：阴平 55、阳平 41、上声 52、去声 243。

（三）时长及其与拱形、高度关系的特点

在贵阳花溪方言声调的时长方面，最长的是去声调，其次是阴平调，再次为阳平调，最短的是上声调。贵阳花溪方言各单字调时长从长到短排序为：去声＞阴平＞阳平＞上声。

在贵阳花溪方言的时长与拱形、高度的关系的主要规律性特征表现为：曲折调的时长大于非曲折调的时长，平调和升调的时长大于降调的时长，中高调的时长大于高调的时长。

## 五、结语

本文主要运用了实验语音的方法，对贵阳花溪区单字调进行了研究。通过对贵阳花溪方言声调的实验分析，对其声调的拱形、调型格局、时长及其与拱形、高度的关系等方面的特点进行了研究和总结。

本文的创新之处主要在于采用实验语音的方法探究贵阳花溪方言的单字调格局。通过实地走访的方式，确定发音人，收集语料，再运用 Praat 软件测试并描绘单字调格局。

由于笔者科研能力有限以及田野调查过程中的不可控因素的影响，本次语音调查还存在不足之处，如由于时间限制，未能进行大规模的走访调查，联系的发音人数量较少，且没有进行不同年龄组的对比分析，得出的结论不够严谨，希望在以后的研究中能够有所改进。

**参考文献**

[1] 贵阳市花溪区地方志编纂委员会，2007. 贵阳市花溪区志 ［M］. 贵阳：贵州人民出版社.

［2］刘俐李，等，2007. 江淮方言声调实验研究和折度分析［M］. 成都：巴蜀书社.

［3］明茂修，2016. 重庆方言声调实验研究［D］. 重庆：西南大学.

［4］明茂修，2013. 试论汉语方言声调的实验研究方法［J］. 临沂大学学报，35（3）：37－40.

［5］明茂修，张显成，2015. 试论汉语方言的调值格局及其演变机制［J］. 西南大学学报（社会科学版），41（4）：145－155＋192.

［6］石锋，2009. 实验音系学探索［M］. 北京：北京大学出版社.

［7］朱晓农，2005. 上海声调实验录［M］. 上海：上海教育出版社.

# 中部苗语方言声母［z］的演变*

中部苗语方言，又名"苗语黔东方言"，主要分为四个土语区：北部土语区，分布在贵州黔东南州的凯里市，黄平、雷山、台江、施秉等县，黔南布依族苗族自治州的都匀市；东部土语区，分布在贵州黔东南州的锦屏、黎平、剑河和湖南西南的通道侗族自治县；南部土语区，主要分布在贵州黔东南州的从江、榕江、丹寨等县和广西北部的融水苗族自治县、三江侗族自治县；西部土语区使用人口相对较少，大部分分布在黔东南州麻江县龙山乡。苗语的声母常发生演变，本文通过田野调查和材料梳理，阐述声母［z］的来源、演变规律以及形成过程，并大致说明其分布状况。

## 一、中部苗语声母［z］的来源及其演变

从王辅世的《苗语简志》来看，声母［z］很久以前就存在于中部苗语中，并且与中部苗语其他土语区的声母［n］具有一定的对应关系。从张琨的《原始苗语的声母》中可发现，"鱼"和"耳"在原始苗语中的声母是［＊mbr］，并且"耳"的声调为［55］调；"鱼"的为［11］调。从中部苗语标准音养蒿村苗语中"耳"［zɛ⁵⁵］、"鱼"［zɛ¹¹］的声调对应情况看，可以初步推测中部苗语声母［z］来源于原始苗语［＊mbr］。

中部苗语文字方案把［z］看作是为了方便拼写汉语借词而人为增加

---

＊ 本文作者：杨光珍，贵州民族大学汉语言文字学专业硕士研究生。

的，其实在中部苗语方言的一些次方言和土语中，[z] 声母真实存在，并且与声母 [n] 有着共同的渊源。由于中部苗语声母 [z] 和声母 [n] 有一定的对应关系，本文认为原始苗语 ［*mbr］ 可能会分化出声母 [n]。

（一）中部苗语声母 [z] 和原始苗语 ［*mbr］ 的关系

根据王春德《古苗语声母 *mbr 在黔东方言的演变》的研究，可知 ［*mbr］ 这一声母为王辅世的首次构拟，目前学界大多接受这一观点。在现代苗语黔东方言中，除了北部土语的少数语言点还保存着古苗语声母 ［*mbr］ 演变后的复辅音声母 [nz]、南部土语部分语言点保存的复辅音 [ȵʑ] 外，其余的复辅音声母均已消失。

下文列举王辅世《苗语方言声韵母比较》中所列的湘西方言的腊乙坪村、川黔滇方言中的次方言大南山村、重安江次方言的枫香村中属于古苗语声母 ［*mbr］ 的四个例词：

|  | 腊乙坪村 | 大南山村 | 枫香村 |
|---|---|---|---|
| 鼻子 | $mz_ɻə^{42}$ | $ŋtʂu^{13}$ | $ntsi^{31}$ |
| 耳朵 | $mz_ɻɯ^{51}$ | $ŋtʂe^{31}$ | $ntsei^{24}$ |
| 鱼 | $mz_ɻei^{35}$ | $ŋtʂe^{31}$ | $ntsei^{13}$ |
| 辣 | $mz_ɻei^{35}$ | $ŋtʂi^{24}$ | $ntsa^{13}$ |

通过比较可看到，原始苗语 ［*mbr］ 在湘西方言腊乙坪中遗失了闭塞音，保存了鼻冠音发音特点，[r] 音读成了 [z]。在川黔滇方言的次方言大南山村中该音不再出现，保存了鼻冠音和闭塞音。

下面举例中部苗语丹寨县扬武乡羊排村和雷山县农场乡岩寨村属于古苗语声母 ［*mbr］ 的四个例词：

|  | 羊排村 | 岩寨村 |
|---|---|---|
| 鼻子 | $nta^{24}$ | $nza^{31}$ |
| 耳朵 | $nza^{55}$ | $nza^{55}$ |
| 鱼 | $nza^{22}$ | $nza^{11}$ |
| 辣 | $nza^{42}$ | $nzei^{42}$ |
| 扇子 | $nzɛ^{42}$ | $nzei^{42}$ |
| 寡妇 | $nza^{24}$ | $nza^{31}$ |

原始苗语 ［*mbr］ 在中部苗语中并未完全沿袭原始苗语的 ［*mbr］ 或类似发音，而是经历了一种特殊的音变现象，即浊连续音逐渐转变为 [z] 音。据此，我们可以反推中部苗语声母 [z] 来源于原始苗语 ［*

mbr]，因为中部苗语声母 [z] 与声母 [n] 有相对应的关系。在王辅世的《苗瑶语的系属问题初探》中，已明确"耳朵"和"鱼"来源于原始声母 [＊mbr]，据此可推测声母 [z] 来源于原始苗语 [＊mbr]，同时原始苗语 [＊mbr] 也可以分化出来声母 [n]。

想要判断中部苗语声母 [z] 和声母 [n] 是否直接来源于原始苗语 [＊mbr]，还需要更进一步的调查与分析。1950 年代，语言调查者把中部苗语分为中、东、南、北部四个土语区，中部以黔东南丹寨扬武镇为代表，东部以黔东南锦屏三江镇为代表，南部以广西融水大苗山拱洞乡为代表，北部以黔东南凯里东门口为代表。这一分类与现今学者所分的土语区稍有差异。本文进一步对 1950 年代中部苗语的内部土语进行分析。

|  | 扬武镇 | 三江镇 | 拱洞乡 | 凯里东门口 |
|---|---|---|---|---|
| 鱼 | $nza^{44}$ | $\eta ei^{44}$ | $nze^{44}$ | $ne^{44}$ |

下列例词读音为苗语的东部土语区锦屏三江镇、南部土语区融水振民村、西部土语区麻江河坝村、北部土语区凯里养蒿村的情况。

|  | 三江镇 | 振民村 | 河坝村 | 养蒿村 |
|---|---|---|---|---|
| 耳朵 | $\eta i^{12}$ | $nzi^{212}$ | $mja^{53}$ | $za^{31}$ |
| 扇子 | $\eta i^{12}$ | $nzi^{212}$ | $mjei^{53}$ | $zen^{31}$ |
| 鼻子 | $\eta ai^{53}$ | $nza^{22}$ | $mj\varepsilon^{42}$ | $ze^{13}$ |
| 鱼 | $\eta ei^{12}$ | $nze^{21}$ | $mei^{24}$ | $ze^{22}$ |
| 笋 | $\eta a^{53}$ | $nza^{22}$ | $mja^{13}$ | $za^{13}$ |
| 辣 | $\eta i^{12}$ | $nzi^{212}$ | $mja^{53}$ | $za^{31}$ |

中部苗语各个土语基本上没有鼻冠闭塞音，大部分脱落了鼻冠音，北部土语区（养蒿）和南部土语区（振民）都保留了舌音。南部土语区（振民）保留了鼻冠浊擦音 [nz]。

从岩寨土语、中部苗语、1950 年代的中部苗语内部土语的比较中，我们可以看出声母 [z] 和声母 [n] 是 [nz] 的分化，所以声母 [z] 和声母 [n] 有一定的对应关系。结合中部苗语内部土语的比较，可以推测原始苗语 [＊mbr] 是先分化演变为声母 [nz]，再由声母 [nz] 进一步分化出 [z] 和 [n]。由于声母 [nz] 是一个破裂摩擦音，当它的破裂成分占比较多的时候，摩擦成分消失，形成 [n]；当摩擦成分占比较少的时候，破裂成分消失，形成 [z]。声母 [nz] 经过这一历程，最后分别演化为 [z] 和 [n]。

（二）古苗语声母［﹡mbr］在中部苗语中的演变

王春德在他的《古苗语声母﹡mbr 在黔东方言的演变》[①] 一文中也提到了古苗语声母［﹡mbr］的演变历程及一些发音方法的变化，如有的语言点虽然保存了鼻冠音，但消失了闭塞音和［r］；保存鼻冠音的有的变成舌尖鼻音，有的变成舌面鼻音；变成舌尖鼻音的有台江县南省乡南省大寨村、台浓乡的台拱寨村、施洞镇的方寨村等。例如：

| | 南省大寨村 | 台拱寨村 | 方寨村 |
|---|---|---|---|
| 鼻子 | $ne^{15}$ | $ne^{13}$ | $ne^{13}$ |
| 扇子 | $nai^{31}$ | $nai^{31}$ | $nei^{31}$ |
| 耳朵 | $na^{53}$ | $ne^{53}$ | $ne^{55}$ |
| 辣 | $na^{31}$ | $na^{31}$ | $nei^{31}$ |
| 鱼 | $na^{11}$ | $ne^{11}$ | $ne^{11}$ |

变成舌面鼻音的有锦屏县偶里乡的偶里村、三穗县寨头乡的寨头村、黄平县谷陇镇的大寨村等。

| | 偶里村 | 寨头村 | 大寨村 |
|---|---|---|---|
| 鼻子 | $ȵai^{53}$ | $ȵyi^{13}$ | $ȵø^{21}$ |
| 扇子 | $ȵi^{12}$ | $ȵeŋ^{11}$ | $ȵi^{53}$ |
| 耳朵 | $ȵei^{42}$ | $ȵei^{53}$ | $ȵei^{55}$ |
| 辣 | $ȵi^{12}$ | $ȵa^{11}$ | $ȵa^{53}$ |
| 鱼 | $ȵei^{21}$ | $ȵei^{22}$ | $ȵj^{22}$ |

有的语言点的鼻冠音和闭塞音消失了，保留了［r］，但是都读作［z］。如凯里市挂丁镇的养蒿村、台江县排羊乡的岩寨村、番省乡的展福村等。

| | 养蒿村 | 岩寨村 | 展福村 |
|---|---|---|---|
| 鼻子 | $zɛ^{13}$ | $ze^{13}$ | $ze^{13}$ |
| 扇子 | $zen^{31}$ | $zɛ^{31}$ | $zai^{31}$ |
| 耳朵 | $zɛ^{55}$ | $za^{54}$ | $za^{53}$ |
| 辣 | $za^{31}$ | $za^{31}$ | $za^{31}$ |
| 鱼 | $zɛ^{11}$ | $za^{11}$ | $za^{11}$ |

---

[①]　王春德，1992. 古苗语声母﹡mbr 在黔东方言的演变［J］. 民族语文（1）.

据王春德的研究，古苗语声母［＊mbr］在中部苗语中的演变一共经历了三个阶段：第一阶段，遗失了闭塞音，保留了鼻冠音和舌尖前滚音［r］，但［r］都读作［z］；第二阶段，保留鼻冠音或消失鼻冠音，而［r］得以保存；第三阶段保存的鼻冠音由舌尖鼻音变成舌面鼻音。

## 二、中部苗语声母［z］的现代分布及其对应

### （一）中部苗话声母［z］与［n］的比较

在中部苗语中声母［z］存在于大部分次方言中，并且与其他土语区的声母［n］有着密切的相对应关系，下面以中部苗语养蒿村苗话的声母［z］和黄平县重安镇铁厂村苗话的声母［n］进行比较。

| | 养蒿村 | 铁厂村 |
|---|---|---|
| 辣 | za$^{31}$ | nia$^{31}$ |
| 拧 | zen$^{53}$ | nien$^{53}$ |
| 蓝 | zo$^{55}$ | nio$^{55}$ |
| 草 | zaŋ$^{55}$ | niaŋ$^{55}$ |
| 仓库 | zoŋ$^{11}$ | nioŋ$^{11}$ |
| 笋 | za$^{13}$ | nia$^{13}$ |
| 扇子 | zen$^{31}$ | nien$^{31}$ |
| 鱼 | zɛ$^{11}$ | ni$^{11}$ |
| 耳朵 | qa$^{33}$ zɛ$^{55}$ | qaŋ$^{33}$ ni$^{55}$ |
| 名字 | zaŋ$^{55}$ pi$^{44}$ | ni$^{55}$ pi$^{44}$ |
| 呻吟 | zaŋ$^{55}$ | nie$^{55}$ |

中部苗语养蒿村苗话的声母［z］和黄平县谷陇镇翁山村苗话声母［n］的对比情况如下：

| | 养蒿村 | 翁山村 |
|---|---|---|
| 鼻子 | zɛ$^{13}$ | ni$^{13}$ |
| 扇子 | zen$^{31}$ | ni$^{53}$ |
| 耳朵 | qa$^{33}$ zɛ$^{55}$ | ni$^{55}$ |
| 辣 | za$^{31}$ | nia$^{53}$ |
| 鱼 | zɛ$^{11}$ | ni$^{22}$ |
| 竹笋 | za$^{13}$ | nia$^{13}$ |

| 仓 | zoŋ[11] | nioŋ[22] |
|---|---|---|

中部苗语养蒿话的声母［z］和镇远县金堡镇爱和村苗话声母［n］的读音情况如下：

| | 养蒿村 | 爱和村 |
|---|---|---|
| 鼻子 | zɛ[13] | nai[13] |
| 扇子 | zen[31] | nen[31] |
| 耳朵 | qa[33] zɛ[55] | nai[55] |
| 辣 | za[31] | nei[31] |
| 鱼 | zɛ[11] | nai[22] |
| 竹笋 | za[13] | na[22] |
| 仓 | zoŋ[11] | noŋ[22] |

中部苗语养蒿话的声母［z］和施秉县城关镇南门村苗话声母［n］的读音如下：

| | 养蒿村 | 南门村 |
|---|---|---|
| 鼻子 | zɛ[13] | nu[13] |
| 扇子 | zen[31] | ni[31] |
| 耳朵 | qa[33] zɛ[55] | ni[55] |
| 辣 | za[31] | nia[31] |
| 鱼 | zɛ[11] | ni[22] |
| 竹笋 | za[13] | nia[13] |
| 仓 | zoŋ[11] | nioŋ[22] |

经过比较可以发现，中部苗语声母［z］与声母［n］确实存在一定的对应关系，并且当养蒿话使用声母［z］时，爱和村苗话、翁山村苗话、南门村苗话、重安苗话都使用声母［n］。上述例词中的韵母大部分一样，声调一样，虽然有个别的韵母不完全一样，但是声调都相同。由此可进一步得出结论：中部苗语声母［z］和声母［n］确实具有对应关系，并存在共同的渊源。声母［z］的使用区域主要是养蒿村等地，声母［n］的使用区域有黄平县、施秉县、镇远县等地。也不排除有的人因为婚姻关系或者搬迁的原因会使用不同土语区的声母，如刚开始只会使用其中的一种声母，后面又学会使用另一种声母，最后掌握两种声母，并且可以切换自如。

（二）中部苗语声母［z］与其他苗语方言声母的关系

前文论证了中部苗语声母［z］与声母［n］具有对应关系，那么中部苗语声母［z］与西部苗语（川黔滇方言，以大南山村为标准音）或者东部苗语（湘西方言，以腊乙坪村为标准音）会不会也存在同样的对应关系？试举例如下：

|  | 养蒿村 | 腊乙坪村 | 大南山村 |
|---|---|---|---|
| 鱼 | $z\varepsilon^{11}$ | $ta^{35}mz_{\textsubdot}u^{33}$ | $\eta t\textbardotless{s}\varepsilon^{21}$ |
| 竹笋 | $za^{13}$ | $mz_{\textsubdot}a^{42}$ | $\eta t\textbardotless{s}ua^{13}$ |
| 扇子 | $zen^{31}$ | $qo^{35}mja^{44}$ | $ntsua^{24}$ |
| 名字 | $za\eta^{55}pi^{44}$ | $mpu^{53}$ | $mpe^{44}$ |
| 想 | $zen^{55}$ | $\textctc a\eta^{53}$ | $sa\eta^{55}$ |
| 绿 | $zo^{55}$ | $mz_{\textsubdot}o^{35}$ | $\eta t\textbardotless{s}ua^{42}$ |
| 柠 | $zen^{53}$ | $pz_{\textsubdot}o^{53}$ | $t\textbardotless{s}o^{44}$ |
| 蓝 | $zo^{55}$ | $p^{h}u^{44}mj\varepsilon^{44}$ | $sa^{55}$ |

由上述例词可知，中部苗语声母［z］与其他苗语方言区的声母并没有对应关系，无论是从声母、韵母、还是声调上看，它们之间都不相同。所以，中部苗语声母［z］与其他苗语方言的声母不存在对应关系。

（三）中部苗语声母［n］与其他苗语方言声母的关系

我们再进一步查看中部苗语声母［n］是否会和其他苗语方言的声母存在相对应的关系？如果存在相对应的关系，会有什么样关系？下为其他苗语方言区的读音情况举例。

|  | 铁厂村 | 腊乙坪村 | 大南山村 |
|---|---|---|---|
| 雨 | $no\eta^{13}$ | $no\eta^{42}$ | $na\eta^{13}$ |
| 老鼠 | $nei^{22}$ | $ta^{35}nen^{33}$ | $na\eta^{21}$ |
| 鸟 | $n\textschwa^{13}$ | $ta^{35}nu^{42}$ | $no\eta^{13}$ |
| 蛇 | $nai^{33}$ | $ta^{35}nen^{35}$ | $na\eta^{43}$ |
| 稻子 | $na^{55}$ | $mz_{\textsubdot}a^{42}$ | $\eta t\textbardotless{s}ua^{13}$ |

铁厂村、爱和村、南门村的苗话读音如下：

|  | 铁厂村 | 爱和村 | 南门村 |
|---|---|---|---|
| 雨 | $no\eta^{13}$ | $no\eta^{33}$ | $no\eta^{13}$ |

| 老鼠 | nei²² | naŋ²² | nei²² |
|---|---|---|---|
| 鸟 | nə¹³ | nə¹³ | nə¹³ |
| 蛇 | naŋ³³ | naŋ³³ | nei³³ |

从中可发现，中部苗语声母［n］和其他地区苗语方言并没有对应关系，和中部苗语的内部土语也没有对应关系。因此，中部苗语声母［n］与其他方言土语的声母没有对应关系。

## 三、中部苗语声母［z̧］与现代汉语的对比

中部苗语与汉语从古至今关系都很密切，中部苗语的声母［z̧］和汉语声母［z̧］的关系，非常值得探讨。对于汉语声母［z̧］的来源，王力曾有这样的看法：声母［z̧］的来源是 nʑ（日），也相当单纯。例如人 nʑien →z̧ən。但是，由 nʑ 到 z̧ 的过程需要一番解释。nʑ 是一个破裂摩擦音。当破裂成分占优势的时候，摩擦成分消失，就成为今天客家方言和吴方言（白话）的 ȵ（"人" ȵin）；当摩擦成分占优势的时候，破裂成分消失，就剩下一个 ʑ，后来变 z̧，成为今天吴方言文言的 z̧（人 z̧ən）。[①]

通过王力的研究，我们可作这样的推理：中古汉语的［nʑ］，在现代汉语中演变成了［z̧］，这看上去似乎和中部苗语声母［z̧］有一定关联。下面以汉语、铁厂村苗话、丹寨县排调镇南留村苗话和养蒿村苗话为例作进一步的论证。

| 汉语 | 铁厂话 | 南留话 | 养蒿话 |
|---|---|---|---|
| 人 | nɛ⁵⁵ | nɛ³³ | nɛ⁵⁵ |
| 天（日） | hnɛ³³ | nɛ⁵³ | n̥'ɛ³³ |

从上述例子中可知，现代汉语中［z̧］声母的字，在中部苗语里的声母都为［n］。前面提到中部苗语声母［n］与声母［z̧］有对应关系，并且声母［n］和声母［z̧］是苗语声母［nz̧］分化演变而来，那么中部苗语声母［z̧］会不会和中古汉语的声母［nʑ］也有同样的对应关系呢？或者它是不是来源于中古汉语的声母［nʑ］？这些问题也值得我们探讨和深思。试举例如下：

| | 中古汉语 | 养蒿话 | 重安话 |
|---|---|---|---|
| 绿 | lĭwok | zo⁵⁵ | nu⁵⁵ |

---

① 王力，1980. 汉语史稿［M］. 北京：中华书局：128—129.

| | | |
|---|---|---|
| 草 | tsʰau | zaŋ⁵⁵ | niaŋ⁵⁵ |

通过上述例子可以看出，中部苗语的声母 [z] 和声母 [n] 与中古汉语的声母 [nʑ] 没有相互对应关系，我们可以断定中部苗语的声母 [z] 和声母 [n] 不是来源于中古汉语的声母 [nʑ]，同时也不是它的分化演变，而是声母 [z] 在中部苗语内部发展演变而来的。

（一）中部苗语声母 [z] 与现代汉语声母是否对应？

中部苗语声母 [z] 虽然不是由中古汉语声母 [nʑ] 直接分化演变而来，但是它会不会和汉语的其他声母有对应关系？下面以养蒿话和现代汉语作一比较：

| | 养蒿话 | 现代汉语 |
|---|---|---|
| 鱼 | zɛ¹¹ | ʐu³⁵ |
| 竹笋 | za¹³ | tʂu³⁵ |
| 扇子 | zen³¹ | ʂan⁵¹ |
| 想 | zen⁵⁵ | ɕiaŋ²¹⁴ |
| 绿 | zo⁵⁵ | lu⁵¹ |
| 拧 | zen⁵³ | ning²¹⁴ |
| 蓝 | zo⁵⁵ | lan³⁵ |

由上述例子可知，中部苗语声母 [z] 和现代汉语声母也不存在对应关系，无论是从声母、韵母各方面来看都没有发现它们之间存在对应关系，因此可以判定中部苗语声母 [z] 和现代汉语之间没有对应关系，更不可能是从汉语声母中分化演变出来的。

（二）中部苗语声母 [z] 的演变路径

综上所述，我们可以这样总结中部苗语声母 [z] 的演变规律，苗语声母 [z] 从原始声母 [﹡mbr] 演变到声母 [nz]，再分化为声母 [z] 和声母 [n]，一共经历了三个阶段。由于中部苗语声母 [z] 由声母 [nz] 分化演变而来，所以苗语声母 [z] 和声母 [n] 才具有一定的对应关系。在中部苗语里，只要养蒿话使用声母 [z]，其他苗语方言区就会相对应地使用声母 [n]，这些声母表达的字面意思都一样，都被人们所认可和接受。

# 四、结语

本文探讨了中部苗语方言声母［z］的来源和演变历程。同一个社会在不同的历史进程中都有可能会分化为不同的社会或者社团，语言也不例外。在不同的发展环境和使用环境中，语言会受到环境的影响而发生分化演变，语言的演变和分化是随着社会的变化而变化的。中部苗语方言声母［z］从原始苗语［＊mbr］演变为声母［nz］，再变为声母［z］和声母［n］，遵循了语言的演变特点。

**参考文献**

［1］曹翠云，1989. 论苗语方言现状及其形成［J］. 中央民族学院学报（3）：61－66.

［2］丁邦新，孙宏开，2001. 汉藏语同源词研究（二）：汉藏、苗瑶同源词专题研究［M］. 南宁：广西民族出版社.

［3］黄伯荣，廖序东，2009. 现代汉语［M］. 北京：高等教育出版社.

［4］胡晓东，2011. 瑶语研究［M］. 成都：西南交通大学出版社.

［5］胡晓东，2009. 苗瑶语的早期来源及其系属［J］. 贵州民族学院学报（哲学社会科学版）（5）：109－113.

［6］李云兵，2018. 苗瑶语比较研究［M］. 北京：商务印书馆.

［7］马学良，2003. 汉藏语概论［M］. 北京：民族出版社.

［8］王力，1980. 汉语史稿［M］. 北京：中华书局.

［9］王春德，1992. 古苗语声母 mbr 在黔东方言的演变［J］. 民族语文（1）：49－51.

［10］王辅世，1994. 苗语古音构拟［M］. 东京：日本东京国立亚非语言文化研究所.

［11］王辅世，1985. 苗语简志［M］. 北京：民族出版社.

［12］王春德，1991. 汉苗词典（黔东方言）［M］. 贵阳：贵州民族出版社.

［13］吴安其，2002. 汉藏语同源研究［M］. 北京：中央民族大学出版社.

［14］中央民族学院苗瑶语教研室，1987. 苗瑶语方言词汇集［M］. 北京：中央民族学院出版社.

［15］张琨，1995. 古苗瑶语鼻音声母字在现代苗语方言中的演变［J］. 民族语文（4）：10－13.

# 词 汇 篇

## 湖南道县西南官话区亲属称谓词研究<sup>*</sup>

亲属称谓主要是对与自己有血缘关系或姻亲关系的人的称呼方式，亲属称谓词作为汉语的基本词汇，是语言中反映人际关系和文化传统的重要词汇。中国地域辽阔，方言众多，不同方言的亲属称谓词长期受共同语影响，既有共性，也有差异。受地域文化影响，方言中会出现一些独特的亲属称谓词，体现出不同地域的差异性。

道县，位于湖南省永州市南部，素有"襟带两广，屏蔽三湘"之名。湖南道县汉语方言属于典型的"双方言"地区，境内通行西南官话与湘南土话。据《中国语言地图集》（第 2 版）（2012）记载，道县县城、蚣坝乡、四马桥等地区说的道县官话属于西南官话桂柳片湘南小片。与道县湘南土话相比，湖南道县西南官话（以下简称"道县官话"）通行范围广，使用人口多。道县官话语音系统有声母 18 个，韵母 34 个，声调 4 类：阴平 33、阳平 41、上声 45、去声 14。

亲属称谓词一般有自称、面称、背称，本文主要研究面称，同时对一些特殊的背称进行说明。本文通过问卷调查和田野调查搜集关于道县官话亲属称谓词的第一手语料，描写出道县官话亲属称谓词系统，以道县官话亲属称谓词系统为着眼点，探讨道县官话亲属称谓词的构词法及其特点。

## 一、道县官话亲属称谓词系统

作为方言词汇系统的重要组成部分，亲属称谓词承载着使用该方言群体的社会观念、文化传统及人际关系。几千年来，受传统宗法观念和等级

---

　　* 本文作者：宋玉英，贵州大学文学院汉语言文字学专业硕士研究生。本文原刊《汉字文化》2024 年第 12 期。

制度影响，中华大地上产生的亲属称谓词繁多且复杂，因篇幅所限，本文无法——列出。本文仅列出道县官话中一些常用的或具有特色的基本亲属称谓词。"＿＿"表示借用官话同音词。

（一）祖辈亲属称谓词

公公 [koŋ³³ koŋ³³]：祖父；祖父的兄弟，可加排行。老派称呼。

妈妈 [mã³³ mã³³]：祖母；祖父的兄弟的妻子，可加排行。老派称呼。

爷爷 [ie⁴⁵ ie⁴⁵]：祖父；祖父的兄弟，可加排行。新派称呼。

奶奶 [nai³³ nai³³]：祖母；祖父的兄弟的妻子，可加排行。新派称呼。

满公 [man⁴⁵ koŋ³³]：祖父的弟弟。（"□man⁴⁵"表在兄弟姐妹排行中最小之意，方言中常用"满"同音代替，但本字并不可考）

满妈 [man⁴⁵ mã³³]：祖父的弟媳。

家家 [ka³³ ka³³]：外祖母或外祖父，面称通用，背称根据性别在前面加男或女以示区别，如"男家家""女家家"。老派称呼。

家公 [ka³³ koŋ³³]：外祖父。老派称呼。

家婆 [ka³³ pʰo⁰]：外祖母。老派称呼。

外公 [uai¹⁴ koŋ³³]：外祖父。新派称呼。

外婆 [uai¹⁴ pʰo⁰]：外祖母。新派称呼。

姑公 [ku³³ koŋ³³]：父母的姑父。

姑姥 [ku³³ lau⁴⁵]：父母的姑母。

舅公 [tɕiəu¹⁴ koŋ³³]：父母的舅父。

舅婆 [tɕiəu¹⁴ pʰo⁰]：父母的舅母。

姨公公 [i⁴¹ koŋ³³ koŋ³³]：父亲的姨父。

姨妈妈 [i⁴¹ mã³³ mã³³]：父亲的姨母。

姨家家 [i⁴¹ ka³³ ka³³]：母亲的姨父/姨母。

（二）父辈亲属称谓词

老子 [lau⁴⁵ tsɿ⁰]：父亲，背称。

老母亲 [lau⁴⁵ mu⁴⁵ tɕʰin⁰]：母亲，背称。

爹爹 [tie³³ tie³³]：父亲。老派称呼。

哞婆 [məu³³ pʰo⁰]：母亲。老派称呼。

爸爸 [pa³³ pã³³]：父亲。新派称呼。

妈妈 [ma³³ ma³³]：母亲。新派称呼。

伯爷 [pɤ¹⁴ ie⁴¹]：伯父，尊称比父母年长的父辈男性"人名＋伯爷"。

伯伯 [pɤ⁴¹pɤ⁰]：伯母/伯父；尊称比父母年长的父辈男性或其配偶，"人名+伯伯"。

满满/满爷 [man⁴⁵man⁴⁵]/[man⁴⁵ie⁴¹]：叔父。

满娘 [man⁴⁵nian⁴¹]：叔母。

爷 [ie⁴¹]：叔父，可加排行；尊称比父亲年幼的父辈男性"人名+爷"。

娘 [nian⁴¹]：叔母，可加排行；尊称比父亲年幼的父辈男性的配偶"人名+娘"。

孃孃 [nian³³nian³³]：姑姑，可加排行；尊称父亲辈女性"人名+孃孃"。

姑爷 [ku³³ie⁴¹]：姑父；女婿。

舅舅 [tɕiou¹⁴tɕiou¹⁴]：舅父，可加排行。

舅娘 [tɕiou¹⁴nian⁴¹]：舅母，可加排行。

姨娘 [i⁴¹nian⁴¹]：姨妈，尊称母亲辈女性"人名+姨娘"。

姨爷 [i⁴¹ie⁴¹]：姨父；尊称母亲辈女性的配偶"人名+姨爷"。

### （三）平辈亲属称谓词

哥哥 [ko³³ko³³]：哥哥；堂兄；年长的同辈男性，前加"名"。

嫂嫂 [sau⁴⁵sau⁰]：嫂子；堂嫂；年长的同辈男性的配偶，前加"名"。

姐姐 [tɕie⁴⁵tɕie⁰]：姐姐；堂姐；年长的同辈女性，前加"名"。

姐夫 [tɕie⁴⁵xu⁰]：姐姐的丈夫；妻子的姐姐的丈夫。

妹妹/妹崽 [mei¹⁴mei⁰/mei¹⁴tsai⁴⁵]：妹妹；年幼于自己的同辈女性。

妹夫 [mei¹⁴xu⁰]：妹妹的丈夫；妻子的妹妹的丈夫。

毛毛/毛崽 [mau⁴¹mau⁰/mau⁴¹tsai⁴⁵]：弟弟。

兄弟 [ɕioŋ³³ti⁰]：弟弟，背称。

兄弟嫂 [ɕioŋ³³ti⁰sau⁴⁵]：兄弟的配偶，背称。

老表 [lau⁴⁵piau⁴⁵]：统称表亲的兄弟姐妹，需区别时说成"表哥""表姐"等。

汉子 [xan¹⁴tsi⁰]：丈夫。老派称呼。

婆娘 [pʰo⁴¹nian⁰]：妻子。老派称呼。

老公 [lau⁴⁵koŋ³³]：丈夫。新派称呼。

老婆 [lau⁴⁵pʰo⁰]：妻子。新派称呼。

媳妇 [ɕi⁴¹xu⁰]：妻子，年轻时用；儿媳妇。

（四）晚辈亲属称谓词

崽［tsai⁴⁵］：儿子；人名＋崽，表示对晚辈亲属的亲切称呼。

徕崽［lai¹⁴tsai⁴⁵］：儿子；统称男性晚辈。

女崽［nv⁴⁵tsai⁴⁵］：女儿；统称女性晚辈。

女婿崽［nv⁴⁵ɕu³³tsai⁴⁵］：女婿。

孙崽［sən³³tsai⁴⁵］：孙子；孙女。

孙女［sən³³nv⁴⁵］：孙女。

外孙［uai¹⁴sən³³］：外孙/外孙女。

## 二、道县官话亲属称谓词构词法

道县官话的亲属称词谓颇具特色，从词语构成来看，诸多称谓词遵循一定的构词规律。接下来，我们将对道县官话亲属称谓词的构词法进行梳理。上文已对相关词条进行了注音，下文再次出现时不再重复标音。

（一）单纯词

单纯词是指由一个语素构成的词。道县官话亲属称谓词中单音节的单纯词有爸、妈、爹、哞、公、奶、伯、爷、娘、崽等。单音节的亲属称谓词更能表达喜爱、亲昵色彩。与此同时，这些单音节的单纯词大部分可以重叠使用变成合成词中的重叠式，重叠使用后意义不变。道县官话亲属称谓词中多音节单纯词较少，有"家家""娘娘""毛毛"，主要是由不成词语素的音节重叠构成的叠音词。

（二）合成词

合成词是指由两个或两个以上的语素构成的词。合成词主要有三类：

第一类，复合式，至少由两个词根组成。复合式可细分为联合型、偏正型、补充型、动宾型和主谓型。道县官话亲属称谓词中的联合型有"婆娘""媳妇"等。偏正式构词法是汉语构词复合法中最能产的一类，道县官话亲属称谓词中偏正结构构词的亲属称谓词也是最多的。道县官话亲属称谓词中的偏正型主要由词根"满""姨""舅""姑"等修饰限定中心词根"爷""娘""公""婆"等组成亲属称谓词，如"满爷""满娘""满公公""姨娘""姨公""姨婆"等。

第二类，附加式，是由词根和没有实际意义且构成词的位置固定的语素——"词缀"构成的，有前加型和后加型两种。在道县官话亲属称谓词中，前加型的词语主要是以"老"字开头的。"老"字最初有年老或者年长之意，从唐代开始，逐渐演变为词头，有时也可用来表示喜爱、亲昵之意，如"老表""老公""老婆"等。后加型最常见的一种是以后缀"崽"结尾的亲属称谓词。"崽"是湘语特色词。随着历史的发展，"崽"的词义逐渐虚化，常被用作词缀，如"徕崽""女崽""孙崽"等。

第三类，重叠式，是由相同的语素重叠组成的构词方法。在道县官话亲属称谓词中，重叠式亲属称谓词的含义大多与被用来重叠的词根语素意义相同，如"爸""妈""伯"等，可重叠为"爸爸""妈妈""伯伯"等。

## 三、道县官话亲属称谓词的特点

### （一）来源多样

1. 保留古代称谓词

普通话书面语中不再使用的一些古汉语词通过方言保存下来，至今仍在方言中熠熠发光。在道县官话亲属称谓词中也保留有古语词，如称祖父为"公公"。

2. 带有湘语南楚色彩

道县在方言划分上不属于湘语区，但在亲属称谓词上仍有湘语的残留影响。如"崽"，是很典型的湘语词，在道县官话亲属称谓词中"崽"字使用很广泛，如"女崽""女婿崽""孙崽"等。再如"满"，也是极具湘方言特色的词，道县官话亲属称谓词中"满"字的使用也很频繁，如"满满""满娘"等。

3. 与当地土话融合

道县地区是典型的"双方言"区，境内西南官话与湘南土话在使用过程中互相影响，这在亲属称谓词上也有体现。如称祖母为妈妈［$mã^{33}$ $mã^{33}$］，这个称呼在官话系统中不常见，但在道县的湘南土话如梅花土话、祥林铺土话中有使用。

### （二）核心语素丰富

道县官话亲属称谓词有一些重复使用的语素即核心语素，这些核心语素具有鲜明的地域特色。道县官话亲属称谓词中的核心语素主要有"爷""娘""公""婆""满""崽"等。亲属关系＋爷，多用于称呼父辈男性；

亲属关系＋娘，主要用于指父辈的已婚女性；亲属关系＋公，多用于称呼祖父辈男性；亲属关系＋婆，多用于称呼祖父辈女性。此外，人们用"伯""满""爷"区分比父亲年长或年幼的亲属，但舅爷、姨爷和姑爷等不分。在排行上，"大"和"满"分别用以称说最大的和最小的亲属。

### （三）部分亲属称谓词男女通用

在我国传统文化中，亲属称谓词丰富多样，一部分亲属称谓词最初是称呼男性家庭成员的，但随着时代的发展，逐渐变成男女通用，这体现了时代的进步和家庭成员间的互相尊重。道县官话中一些常见的男女通用的亲属称谓词有"伯伯""家家""崽"，只在背称需要加以区别时在前面加"男/女"。这些男女通用的亲属称谓词在使用的过程中会增加交际双方的亲密度，表现出亲昵友好的色彩。

### （四）部分亲属称谓词通过声调变化辨义

一些亲属称谓词通过声调的变化来表达不同的含义，增添了汉语的趣味性。如"娘娘"读阴平 33 时表示姑姑，读阳平 41 时表示叔母或尊称比父亲年幼的父辈男性的配偶。在"姨娘""舅娘""满娘"中的"娘"也是读阳平 41。再如"爷"，读上声 45 时是新派称呼祖父的读法，读阳平 41 时表示叔父或者尊称比父亲年幼的父辈男性，"姑爷""姨爷""满爷"中的"爷"也读去声 14。

### （五）部分亲属称谓词出现新老分化

新派称呼的成员主要是年龄 30 岁以下的方言使用者，年龄越小，就越倾向于使用与普通话相同的亲属称谓词。新派成员在一些与普通话差别较大的亲属称谓词上倾向于使用普通话里的亲属称谓词。如老派称父亲为"爹爹"，新派称父亲为"爸爸"；老派称母亲为"唉"，新派称母亲为"妈妈"等。

## 四、结语

本文通过对道县官话亲属称谓词的调查搜集，初步分析了道县官话中亲属称谓词的大致体系、构词法及其特点。道县官话属于北方方言系统，一些亲属称谓词在使用过程中有不断与共同语趋同的倾向；同时道县官话中保留了一些古老的亲属称谓，与湘语、当地土话等的接触也影响了一些道县官话的亲属称谓词，使得道县官话亲属称谓词以一种混合的状态存在，呈现出一种既有共性又有个性的亲属称谓词系统。

**参考文献**

[1] 李如龙，2001. 汉语方言学［M］. 北京：高等教育出版社.

[2] 胡士云，2007. 汉语亲属称谓研究［M］. 北京：商务印书馆.

[3] 谢奇勇，2016. 湖南道县祥霖铺土话研究［M］. 长沙：湖南师范大学出版社.

[4] 邢福义，汪国胜，2017. 现代汉语［M］. 北京：高等教育出版社.

[5] 沈明，周建芳，2019. 湖南道县梅花土话［M］. 北京：商务印书馆.

[6] 周振鹤，游汝杰，1985. 湖南省方言区画及其历史背景［J］. 方言 (4)：252−272.

[7] 黄雪贞，1986. 西南官话的分区（稿）［J］. 方言 (4)：257−272.

[8] 周先义，1988. 道州地区"崽"字的用法［J］. 语言研究 (1)：135−142.

[9] 谢奇勇，2003. 湖南新田南乡土话亲属称谓及其特点［J］. 湘潭师范学院学报（社会科学版）(5)：80−84.

[10] 彭婺，2020. 湘乡方言的亲属称谓［J］. 汉字文化 (21)：30−33.

[11] 贾慧灵，2023. 兰州市七里河区亲属称谓词探究［J］. 参花（中）(8)：128−130.

[12] 何洪峰. 湖北团风（上巴河）方言的亲属称谓［J］. 后学衡 (1)：267−284.

[13] 曾献飞. 湘南官话语音研究［D］. 长沙：湖南师范大学，2004.

[14] 蒋毅竹，2012. 湖南道县官话语音研究［D］. 长沙：中南大学.

[15] 周冠英，2013. 湖南道县官话语音研究［D］. 湘潭：湖南科技大学.

[16] 彭美娟，2016. 湖南道县寿雁土话词汇研究［D］. 长沙：湖南师范大学.

[17] 郭艳辉，2017. 湖南道县仙子脚土话词汇研究［D］. 长沙：湖南师范大学.

# 遵义方言"打××"类三字格俗语探析 *

遵义位于贵州省北部，遵义方言属北方方言西南官话。在遵义三字格俗语中，"打××"类俗语较为活跃，使用频率较高，组合方式较为灵活，意义丰富。本文将对"打××"类三字格俗语进行分析。

## 一、"打××"类三字格俗语的结构类型

### （一）复合式

复合式是遵义方言"打××"类三字格俗语的主要结构类型之一，根据其内部语义关系，主要类型为动宾结构。动宾式在遵义方言"打××"类三字格俗语中占很大一部分，在遵义方言中，动词和宾语的结合使得语言的表达效果更为鲜明，搭配也更为灵活，根据俗语的内部语义结构，我们可以将动宾式分为受事宾语结构以及其他动宾式结构。

1. 受事宾语结构

在这一类动宾结构中，受事宾语是动作、行为直接支配、涉及的人或事物，包括动作的承受者、动作的对象等。这种类型的"打××"类三字格俗语词有：打巴儿、打秋千、打算盘、打窝窝、打嘴仗/嘴架、打光棍、打折扣等。在这些三字格中，后面的名词性成分作宾语，表示由前面的动作行为直接支配、是动作承受的对象。如"打巴儿"是说打巴掌，解释为用手打在脸上，其中"巴儿（掌）"是受事成分，是动词"打"的宾语；"打秋千"是荡秋千的意思，"秋千"是受事成分，是动词"打"的宾语。"打窝窝"是打洞的意思，"窝窝"是受事成分，是动词"打"的宾语。在受事宾语这一结构中，有的宾语为名词形式，如秋千、算盘、窝窝等，有的宾语是定中式名词结构，如光棍、折扣等。

2. 其他类动宾式结构

在这一类动宾式结构中，动语和宾语之间没有明显的施事、受事关系。如：打下手、打亲家、打比方、打哈哈、打闪闪，这类词没有明显的施受关系，一般为描述性的关系意义。如"打下手"是帮忙之意，不是打

---

* 本文作者：全倩影，贵州大学文学院汉语言文字学专业硕士研究生。

谁的手；"打亲家"是指两家结成亲家，不是打某人。这类动宾式结构的三字格通过灵活的组合方式，增强了语义表达的深刻含义。

（二）重叠式

重叠式在遵义方言"打××"类三字格俗语中较少，从目前搜集到的资料来看，主要是"ABB"式的重叠，如："打哈哈""打闪闪""打偏偏""打窝窝"等。在这些俗语中"打××"后面的词均有不同的含义。"打哈哈"是其中较为特殊的一个，它是两个语素合成一个词，中间可以插入"个"等量词，如"打个哈哈"，具有较为浓厚的方言口语色彩。"打闪闪"表示（身体）摇摆晃动，后面的"闪闪"为形容词，和"打"字组合，形成了其整体意义。"打偏偏"指身体偏斜、歪斜，通过形容词加动词的组合形成整体意义。"打窝窝"是指打洞，"窝窝"为名词，意为"洞"。通过对这几个"打××"三字格重叠式的结构类型进行分析，我们不难看出该类型下遵义方言重叠式的口语色彩较为浓厚，能够让人在交流的过程中感到亲切自然。

通过对遵义方言"打××"类三字格俗语结构类型的简要分析，不难看出遵义方言"打××"三字格俗语的结构类型较为简单，其中动宾式占据该类型的主要部分，重叠式在该类型中也存在，但是数量较少。

## 二、遵义方言中"打"字的词语结构特点

"打"在遵义方言中有较强的构词能力，能与不同词性的语素组合成新词，其词语结构特点主要有以下三种。

（一）"打"＋名词

在遵义方言中"打"经常和名词或名词性词组组成动宾式词语，且"打"的动词意义可以单独使用，例如：

①打摆子（发抖）

②打饱嗝（吃得太饱而打嗝）

③打毽儿（踢毽子）

④打包票（作出保证）

⑤打巴耳（打耳光）

⑥打蛔虫（通过服用驱虫药来清除人体内的寄生虫，尤其是蛔虫）

⑦打光波（秃头、光着头，头上不戴东西）

⑧打呵哈 [xai³⁵]（困倦时嘴张开，深深吸气，然后呼出）

⑨打瞌睡（由于困倦而进入睡眠或半睡眠状态）

⑩打噗鼾（睡着时由于呼吸受阻而发出粗重的呼吸声）

⑪打交道（交际、来往）

⑫打盘脚（盘腿）

⑬打平伙（多人合伙按份出钱或物）

⑭打亲家（两家通婚，结成亲家）

⑮打秋千（荡秋千）

⑯打麻将（玩麻将牌）

⑰打算盘（本指用算盘计算，比喻合计、盘算）

⑱打被条（睡觉时掀被子）

⑲打窝窝（打洞）

⑳打圆场（调解纠纷，缓和僵局）

㉑打招呼［a. 通过动作、语言表示问候；b.（事前或事后）就某项事情或某种问题予以通知、请求关照］

㉒打折扣（降低商品的定价。比喻降低标准，不完全按规定的、已承诺或已答应的来做）

㉓打嘴仗（争执、辩论、吵嘴）

㉔打墨水（吸墨水）

㉕打炸雷（响雷）

㉖打雨点（下雨）

㉗打冷禁（发抖）

㉘打火闪（闪电）

㉙打伴儿（作伴）

㉚打格子（画格子）

㉛打樑盖（打连枷）

㉜打土巴（用锄头将大块泥土弄碎）

㉝打秧地（翻耕平整下稻种的田）

㉞打农药（喷农药）

㉟打基脚（修建房基）

㊱打牙祭（吃肉或聚餐）

㊲打布壳儿（把碎布或旧布加衬纸做成厚片，用来做布鞋）

㊳打□[pai⁵⁵] 脚（单脚跳）

㊴打麦子（脱粒麦子）

㊵打谷子（脱粒谷子）

㊶打葵花（用木棒敲打葵花饼，把葵花籽打出来）

㊷打晒坝（农村宅基地上建造的用于晒农作物的场地）

㊸打野菜（摘野菜）

㊹打苞谷（收玉米）

㊺打枇杷（摘枇杷）

㊻打杨梅（摘杨梅）

㊼打豆子（用连枷打在晒好的豆子上，使其脱粒）

㊽打糍粑（将蒸熟的糯米放到石舂里舂至绵软）

㊾打凌吊儿［$nin^{35}$ $tiær^{31}$］（结冰）

㊿打扬尘（打扫屋顶、墙面的蜘蛛网或灰尘）

(51)打大二（打长牌）

(52)打百分儿（玩扑克牌）

部分“打+名词”类三字格中“打”不能单独使用，需和后面的成分组合从而形成一个具有整体意义的词语。例如：

(53)打水漂（a. 把瓦片、小石片等向水面横撇出去，使其在水面上跳跃前进。b. 比喻白白耗费钱财等资源）

(54)打下手（当帮手）

(55)打脑壳（让人摸不着头脑；酒喝下去后头昏、痛；枪毙）

(56)打沕头儿［$ta^{31}$ $mi^{35}$ $t^{h}əur^{31}$］（扎猛子）

(57)打光胩（不穿裤子）

（二）打+动词/动词性词组

遵义方言中“打”和动词、形容词组合时，部分词语的动词性意义逐渐虚化，其意义只有在整个词中才能凸显出来，不能单独使用。例如：

①打倒立（倒立）

②打□夂［$nau^{55}$ $ts^{h}uan^{55}$］（走路踉跄）

③打扑爬［$p^{h}ə^{31}$ $p^{h}a^{31}$］（摔跤）

④打滚儿（躺在地上滚来滚去）

⑤打膯［$t^{h}ən^{31}$］儿（说话中因思考、犹豫等原因而中途短暂停顿）

⑥打一趟（指走动的次数，单程的一次）

⑦打广子（思想开小差）

⑧打哇哇（心不在焉地应和别人）

⑨打哈哈（敷衍应付）

⑩打恍恍（开小差）

⑪打偏偏（偏斜、歪斜）

⑫打闪闪（身体摇晃摆动）

⑬打转转（盘旋，旋转）

⑭打屁虫（臭椿）

（三）"打"在遵义方言与普通话中用法的异同

以《遵义方言志丛书》为例，遵义方言中"打"主要作动词用，具体可分为以下小类：表示主语的方式或状态，如打光棍、打光波（秃头、光着头，头上不戴东西）、打光胖（不穿裤子）；表示农作物收获，如打谷子、打豆子、打野菜、打杨梅、打枇杷、打苞谷等；表示使动用法：打脑壳（让人摸不着头脑；酒喝下去后头昏、痛；枪毙）；后面带上宾语有比喻义，如打滚儿（躺在地上滚来滚去），比喻不务正业（他家娃儿不学好，一天就在街上打滚儿）。

以《现代汉语三音词词典：增订本》为例，"打××"类三字格中"打"主要以动词为主，具体可分为以下小类：表示撞击，击打：打边鼓、打杠子（从前的强盗用棍子把人打晕，拦路抢劫）、打黑枪、打乱仗等；表示言语，行为的方法：打官腔、打比方、打基础等；表示某种状态：打瞌睡、打哈欠、打手势、打喷嚏、打哆嗦等。少部分三字格中"打"没有实际意义，主要是和其他成分一起组合成一个整体意义，不能单独使用，如：打工妹、打工仔等。

## 三、遵义方言"打××"类三字格俗语的语义特点

遵义方言"打××"类三字格俗语在形式上数量较多，口语色彩较为浓厚，具有浓郁的地方文化特色，在内容上表现了遵义地方生活的许多方面。为了更为详细地了解遵义方言"打××"类三字格俗语所体现出来的文化内涵和语料价值，本部分将从语义构成方式与语义表达特点对其进行分析。

（一）语义构成方式

遵义方言三字格表达内容丰富，种类繁多，为了便于分析，本文从遵义方言"打××"类三字格俗语的角度进行分析。该类型的语义构成方式大致可以分为比喻、引申、描摹三种。

比喻的修辞手法能够使三字格在语义表达上更加生动形象，便于人们

理解。比喻的修辞手法大多以某物为本体，用来类比人的相应行为或动作。如："打光棍","光棍"的字面意思是像一根光溜溜的棍子一样，一般都是单独的，用"打光棍"来形容独身、没有配偶的人，生动形象，易于理解。

引申的修辞手法是指从字面意思延伸开来，其表达的是更加抽象、复杂的含义。有的三字格本意与引申义同时存在，如"打水漂"，本意是指把瓦片、小石片等向水面横撒出去，使其在水面上跳跃前进；引申义是比喻白白耗费钱财等资源。又如"打算盘"，本意是指用算盘计算，引申义是指合计、盘算。什么时候使用本意，什么时候使用引申义需要根据具体的语境来判断。

描摹是指用言语材料来模拟人的动作、声音等，进而表现人和事物的情状。描摹是一种较为直观的语义构成方式，大多数词语通过字面意思即可理解，能够较为生动准确地体现出被表达的人或事的情状。如"打摆子""打呵哈［xai$^{35}$］""打瞌睡""打噗鼾""打盘脚"是指人的一种状态，"打摆子"是指发抖；"打呵哈"的"哈"发生音变，即是困倦时嘴张开，深深吸气，然后呼出。这些三字格通过较为直观的方式让我们了解到人们所呈现的动作状态。

## （二）语义表达特点

在表达语义时，遵义方言"打××"类三字格俗语主要有以下特点：形象色彩鲜明，口语色彩浓郁，感情色彩丰富，民俗色彩丰富。

### 1. 形象色彩鲜明

遵义方言"打××"类三字格俗语给人以鲜明的形象色彩，这主要体现在表示动作及外貌特征的三字格中。

（1）表现人的动作。对人在某种状态下的动作进行描写，以表现当时的形象特征。如：打摆子、打饱嗝、打呵哈、打瞌睡、打盘脚、打秋千、打招呼等，都形象地描绘了人物当前的动作状态，非常形象，生动有趣。

（2）表现人的外貌特征。对人的外貌特征进行描写，以表现人物的形象特点。如"打光波"等，能够使人直接了当地了解人物的外貌特征。

### 2. 口语色彩浓郁

浓郁的口语色彩也是遵义方言"打××"类三字格俗语的一个鲜明特征，通过简单直白的语言增加了交流中的互动性。如：打哈哈、打屁虫、打广子、打窝窝、打噗鼾，这些词简单通俗，能让当地人迅速理解说话人要表达的含义，增强了话语的表义性和趣味性。

3. 感情色彩丰富

丰富的感情色彩是方言词汇的一个鲜明特征，每一个方言词汇都或多或少地存在褒义、贬义、中性三种色彩，遵义方言也不例外。就遵义方言"打××"类三字格俗语来说，如用打算盘、打广子、打折扣来表达贬义色彩，用打摆子、打饱嗝、打比方、打补巴、打光波、打呵哈、打瞌睡、打噗鼾、打一趟、打交道、打盘脚、打平伙、打平手、打秋千、打闪闪、打招呼等表达中性色彩。总体来说，遵义方言"打××"类三字格俗语的感情色彩以中性色彩为主，含有较少的贬义色彩。

4. 民俗色彩丰富

遵义方言"打××"类三字格俗语收录了丰富的民俗语汇，涉及社会生活的许多方面，这些三字格俗语对于我们了解当地的社会文化有着重要的意义。其中，有关天气的有打炸雷、打雨点、打火闪、打凌吊儿等，和生产劳动有关的有打樑盖（打连枷）、打农药、打基脚、打土巴、打布壳儿、打谷子、打麦子、打秧地、打晒坝、打枇杷、打苞谷、打糍粑、打扬尘等，与娱乐活动有关的有打毽儿、打麻将、打沕头儿、打大二、打水漂、打百分儿等，与社会生活有关的有打招呼、打嘴仗、打圆场、打算盘、打下手等。这些三字格俗语内容丰富，涉及范围广泛，是我们了解遵义民俗的重要途径。

## 四、结语

本文通过对遵义方言"打××"类三字格俗语进行分析，阐述其结构类型、词语结构特点及语义特点。在该类三字格俗语中，其结构类型主要有复合式和重叠式两种；词语结构特点主要有"打＋名词/名词性词组"、"打＋动词/动词性词组"；对语义特点的分析主要从语义构成方式和语义表达特点两方面，较为系统地从词汇方面阐述了遵义方言"打××"类三字格俗语。

**参考文献**

[1] 王彦坤，2005. 现代汉语三音词词典：增订本 [M]. 北京：语文出版社.

[2] 季红梅，2014. 河北盐山方言三字格四字格俗语研究 [D]. 石家庄：河北师范大学.

[3] 陈城，2021. 凤冈方言词汇研究 [D]. 银川：北方民族大学.

# 语 法 篇

## 毕节方言词"谈"的用法及其语法化过程*

　　毕节方言属于西南官话中的黔西北方言小片。当地方言在语音、词汇及语用方面都自成特色，这点在一些常用词的特殊用法方面表现得尤为突出。例如，"谈"在普通话中通常只作动词用，而未见其他的用法。但在毕节方言中，"谈"却具有多种用法，这说明了一个汉语实词语法化的过程。本文主要以以毕节方言言说动词"谈"为对象，分析该词在作言说动词、话题标记、话语标记、引语标记、语气词时的不同用法，并在此基础上进一步分析该方言词语法化的过程。

## 一、"谈"作言说动词使用的情况

　　毕节方言词"谈"的基本用法是作言说动词使用，主要含义是"用话来表达意思"，读作谈 [tʰan¹³]。其句法特征为，"谈"主要作谓语或谓语中心语，描述具体的言语表述动作；主语一般为言说动作的施事者，即说话者。"谈"可以被状语、补语修饰，能带双宾语，所带直接宾语一般分为言说对象和言说内容，间接宾语一般为听话者。

　　（一）言说动词"谈"不带宾语的情况

　　"谈"在不带宾语的情况下，表示最实在、最具体的言说动作词义"说"，在句子中的句法结构可表示为"（S）V"：

　　　　①你谈嘛，我现在听起诶。（在祈使句中作谓语中心动词，表示动作实义）

---

　　* 本文作者：顾婧越，贵州大学文学院汉语言文字学专业硕士研究生。

②你谈得□［tsaŋ⁵⁵］子大声，哪个听不到唉！（可受助动词"得"修饰并后接形容词补语）

③随便谈一哈就行了嘛。（祈使句，作谓语被状语"随便"修饰，"谈一哈"对应普通话的"说一下"，表短暂动作的尝试义）

④小明总是乱谈。（在判断句中作"是"判断动词后的谓语中心动词并受状语修饰）

此外，在实际语境中"谈"还衍生出"介绍""说媒""婚嫁""批评""讲求"等意义。如：

⑤他都是本地人，不懂诶找他谈。（谈：介绍）

⑥都三十好几了哦，隔壁儿子家妈喊你去跟他谈个好诶。（谈：说媒）

⑦那家儿子和这家姑娘谈到一起了。（谈：婚嫁）

⑧考得稀撇，老子这回不谈你会有鬼。（谈：批评、责备）

⑨现在做呐事，都要谈哈各人实力唉。（谈：讲求、看重）

上述 5 个例子中，除了例⑦⑨外，其余例句中的"谈"皆为对言说行为的陈述，表示具体的言说动作。具体来看，例⑤中，"谈"的内容对听话者而言是未知信息，需要知情者"他"予以介绍；例⑥的"谈"由"介绍"义引申而来，当介绍的对象特指适婚男女时，则表示引介、说媒的含义，说话者介绍两人相互认识以促成婚配。例⑧中的"谈"则在言说义的核心义素上增加＋批评义，体现出说话人对孩子"考试成绩差"这件事的态度。

例⑦⑨中的"谈"虽然为动词，在句中充当谓语成分，但"谈"的言说义基本丧失。例⑦中"婚嫁义"由"说媒义"引申而来，例⑨中"讲求义"则是由基本义"说"引申而来，当"谈"搭配的宾语是抽象事物时，具体的言说动作义减弱。如：讲原则、讲方法、讲诚信、讲礼节等，语义重心有所偏移，主要表达看重、讲求的含义。

（二）言说动词"谈"带直接宾语的情况

在"谈"带直接宾语的情况下，直接宾语可根据性质差异分为三类：

（1）受事宾语是被说出的"话""事"或某种性质的话，如野话、脏话等。"谈"同样表示具体实在的言说动作，但语义重心已开始向对象宾语和整个言说事件偏离。

⑩我从来没谈过这句话唉！（感叹句，作谓语中心语，可受副词"没"修饰，后可受时态助词"过"修饰，受事宾语为"话"）

⑪有些东西不要总是憋在心都，你谈出来都会好受点。（祈使句，作谓语中心语）

⑫一讲到你屋头事，硬是每回都谈些野话，不见你负责！（感叹句，带宾语，且可受补语修饰）

⑬她家两娘母皮翻死，人些都不想和她们两个谈话。（陈述句，有介引间接宾语）

（2）受事宾语为被"谈"的对象，语义重心和关注度都在该对象，即所说、所讨论、所提及、关涉的人、事物或话题。此时，"谈"的上位的具体言说动作实义"说"减弱，产生"提及""谈论""叙述"等兼表言说方式的下位言说动词义：

⑭你家妈们正在谈幺舅家嘞幺儿。（谈论；"幺舅家嘞幺儿"是正被谈论的对象，也是整个谈话的话题）

⑮这个儿子都是之前跟你谈的那个发小。（提及；"这个儿子"是被提到过及接下来将要讨论的对象）

⑯唉，我跟你谈哈你去当兵时候的事情嘛。（叙述；依靠介词引进事与"我"，形成配价成分完整的双宾句）

（3）受事宾语为言者直接说出的话语内容或信息，宾语多以动词短语结构或完整小句形式呈现。此类宾语信息量大，语义重心和关注度在言说内容和言说者。此时，"谈"具有引述义，即对言说内容的引述，主要分为直接引述和间接引述两类，与普通话中的"讲"用法一致，此处不加赘述，仅举例说明：

⑰她跟她弟谈："每天□[tsaŋ⁵⁵]子多人在门口，我出门都不方便！"

⑱妈妈跟我谈："明天早上要去赶场，你不要熬夜。"

⑲我跟你谈："这个年纪专心读书，不要一天东想西想诶。"

从以上三种情况可见，带直接宾语时，前两类的"谈"后都为体词性的对象宾语，而第三类为谓词性的内容宾语，我们可以初步推测，直接宾语的性质影响着"谈"的语义理解。前两类中带宾语的"谈"除基本具备上述语法特征外，还可以在"谈"与对象宾语之间增加指示代词"这"

"那"等，但这些成分的语义都指向对象宾语；而第三类中，直接宾语的性质为内容宾语，是完整的小句，此时"谈"虽然还是继续表示具体言说动作的言说义动词，具备动词实义，但言说动作义相对前两类较弱。

## 二、毕节方言词"谈"作话题标记

作为言说动词的"谈"经过部分虚化后，可以作为一种兼用性话题标记，在毕节方言中常以"谈/要谈/谈起＋主题"的结构在话题句中出现，具有标示和体现话题功能、衔接语篇上下文的作用。如：

㉑要谈脑壳聪明，你还是比不上你弟弟。（要说脑袋聪明，你还是不及你弟弟。）

㉑要谈生意做得好，还得是你家老爹。（要说生意做得好，还是你家老爹行。）

㉒做事情，你要谈方法。（做事情，要讲究方法。）

㉓谈起你兄弟，还不比人家外人懂三四。（提起你兄弟，不及外人懂一点。）

㉔谈起种菜，你大舅是专家。（提起种菜，你大舅是专家。）

㉕谈他人不人，鬼不鬼诶。（说起他人不人，鬼不鬼嘞。）

史有为[①]认为，话题的本质是在信息交流的动态过程中临时设定的陈述对象，而"要讲"类短语的作用就是用词汇手段在交谈中预设话题，引出话头。因此，我们可以认为，句首的"要说""要讲""要问"等，相当于前置的话题标记，只要看到这类短语，就可以认定其后就是话题。毕节方言中的"谈"主要用在后续要谈到的内容之前，并且在下文会出现表述极性的程度副词"还"等话语成分，使两者在篇章上产生呼应效果，比如例句㉑㉑中话题标记为"要谈"，主要功能是引出后面的话题"脑壳聪明""生意做得好"。

彭巧[②]等构拟出有关隆昌方言"讲₂起"的语义演变过程：

"讲₁起"某事物（动词短语）→ "讲₁起"一个话题（动词短语）→ "讲₂起"（提出）一个话题（话题标记）

---

① 史有为，1995. 主语后停顿与话题［J］. 中国语言学报（5）.

② 彭巧，胡继明，2022. 隆昌方言言说动词"讲"的功能及其语法化［J］. 重庆开放大学学报，34（3）.

我们发现，毕节方言"谈起"的语义演变过程与之类似。当"谈"与"起"连用时，受"起"影响，"谈"的言说义在交际中同样会出现弱化的情况，与此同时，关涉义、提及义有所加强，并且由句中位置移向句首位置，主语脱落，演变为话题标记"谈起"，例子㉔㉕可作为例证。

## 三、毕节方言词"谈"作话语标记

一般来说，一个词要想成为话语标记需要满足三个条件：一是谈话双方对于所谈论的话题要有一定的共识；二是说话人对于该话题要比听话人掌握更多的可用信息；三是要在满足前两点基础上，说话人使用话语标记激活听话人部分沉睡的认知信息。

在毕节方言中"谈"作话语标记时，通常以"我跟你谈"的结构出现，它在功能上与现代汉语中的话语标记"我跟你说"对应，并且句法位置较为自由，且单独使用的情况较少。下文主要介绍"谈"作为话题标记的两种使用情况。

（一）位于句首

当"我跟你谈"位于句首时，话语模式通常为"我跟你谈，S"。如：

㉖我跟你谈，吃点亏是好事。（我跟你说，吃点亏是好事。）
㉗我跟你谈，这个刀刀快得很，小心手。（我跟你说，这个刀很锋利，小心割手。）
㉘我跟你谈，再乱跑脚杆都跟你打断！（我跟你说，再乱跑，脚都给你打断。）
㉙我跟你谈，明年放假带起娃儿来屋头玩。（我跟你说，明年放假带着娃儿来家里玩。）

（二）位于句中

"我跟你谈"位于句中时通常有两种情况，一种是"S1，我跟你谈，S2"，另一种是"称呼语，我跟你谈，S"。

1."S1，我跟你谈，S2"

当话语标记"我跟你谈"位于句子中间位置时，前后多用逗号隔开，有明显的停顿感。如：

㉚你脑壳不好是不是，我跟你谈，少跟我皮翻。（你脑袋不好是不是？我跟你说，少跟我胡扯。）

㉛抠死你，我跟你谈，你算不清楚得不到走。（你太抠门，我给你讲，你算不清楚不能走。）

㉜不要扯野话，我跟你谈，过不下去都是因为你的烂德性。（不要扯鬼话，我跟你说，过不下去是因为你的德行不好。）

㉝晓得不，我跟你谈，对门山上前久遭大火烧了。（知道不？我跟你说，对面山上前阵子被大火烧了。）

2. "称呼语，我跟你谈，S"

"S1，我跟你谈，S2"还有另外一种特殊情况，即"我跟你谈"常常与称呼语搭配使用，称呼语可以是对听话者的一种模糊笼统的称呼，也可以是直呼其名或者加上其职位、辈分等社会角色。其框架结构展现出来就是"称呼语，我跟你谈，S"的形式。

㉞哦，我跟你谈，明天起早点，要杀猪。（喔，我给你讲，明天起早点，要杀猪。）

㉟姐姐，我跟你谈，我这回考了一百分。（姐姐，我给你说，这次我考了一百分。）

㊱医生，我跟你谈，就是这个胸口闷得很。（医生，我给你说，就是我这个胸口很闷。）

在上述情况中，可以发现当"谈"以"我跟你谈"的结构出现时，其语义和功能从主要表达具体的言说、表述语义，变成不再表达和承载具体内容的结构语义或命题意义，并表达一些比较泛化和抽象的语用、话语功能，主要起引入话题、延续话题的作用。同时，我们可以发现，在上述例句中"我跟你谈"无论是出现在句首还是句中，均能省略且不会导致听话人的误解，如例㉟㊱若将"我跟你谈"省去，主体成分意思仍然不变。

## 四、毕节方言词"谈"作间接引语标记

信息来源影响着人们对事件真实性的认知，影响着人们的语言表达。人们在使用语言的过程中总是要自觉或不自觉地交代自己所说话语的来源，以此来表现话语的可靠性，这就是语言的传信功能。其中说话人为体现话语来源或可靠性而采用的一定语法标记被称为传信语。传信语可分为

直接型和间接型两类。在毕节方言中，"谈"多用作间接引语标记使用。如：

㊲过来！老师跟我谈，你这次考了倒数第一。

㊳早点睡，医生跟我谈，你最近要好好休息。

㊴昨天谈的那件事，你今天没忘记吧。

㊵我隔壁家的孃孃听到老外婆谈的，老外婆又是听到其他人谈的。

从以上例子可以看出，"谈"作间接引语标记时在句中的位置比较灵活，它可以放在人称主语或时间主语后，如例子㊳㊴㊵。说话人通过改变信息位置，使得转引的信息成为了注意的焦点；或者是由于引语小句过长，说话人在末尾再次用"谈"来强调引语小句的性质，提醒听者所说内容是转引自他人。

## 五、毕节方言词"谈"作语气词

毕节方言中"谈"作语气词使用的情况也不少见。"谈"作语气助词时，同样读作 $[t^han^{13}]$，多与"嘞"搭配，放于句末，起加强语气和补足音节的作用。如：

㊶你一天不要乱摆嘞谈。（表示劝导语气）

㊷喊你家那个不要乱整嘞谈。（表示责备语气）

㊸你记到去买点葵花嘞谈。（表示提醒）

㊹小王怕是因为那件事才下岗嘞谈。（表示可能性或不确定）

㊺这个路口好像是出车祸，才遭交警封倒嘞谈。（表示可能性或不确定性）

㊻说是晚上吹大风噢，这个蓬蓬才垮嘞谈。（表示可能性或不确定性）

从上述例子可见，在毕节方言中，"谈"作语气助词时，处于句末，并且在句中的语法功能由已经由较实的引进对象类，逐渐衰变为较虚的加强语气类，以至去掉后都不会改变句子的意思。譬如，例㊸、例㊹均是表示劝止语气的祈使句，句中的"嘞谈"在一定程度上加强了责备轻蔑的意味，如果省去助词"谈"，虽说在语义上表达一致，但这种情感色彩就会淡化许多。再如例㊺、例㊻均是带有猜测、不确定性语气的句子，句中助词"谈"的存在无疑渲染与烘托了这种情绪。此时，"谈"已然演变为一个真正用于烘托语气的助词了，这既是语义环境制约的结果，也是话语经济表达的一种需要。

## 六、毕节方言词"谈"的语法化过程

### （一）言说动词＞话题标记

"谈"作话题标记与言说动词"谈"的语义和句法功能直接相关。言说动词"谈"的本义是"说"，后面一般带对象、内容宾语，涉及交谈中出现过的人、事、物。所以，"谈"在句子中主要起开启话题或重新引入话题的标记功能，使话题与前后文发生语义关联，加上"要""起"等词的影响，"谈"会由言说动词虚化为话题标记。

相比言说动词"谈"所接宾语类型，话题标记"要谈/谈起"后所带宾语范围通常会有所扩大，一般是语篇中已提及、已激活的对象或内容信息，是天然能够成为话题的句法成分。这些宾语在前文一定曾被提及、谈论、关涉过，可以在谈话的下一阶段成为背景信息。如，例㉒的"你要谈方法"这个话题，虽然"谈"与"方法"可以有两种关系解读：一是从话题句的句法层面看，"谈"为具体言说动词，还具有较强的动作实义，"方法"是"谈"的对象宾语；二是从话语层面看，"谈"是兼用性话题标记，而"方法"是整个谈话的话题，后续话语都将围绕它展开，所以"谈"的主要功能是引出其后的话题"方法"，此时"谈"的言说词义减弱，提及、关涉等词义增强，虽然"方法"在句法层面上仍作"谈"的对象宾语，但在话语平面上，"方法"已成为其后的一个话题。

### （二）言说动词＞话语标记

话语标记可以是"谈"及其组成成分语法化的结果。"我跟你谈"就是介词"跟"和言说动词"谈"的语法化，使整体结构演变为话语标记。

"跟"本义指"脚后跟"，之后相继延伸出伴随动词、伴随介词、并列连词等用法。随着语言的发展，"跟"对义项的描述更为具体，并出现了引进言谈者的用法。因此，当"跟"引进言谈者"我/你"之后，施事者"我"和发出的动作"谈"便具有了主观倾向。受"我谈"主谓短语从动作义到情态义变化的影响，"我跟你谈"在频繁的交流对话中成为了情态性固定语。而在"我跟你谈"发生了主观化的演变时，"跟你"也表现出了听话者和说话者之间的非对等地位，说话者用这种优势地位，带着强调的意味，吸引听话者重视并接受说话者的认知、主张。于是，话语标记的"我跟你谈"正式形成。

(三) 引述义动词＞间接引语标记＞语气词

毕节方言引述义的动词"谈"在高频使用过程中发生虚化，其虚化路径为：引述义动词"谈"可以与不同信源搭配，在不同的传信语中表达传信功能，在此基础上通过追补语境进一步虚化成句末语气词。

从"以言行事"的言说行为理论来看，"谈"这个言说行为，包含言说动作的开启、言说内容的发出与传递这整个过程。而身为引述义动词的"谈"本身就具有引介消息的功能，在会话过程中，人们的关注点不仅在于转述信息的内容，同时也关注信息来源可靠与否。为了进一步起到提示话题、提请听话人注意等作用，"谈"会进一步淡化言说义，转而逐渐具备传信功能，成为间接引语标记。

预期是人们对未来事件的预测和心理期望，往往带有较强的主观性。一般认为，表示反预期信息的语用标记是从间接引语标记发展而来。在转述他源性信息或反预期的事件、状态时，转述重点则在于传达新事件、新状态以及转述者的态度，"谈"的主要功能则变成标示说话人对命题内容的主观信念和态度，成为句末语气词，表示不确信义。

**参考文献**

[1] 彭巧，胡继明，2022. 隆昌方言言说动词"讲"的功能及其语法化 [J]. 重庆开放大学学报，34 (3)：67-74.

[2] 沈冰，2021. 言说动词及相关问题研究综述 [J]. 汉语语言学 (2)：215-229.

[3] 张渝英，2021. 现代汉语话语标记"我跟你说"研究 [D]. 桂林：广西师范大学.

[4] 蒋梦园，2019. 资阳方言"讲"的多功能用法研究 [D]. 成都：西南交通大学.

[5] 喻薇，2018. 言说动词"说"和"说"类话语标记的语法化 [D]. 武汉：华中师范大学.

[6] 王兆春，2011. 毕节方言词语法化倾向初探 [J]. 毕节学院学报，29 (5)：76-79.

［7］王寅，严辰松. 语法化的特征、动因和机制——认知语言学视野中的
语法化研究［J］. 解放军外国语学院学报（4）：1-5+68.

## 赫章方言"着"字式被动句研究*

赫章县，隶属贵州省毕节市，赫章方言属于西南官话，词汇、语法、
语音与四川、云南等地的方言有很多相似之处。在赫章方言中，一些日常
用语的表达独具特色，如小婴儿叫"小毛毛"等。赫章方言在音韵上与普
通话存在差异，赫章方言声母与普通话相比多了一个［ŋ］；在声调上，赫
章方言阴平与普通话相同，调值均为 55，其余不同。

在赫章方言中，"着"字用法多样，可以用作动词、助词、介词，故
而在赫章方言中存在着丰富的"着"字句，其中"着"字式被动句的使用
率最高，表义丰富、用法灵活。对赫章方言中"着"字的用法、"着"字
式被动句的结构及其感情色彩的分析，将有助于我们更加了解赫章方言中
"着"字式被动句。

### 一、赫章方言被动标记"着"的来源

因为赫章县某些地区缺少声母［tʂ］、［tʂʰ］、［ʂ］，导致"着"有三种
读音，分别是［tʂau²¹］、［tsau²¹］、［tʂo²¹］。虽然"着"读音不同，但用
法都基本一致。

关于"着"字被动句的来源，张振羽在《"着"字被动句来源的多视
角考察》中提出，"着"字是"著"的俗体，魏晋多做"著"，后世多做
"着"。关于"着"字句的来源，学界主要有两种观点：一是单源说，认为
"着"字被动句源自"着"的遭受义或源于"着"字使役句，二者不可混
为一谈。二是双源说，认为"着"字被动句一部分来源于"着"的遭受
义，一部分来源于"着"字使役句；或认为南方方言"着"字句来源于
"着"的遭受义，北方方言的"着"字句来自"着"的使役义。①

那么赫章方言"着"字式被动句究竟来源于"着"的遭受义还是来源

* 本文作者：龚雪，贵州大学文学院汉语言文学专业硕士研究生。
① 张振羽，2010."着"字被动句来源的多视角考察［J］. 宁夏大学学报（人文社会科学
版），32（1）.

于"着"字使役句？李蓝在《"着"字式被动句的共时分布与类型差异》中提出南方方言的"着"字式被动句来源于"着"字的遭受义，该被动句的前身是受动句；北方方言的"着"字式被动句来源于"着"字的使役义，该被动句的前身是使令句。① 本文认同李蓝的观点，即南方方言"着"字式被动句来源于"着"的遭受义。今天，赫章方言中仍然保留了"着"字的遭受义，人们在日常生活中也频繁地使用有"遭受"意的"着"。

## 二、赫章方言中"着"字的用法

虽然在大部分南方方言中，"着"已成为了被动标记，但"着"同时还兼有遭受义的动词用法。在赫章方言中，"着"除了可以作动词使用，还可以作能愿动词，本节将具体讨论赫章方言中"着"字的多种用法。

（一）用作动词

1. 表遭受语义
"着"表示遭受的语义，多与动词、名词、形容词搭配使用，与动词搭配使用时"着"字后常常跟动态助词"了""啊"等。

①喝酒不要开车，不然出意外你就着了。（喝酒不能开车，如果出意外，你就被查酒驾了。）
②他在发呆，老师点名，他就着了。（他在发呆，老师点名，他就被批评了。）
③天太干了，不下雨，地里的庄稼就着了。（天气太干，不下雨，地理的庄稼就干死了。）

例①中的"着了"表示喝酒不要酒驾，容易出车祸受到伤害。例②中的"着了"表示发呆的同学运气不好，才发呆就被老师点名。例③中的"着了"表示天气干旱，长久不下雨，导致地里面的庄稼无法茁壮成长。

④晚上睡觉盖好被子，小心着凉。（晚上睡觉盖好被子，小心着凉。）

---

① 李蓝，2003. "着"字式被动句的共时分布与类型差异［C］//全国汉语方言学会. 全国汉语方言学会第十二届年会暨学术研讨会第三届官话方言国际学术研讨会论文集. 北京：中国社会科学院语言研究所：12.

　　⑤她这个人没啥心眼，肯定着他算计了。（她这个人没啥心机，肯定是被他算计了。）

　　⑥他走路不小心摔了一跤，手着玻璃划个口子。（他走路不小心摔了一跤，手被玻璃划了个口子。）

例④中的"着"表示受凉的意思，也是表示"遭受"的含义。此例中"着"后面带的是形容词"凉"，"凉"作宾语。例⑤中的"着"是遭受的意思，带的是代词，表示遭受了算计。例⑥中的"着"也表示遭受的意思，带的是名词，表示遭受伤害。

2. 表损耗语义

"着"表示花费或者损耗的语义，常与名词搭配使用。

　　⑦你买的这个手机着好多（多少）钱？（你买的这个手机花了多少钱？）

　　⑧我家今年起的这个房子着了很多材料。（我家今年建的这个房子耗费了很多材料。）

　　⑨他以前放火烧山，着了很多年的牢饭。（他曾经放火烧山，在牢里吃了很多年的牢饭。）

例⑦中的"着"表示花费的意思，该例的意思是询问买手机花了多少钱。例⑧和例⑨都表示损耗的意思，例⑧意为建造房子损耗了很多工程材料，例⑨意为某人放火烧山，损耗了很多年的光阴去坐牢。

（二）用作能愿动词

"着"在贵州方言中的用法与其在四川、云南方言中的用法类似，常常放在表示具体动作的动词前面，表示可能或将要发生的状况。例如：

　　⑩不要随便摔东西，会着骂。（不要随便摔东西，会被骂。）

　　⑪要下雨了，晾在外面的衣服要着淋湿了。（要下雨了，晾在外面的衣服要被淋湿了。）

在例⑩中"不要随便摔东西，会着骂"意思是随便摔东西就可能会被骂，此处的"着"字的意义已经被虚化了，不代表任何动作，修饰后面的动词"骂"，表示一种可能。例⑪的意思是如果下雨的话，晾晒在外面的衣服可能会被淋湿，"着"字在这里也表示一种可能，修饰淋湿。"着"在这些情况下是被当作能愿动词来使用的。

（三）用作介词

"着"字用作动词和能愿动词在赫章方言中虽然较为常见，但其最广泛的用法是用作介词，表被动。传统的赫章方言中几乎没有以"被"为标记的被动句，主要还是以"着"为被动句的标记。"着"字用作被动句标记来源于其动词用法遭受义。

⑫他放学回来怎么鼻青脸肿的，着人打了吗？（他放学回来怎么鼻青脸肿的，被人打了吗？）

⑬我放在楼下的快递，着人拿走了。（我放在楼下的快递，被人拿走了。）

⑭他只考了9分，他父母已经着气死了。（他只考了九分，他父母已经被他气死了。）

在上述例子中"着人打了""着人拿走了""着气死了"均出现了明显的受事，是很明显的被动句，"着"很明显是介词，作为被动的标记。

从上述的分析中可以看出，赫章方言中"着"字依旧保留着最初的动词用法，在古汉语中"着"有"派"的意思，例如吩咐别人办事为"着人"。由此可见，"着"作为被动标记是由动词"着"演变而来。现代普通话中常见的表示被动的"被"，是从古汉语中表遭受义的动词"被"演变而来的。在现代普通话中"被"不能单独作动词，而"着"在赫章方言中依然保留了动词的用法，这说明"着"的虚化还没有彻底完成。

## 三、赫章方言中"着"字式被动句的常见结构

赫章方言中的"着"字式被动句结构与四川、云南方言类似，主要有两种基本句式结构，第一种为"NP1受事＋着＋NP2施事＋VP"，第二种为"NP受事＋着＋VP"。下面举例子逐一分析这两种句式结构。

（一）NP1受事＋着＋NP2施事＋VP

这种"着"字式句式结构在赫章方言中很常见，例如：

⑮他着狗追着咬。（他被狗追着咬。）

⑯小红着骗子骗了五千元的现金。（小红被骗子骗了五千元的现金。）

⑰开车闯红灯，小兰着交警罚了钱。（开车闯红灯，小兰被交警罚了钱。）

在上边的三个例子中，动作的承受者分别是"他""小红""小兰"，施事主语分别是"狗""骗子""交警"，施事主语后面还跟了其他的句子成分，一般来说不固定，需根据不同的语境而定。

（二）NP$_{受事}$＋着＋VP

"NP$_{受事}$＋着＋VP"也是赫章方言中"着"字式被动句的常见结构，在这个句式中，施事者不与受事者出现在同一分句中。例如：

⑱紫外线太强了，小白着晒黑了。（紫外线太强了，小白被晒黑了。）

⑲酒太烈了，小刚着灌醉了。（酒太烈了，小刚被灌醉了。）

⑳出门没锁门，小黑家着偷了钱。（出门没有锁门，小黑家被偷了钱。）

上述三个例子不缺乏施事主语，只是和第一种"着"字式被动句结构不一样，施事主语并没有紧挨着其他句子成分，所以在分句中便将施事主语省去，这符合语言的经济原则。例⑱中，小白被晒黑了，是因为紫外线太强，显而易见，施事主语是紫外线。以此类推，后面的两个例子中的施事主语也很容易找出来。

## 四、赫章方言中"着"字式被动句的感情色彩

被动句可用来表达某种情感，这是大家所熟知的。在现代汉语普通话中，"被""叫""给"等被动句表示的语义常是中性或者褒义或者贬义的；而在赫章方言中，"着"字式被动句的感情色彩以贬义为主，中性次之。在语体色彩和情感态度色彩上，"着"与"叫""让""给"比较一致，而与"被"形成了一定的分工："着"一般用于口语，表贬义；"被"主要用于书面语，可褒可贬，更可中性。① "着"字式被动句在赫章方言中表示不情愿的消极的感情色彩，虽然有时会被用来陈述某种客观事实，但客观事实发生后的结果一般都是负面的，表达的还是消极的感情色彩。表示积

---

① 崔显军，张雁，2006. 汉语方言中表被动的"着"论略 [J]. 湛江师范学院学报（5）.

极的感情色彩时,在赫章方言中一般不用被动句。例如:

㉑小明家的牛着偷了。(小明家的牛被偷了。)

㉒小江的妹妹着感冒了。(小江的妹妹感冒了。)

㉓小花的裙子着划破了。(小花的裙子被划破了。)

上面三个例子中的"着"字句都表示消极的感情色彩,受事人遇到的情况都是他们主观上不愿意遭遇的情况。有些句子表面上看似乎是表达中立的感情色彩,但其实表达的还是消极的感情,例如"他着乡政府录用了",由于该语句中的"着"字作被动标记,所以整句话的意思依然是表达不如意的感情色彩,"他"可能并不希望被乡政府录用。如果要表示积极的感情色彩,在赫章方言中一般用主动句,例如"他考进乡政府了"。即使是看似在陈说客观事实的"着"字式被动句,例如"衣服着大风吹走了",也是在表达一种消极的感情色彩,其实说话人并不希望衣服被风吹走。

## 五、结语

通过对赫章方言中"着"字句的用法、"着"字式被动句的基本句式结构和表述的情感色彩的分析,可以看出"着"字式被动句与其他被动句的差异和不同之处,如"着"字式被动句中的施事者可以出现也可以不出现,"着"字可以作为动词在句子中充当谓语,也可以作为介词在句子中充当被动句的标志。"着"字式被动句中的动词可以是不同种类的动词,其情感色彩常是消极的。

**参考文献**

[1] 张振羽,2010. "着"字被动句来源的多视角考察 [J]. 宁夏大学学报(人文社会科学版),32(1):54—59.

[2] 崔显军,张雁,2006. 汉语方言中表被动的"着"论略 [J]. 湛江师范学院学报(5):62—67.

[3] 明生荣,2007. 毕节方言研究 [M]. 北京:中国社会科学出版社.

[4] 李京廉,2009. 现代汉语被动句中"被"字词性研究综述 [J]. 河北大学学报(哲学社会科学版),34(1):139—142.

[5]《赫章县志》编纂委员会,2001. 赫章县志 [M]. 贵阳:贵州人民出版社.

［6］李蓝，2003．"着"字式被动句的共时分布与类型差异［C］全国汉语方言学会．全国汉语方言学会第十二届年会暨学术研讨会第三届官话方言国际学术研讨会论文集．中国社会科学院语言研究所．

附录　相关语料

# 毕节方言语料

## 毕节方言童谣

### 一

tsʰuŋ³¹ tɕian³¹ iəu⁴² koˑ³⁵ zən³¹,
从　前　有　个　人,

tsu³⁵ tsai³⁵ mau⁵⁵ mau⁵⁵ tsʰən³¹,
住　在　猫　猫　城,

tʰin⁵⁵ tau⁴² mau⁵⁵ ər tɕiau³⁵,
听　到　猫　儿　叫,

liɛn³¹ maŋ³¹ kuan⁵⁵ saŋ³⁵ mən³¹。
连　忙　关　上　门。

毕节方言童谣

### 二

kən⁵⁵ tau⁴² ŋoˑ⁴² ɕioˑ³¹,
跟　到　我　学,

piɛn³⁵ ma³¹ tɕ io³¹,ma³¹ tɕ io³¹ fei⁵⁵,
变　麻　雀,　麻　雀　飞,

piɛn³⁵ u⁵⁵ kuei⁵⁵,u⁵⁵ kuei⁵⁵ tʰiau³⁵ ɕia³⁵ xo³¹,
变　乌　龟,　乌　龟　跳　下　河,

xo³¹ tʰəu⁵⁵ iəu⁴² koˑ³⁵ tsu⁵⁵ lau⁴² kʰoˑ³¹。
河　头　有　个　猪　脑　壳。

# 三

ɕiəu$^{55}$ ɕiəu$^{55}$ ɕiəu$^{55}$, pu$^{31}$ xai$^{35}$ ɕiəu$^{55}$。
羞　羞　羞，不　害　羞。

tɕʰi$^{31}$ ko$^{35}$ pi$^{31}$ tsɿ$^{42}$, pa$^{31}$ ko$^{35}$ liɛn$^{42}$。
七　个　鼻　子，八　个　脸。

mau$^{55}$ ər$^{55}$ kʰəu$^{55}$ li$^{42}$ lei$^{55}$ tu$^{35}$ tɕi$^{55}$ iɛn$^{42}$。
猫　儿　抠　你　嘞　肚　脐　眼。

# 四

lau$^{42}$ pʰo$^{31}$ pʰo$^{55}$, tɕiɛn$^{55}$ tɕiɛn$^{55}$ tɕio$^{31}$。
老　婆　婆，尖　尖　脚。

tɕʰi$^{35}$ tsʰai$^{55}$ lai$^{31}$ ləu$^{42}$ pʰau$^{35}$ pu$^{31}$ tʰo$^{31}$,
汽　车　来　喽　跑　不　脱，

ku$^{55}$ lu$^{55}$ ku$^{55}$ lu$^{55}$ kuən$^{42}$ ɕia$^{35}$ xo$^{31}$,
咕　噜　咕　噜　滚　下　河，

xo$^{31}$ təu$^{55}$ iəu$^{42}$ ko$^{35}$ tsu$^{55}$ lau$^{42}$ kʰo$^{31}$。
河　头　有　个　猪　脑　壳。

# 五

tʰei$^{55}$ mo$^{35}$ iau$^{31}$ mo$^{35}$,
推　磨　摇　磨，

pa$^{55}$ pa$^{55}$ tsuan$^{35}$ mo$^{35}$。
粑　粑　转　磨。

ta$^{35}$ zən$^{21}$ tai$^{31}$ tsʰɿ$^{31}$,
大　人　得　吃，

ɕiau$^{42}$ zən$^{31}$ ŋai$^{31}$ o$^{35}$。
小　人　挨　饿。

# 六

oŋ⁵⁵ oŋ⁵⁵ ,iau⁵⁵ iau⁵⁵ kuai⁵⁵ kuai⁵⁵ suei³⁵ ,
嗡　嗡，幺　幺　乖　乖　睡，

ma⁵⁵ ma⁵⁵ tɕy⁵⁵ tsʰuŋ³⁵ tuei³⁵ 。
妈　妈　去　春　碓。

tsʰuŋ⁵⁵ tai³¹ pan³⁵ sən⁵⁵ kʰaŋ⁵⁵ ，
春　得　半　升　糠，

la³¹ kei⁴² iau⁵⁵ iau⁵⁵ tɕiau⁴² miɛn³⁵ tʰaŋ⁵⁵ 。
拿　给　幺　幺　搅　面　汤。

tɕiau⁴² iəu³⁵ tɕiau⁴² pu⁵⁵ su³¹ ，
搅　又　搅　不　熟，

pau³⁵ tɕi⁴² ko⁵⁵ ər³¹ kʰu³¹ 。
抱　起　锅　儿　哭。

kʰu³¹ tau³⁵ mau³¹ sɿ⁵⁵ piɛn⁵⁵ ，
哭　到　茅　厕　边，

ko⁵⁵ ər³⁵ ta⁴² tsʰən³¹ liaŋ⁴² pan³⁵ piɛn⁵⁵ 。
锅　儿　打　成　两　半　边。

# 七

kʰan⁴² tɕio³¹ kəu⁴² ,tɕia⁵⁵ tɕia⁵⁵ iəu⁴² ，
赶　脚　狗，家　家　有，

li⁴² tɕia⁵⁵ mai⁵⁵ tai³¹ ,ŋo⁴² tɕia⁵⁵ iəu⁴² 。
你　家　没　得，我　家　有。

（童谣提供者为贵州大学 2023 级汉语言文字学硕士生顾婧越。一到四为顾婧越诵读，五到七为马宁杉诵读，二者均为毕节七星关区人，23 岁；新派读法）

# 毕节传说故事

## 美女遮羞

在毕节流仓桥石家院背后，有一座叫石家大龙坡的山。山坡上有一个石美人，她大概有半里长，头、颈、肘、膝盖十分逼真。石美人身边各有一只绣花鞋，在她左手边有一盏灯当地人俗称海灯窝，灯的侧面有一座圆山叫小龙坡，传说是美人罗裙。

**美女遮羞**

传说在很久很久以前，有一条黑龙从威宁草海跑出来后便藏身在毕节县双井寺水井里，夜深人静时黑龙就会从双井寺水里钻出来，在城里兴风作浪，人人不安。某天晚上，东海龙王的三公主从龙宫里偷偷溜出来，到人间游玩，沿途月光如水，山川历历，但当她踏入毕节城时，霎时间天空黯

tan³⁵ i³¹ pʰiɛn³⁵, tʰiɛn⁵⁵ ti³⁵ xuən³¹ tso³¹, zən³¹ tsʰu³⁵ pu³¹ lin³¹, san⁵⁵ koŋ⁵⁵ tsu⁴²
淡 一 片， 天 地 混 浊， 人 畜 不 宁， 三 公 主

ɕin⁵⁵ tʰəu³¹ i³¹ tɕin⁵⁵："tʰiɛn⁵⁵ tɕʰi⁵⁵ zu³⁵ tsʰɿ³¹ pu³⁵ ɕyn³¹ tsʰaŋ³¹, sɿ⁴² sa⁵⁵ iau³⁵ mo³¹
心 头 一 惊："天 气 如 此 不 寻 常， 是 啥 妖 魔

tsai³⁵ tsʰɿ³¹ tso³⁵ liɛ³⁵?"tʰu³¹ zan³¹, tʰa⁵⁵ moŋ³⁵ tɕiɛn³¹ i³¹ tʰiau³⁵ xai⁵⁵ loŋ³¹ tsʰoŋ³¹
在 此 作 孽？"突 然， 她 猛 见 一 条 黑 龙 从

suaŋ⁵⁵ tɕiŋ⁴² sɿ³⁵ suei⁴² li⁴² tʰu³⁵ tsʰu³¹ i³¹ ku⁵⁵ xai⁴² tɕʰi³¹, tʰəŋ³⁵ saŋ³¹ pan³¹ kʰoŋ⁵⁵,
双 井 寺 水 里 吐 出 一 股 黑 气， 腾 上 半 空，

tsaŋ⁵⁵ ia³¹ u⁵⁵ tsau⁴², ɕiŋ⁵⁵ foŋ⁵⁵ tso⁴² laŋ³⁵. tsʰəŋ³⁵ li³¹ faŋ⁴² u³⁵ tɕy⁴² xuei³⁵, xai³⁵ sən³¹
张 牙 舞 爪， 兴 风 作 浪。 城 里 房 屋 俱 毁， 黑 神

miau³⁵ in⁵⁵ foŋ⁵⁵ tsʰan³⁵ tsʰan³⁵, ta⁴² zən³¹ kʰu³⁵ ɕiau³⁵ xai³⁵ tɕiau⁴², ɕiau³⁵ tɕiau³⁵
庙 阴 风 惨 惨， 大 人 哭 小 孩 叫， 小 校

tsʰaŋ³⁵ iɛn⁴² xuən³¹ iɛ⁴² kuei³⁵ ua⁵⁵ ua⁵⁵ luan⁴² xau³⁵, ta⁴² kai⁵⁵ ɕiau³⁵ ɕiaŋ⁵⁵ i³¹ pʰai³⁵
场 冤 魂 野 鬼 哇 哇 乱 嚎， 大 街 小 巷 一 派

tsʰan⁴² tsuaŋ³⁵。"yan³¹ lai³¹ sɿ⁵⁵ tʰa³¹ tsai³⁵ tsʰɿ³¹ tso⁴² kuai⁵⁵!"tsɿ³¹ tɕiɛn⁵¹, san⁵⁵
惨 状。 "原 来 是 它 在 此 作 怪！"只 见， 三

koŋ⁵⁵ tsu⁴² ɕiu⁵⁵ mu³⁵ iɛn³¹ təŋ³¹, tʰəŋ³¹ tɕi³¹ ɕia³¹ lu³⁵ tsən⁵⁵ sən³¹, i³¹ suaŋ⁵⁵ loŋ³¹
公 主 秀 目 圆 瞪， 腾 地 一 下 露 真 身， 一 双 龙

tsua⁴² tsɿ³¹ tsʰau⁵⁵ xai³⁵ loŋ³¹ tɕʰiɛn³¹ ɕioŋ⁵⁵ tsua⁵⁵ tɕʰy³¹, xai³¹ loŋ³¹ fu³⁵ tɕio³¹ i³¹ ku⁴²
爪 直 朝 黑 龙 前 胸 抓 去， 黑 龙 忽 见 一 股

pʰai³¹ kuaŋ⁵⁵ ɕi³¹ lai³¹, xuaŋ⁵⁵ tsaŋ⁵⁵ sɿ³¹ sən³¹, moŋ³¹ tɕio³⁵ ɕioŋ⁵⁵ kʰəu⁴² i³¹ tsən³⁵ tɕy³⁵
白 光 袭 来， 慌 张 失 神， 猛 觉 胸 口 一 阵 剧

tʰoŋ³⁵, sɿ⁵⁵ kʰəu⁴² xan⁴² tau³⁵："san⁵⁵ koŋ⁵⁵ tsu⁴², uei³⁵ sən³¹ mo³⁵ tɕʰi⁴² ŋo⁴²?"san⁵⁵
痛， 失 口 喊 道："三 公 主， 为 什 么 欺 我？"三

koŋ⁵⁵ tsu⁴² ioŋ³⁵ li³¹ suai⁴² tiau³⁵ tsua⁴² saŋ³⁵ tə³¹ loŋ³¹ lin³¹, ta³⁵ sən⁵⁵ so³¹ tau³⁵："liɛ³⁵
公 主 用 力 甩 掉 爪 上 的 龙 鳞， 大 声 说 道："孽

tsʰu³⁵, li³¹ tɕʰi⁴² ia³⁵ pʰai⁵⁵ ɕin⁵⁵, ŋo³¹ tɕi⁴² ləŋ³¹ zau³¹ li⁴²!"tan³⁵ xai³¹ loŋ³¹ iɛ³¹ xau⁴²
畜， 你 欺 压 百 姓， 我 岂 能 饶 你！"但 黑 龙 也 毫

pu³¹ sɿ⁵⁵ zo³⁵："piɛ³¹ tsaŋ⁵⁵ kʰuaŋ⁵⁵, kʰan³¹ lau⁴² tsɿ⁴² la³¹ li³¹ tɕin³¹ toŋ⁴² faŋ³¹!"tun³⁵
不 示 弱："别 猖 狂， 看 老 子 拿 你 进 洞 房！"顿

sɿ³¹, liaŋ⁴² tʰiau³⁵ loŋ³¹ xun³¹ tɕiau³⁵ tsai⁴² i³¹ tɕʰi³¹, ta⁴² tai³¹ lan³¹ fən³¹ lan³¹ tɕiɛn³¹,
时， 两 条 龙 混 搅 在 一 起， 打 得 难 分 难 解，

man⁴² tʰəŋ³¹ pʰai³¹ ɕin³⁵ təu³¹ ɕiaŋ³⁵ san⁵⁵ koŋ⁵⁵ tsu⁴² la³¹ xan⁵¹ tsu⁴² uei⁵⁵。"o⁵⁵ o⁵⁵
满 城 百 姓 都 向 三 公 主 呐 喊 助 威。 "喔 喔

o⁵⁵!"i³¹ tsɿ³¹ ɕioŋ³⁵ tɕi⁵⁵ kau⁵⁵ sən³⁵ pau³⁵ ɕiau³⁵, tʰiɛn⁵⁵ iau³⁵ liaŋ³⁵ lə³¹, xai³⁵ loŋ³¹
喔！"一 只 雄 鸡 高 声 报 晓， 天 要 亮 了， 黑 龙

pʰa³⁵ pei³⁵ fan³¹ zən³¹ kʰan³⁵ tɕiɛn³⁵ tsən⁵⁵ sən⁵⁵, piɛn³⁵ ɕi.⁵⁵ xuaŋ⁴² i³¹ tɕiaŋ⁵⁵, i³¹
怕 被 凡 人 看 见 真 身， 便 虚 晃 一 枪， 一

tʰəu³¹ tsa³¹ tɕin³⁵ suaŋ⁵⁵ tɕin⁴² sɿ³⁵ suei.⁴² li⁴², san⁵⁵ koŋ⁵⁵ tsu⁴² uei³⁵ lə³¹ pau⁴² fu³⁵ taŋ⁵⁵
头 扎 进 双 井 寺 水 里， 三 公 主 为 了 保 护 当

ti³⁵ pai³¹ ɕiŋ³⁵, piɛn³⁵ xua³⁵ tso³⁵ i³⁵ tso³¹ sɿ³⁵ zən³¹, pai³¹ tʰiɛn⁵⁵ suei³¹ tsai⁵⁵ sɿ³¹ tɕia⁵⁵
地 百 姓， 便 化 作 一 座 石 人， 白 天 睡 在 石 家

ta³⁵ loŋ³¹ pʰo⁵⁵ saŋ³¹, uan⁴² saŋ³⁵ tɕiu³⁵ tau⁵⁵ suaŋ⁴² tɕin³⁵ sɿ⁵⁵ tɕiɛn⁵⁵ sɿ³¹ xai³¹ loŋ³¹,
大 龙 坡 上， 晚 上 就 到 双 井 寺 监 视 黑 龙，

tsʰoŋ³¹ tsʰɿ⁴² pi³⁵ tɕiɛ³¹ pai.³¹ ɕin³⁵ ko⁵⁵ saŋ³⁵ lə³⁵ uən⁴² tə⁵⁵ sən³¹ xo³¹。
从 此 毕 节 百 姓 过 上 了 安 稳 的 生 活。

iəu⁴²·³¹ i³¹ liɛn³¹ sən³⁵ ɕia³⁵, san⁵⁵ koŋ⁵⁵ tsu⁴² tsau³⁵·³⁵ li³⁵ tsai³⁵ san⁵⁵ tʰəu³¹ ɕin³⁵ sɿ³⁵,
有 一 年 盛 夏， 三 公 主 照 例 在 山 头 巡 视，

tɕiɛn³⁵·³¹ i³¹ tɕʰiɛ³⁵ an⁵⁵ xau⁴² piɛn⁵¹ tɕio³¹ tiŋ³⁵ tsau⁴²·³¹ i³⁵ ko³⁵ ti⁵⁵ faŋ⁵⁵ ɕiɛ⁵⁵ ɕiɛ.³⁵ tʰa³¹ sɿ³⁵
见 一 切 安 好 便 决 定 找 一 个 地 方 歇 歇。 她 四

tsʰu³⁵ xuan³¹ sɿ³⁵, tɕiɛn³⁵ pʰaŋ³¹ piɛn⁵⁵ iəu⁴² soŋ³⁵ lin³⁵ tsai⁵⁵ pi³⁵ pin³⁵ tɕiɛ³⁵ sɿ⁴² ɕia³⁵
处 环 视， 见 旁 边 有 松 林 遮 蔽 并 且 四 下

u³¹ zən³¹, piɛn³⁵ kai⁴² ɕia³⁵ lo³¹ tɕin³¹。sei³¹ tsɿ⁵⁵, tsʰoŋ³¹ tɕin³⁵ soŋ³⁵ lin³¹ tʰu⁵⁵ zan³¹
无 人， 便 解 下 罗 裙。 谁 知， 从 青 松 林 突 然

tsuan⁵⁵ tsʰu³¹ lai³¹·³¹ i³¹ ko³⁵ faŋ³⁵ liəu³¹ ua³⁵, ɕia³⁵ tai³¹ san⁵⁵ koŋ⁵⁵ tsu⁴² lai³¹ pu³⁵ tɕi³¹
钻 出 来 一 个 放 牛 娃， 吓 得 三 公 主 来 不 及

la⁵⁵ tɕin³¹ tsai.⁵⁵ ɕiu⁵⁵, piɛn³⁵ xua³⁵ tso⁵⁵ sɿ³¹ san⁵⁵ ioŋ³⁵ ian³⁵ ti⁴² tʰaŋ⁴² tsai.³⁵ ta³⁵ loŋ³¹
拉 裙 遮 羞， 便 化 作 石 山 永 远 地 躺 在 大 龙

pʰo⁵⁵ tin.⁴² saŋ³⁵。
坡 顶 上。

## 狗跳岩的传说

xən³¹ tɕiəu⁴² xən³¹ tɕiəu⁴² i⁴² tɕʰiɛn³¹, iəu⁴² ko³⁵ in⁵⁵ iaŋ³¹
很 久 很 久 以 前， 有 个 阴 阳

ɕiɛn⁵⁵ sən⁵⁵ tai³⁵ tsoi.³¹ tʰiau³¹ pai⁴²·³¹ kəu³¹ in⁵⁵ iəu³⁵ sɿ⁴² faŋ⁴²。məu⁴²
先 生 带 着 一 条 白 狗 云 游 四 方。 某

狗跳岩的传说

tʰiɛn⁵⁵, tʰa⁵⁵ lai.³¹ tau³⁵ pi³⁵ tɕiɛ³⁵ ɕiɛn⁵⁵ in³¹ ti³⁵ tsɿ³⁵ tsɿ⁵⁵ ɕiaŋ⁵⁵ tə³⁵
天， 他 来 到 毕 节 县 阴 底 自 治 乡 的

ta³⁵ ŋa³¹ ɕia.³⁵, tʰa³⁵ moŋ³⁵ tə⁵⁵ i.³⁵ ɕi⁴², tɕiɛn³⁵ tsɿ³⁵ ti³⁵ lu⁴² su³⁵ xuan³¹ zau⁴², liɛn³¹
大 岩 下， 他 猛 地 一 喜， 见 此 地 绿 树 环 绕， 连

lien³¹ tsan³⁵ tʰan³⁵ pu³⁵ i⁴²:"xau⁴² i³¹ kʰuai⁴² foŋ⁵⁵ suei⁴² pau⁴² ti, tsən⁵⁵ sʅ³⁵ lau⁴²
连　赞　叹　不　已:"好　一　块　风　水　宝　地,真　是　老

tʰien⁵⁵ tsau³⁵ in³⁵ ŋo⁴²!"suei⁴² tɕi³¹ tɕia⁵⁵ kʰuai³⁵ tɕiau⁴² pu³⁵ tsʰau³¹ san⁵⁵ ɕia³⁵ tsəu⁴²
天　照　应　我!"随　即　加　快　脚　步　朝　山　下　走

tɕi³⁵, ɕiaŋ⁴² pa⁴² mu⁵⁵ tɕin⁴² təi³¹ tiʰ⁴² i³¹ lai³¹ an⁵⁵ tsaŋ³⁵ tsai⁵⁵ tsʅ³¹ kʰuai⁴² pau⁴²
去,想　把　母　亲　的　遗　体　移　来　安　葬　在　这　块　宝

ti³⁵ saŋ³⁵。
地　上。

suei³¹ tsʅ⁵⁵, tʰa⁵⁵ kaŋ⁵⁵ i³¹ ɕia³⁵ san⁵⁵, tsəu⁴² tɕin³⁵ i³¹ tso⁵⁵ tsʰen⁵⁵ tsai⁴², pien³⁵
谁　知,他　刚　一　下　山,　走　进　一　座　村　寨,便

tʰu³¹ zan³¹ tʰin⁵⁵ tau³⁵ i³¹ ko³⁵ lau⁴² loŋ³¹ so⁵⁵ tsʰen³¹ li⁴² tɕiau³⁵ fu⁴² təmu³¹ tɕin³⁵
突　然　听　到　一　个　老　农　说　村　里　樵　夫　的　母　亲

iɛ⁴² iau³⁵ tsaŋ³⁵ tsai³⁵ la³⁵ li⁴²。in⁵⁵ iaŋ⁴² ɕien⁵⁵ sən³⁵ i³¹ tʰin⁴², tɕi³¹ man⁵⁵ tsʰau³¹ la³⁵
也　要　葬　在　那　里。阴　阳　先　生　一　听,急　忙　朝　那

tɕiau³¹ fuʰ⁵⁵ tɕia⁵⁵ tsəu⁴² tɕi³⁵, tsuaŋ⁵⁵ tso³⁵ xən⁴² kuan⁵⁵ ɕin³⁵ tə tuei⁵¹ tʰa⁵⁵ mən⁵⁵
樵　夫　家　走　去,　装　作　很　关　心　地　对　他　们

so⁵⁵:"li²¹⁴ mən⁵⁵ kʰo³¹ puʰ⁴² iau⁴² kʰu³⁵ xuai⁵⁵ lə sən⁴² tiʰ⁴², ŋo⁴² sʅ⁵⁵ in³¹ iaŋ⁴² ɕien⁵⁵
说:"你　们　可　不　要　哭　坏　了　身　体,我　是　阴　阳　先

sən⁵⁵, tʰin⁵⁵ so³¹ li⁴² mən⁵⁵ iau³¹ pa⁴² lau⁴² zən³¹ tsaŋ³⁵ tsai⁵⁵ la³⁵ pan³¹ ŋa⁵⁵ saŋ³⁵,
生,听　说　你　们　要　把　老　人　葬　在　那　半　岩　上,

tɕʰien³¹ uan⁵⁵ puʰ⁴² iau³¹ tsʅ³¹ iaŋ³¹ tso⁴², pu³¹ zan³¹ tɕian³¹ tɕia³¹ iəu³⁵ ta³⁵ lan³⁵。"
千　万　不　要　这　样　做,不　然　全　家　有　大　难。"

tɕiau³¹ fuʰ⁵⁵ iʰ³¹ tʰiŋ⁴², maŋ³¹ tɕin³⁵ in³¹ iaŋ⁴² ɕien⁵⁵ sən³⁵ kau⁵⁵ tsʅ³¹ əɾ³⁵, in⁵⁵ iaŋ³¹
樵　夫　一　听,忙　请　阴　阳　先　生　告　知　一　二,阴　阳

ɕien⁵⁵ sən⁵⁵ ɕin⁵⁵ tsoŋ³¹ an³⁵ ɕi⁴², tʰa³¹ in³⁵ paŋ³¹ tʰa⁵⁵ tɕia⁵⁵ ɕiaŋ³¹ kʰuai⁴² foŋ⁵⁵ suei⁴²
先　生　心　中　暗　喜,答　应　帮　他　家　相　块　风　水

pau⁴² ti³⁵。
宝　地。

ti³⁵ əɾ³⁵ tʰien⁵⁵, in³¹ iaŋ⁴² ɕien⁵⁵ sən⁵⁵ tai³⁵ tsəpai³¹ kəu⁴² tsʰuʰ³⁵ tɕi⁵⁵ tsuan³⁵
第　二　天,阴　阳　先　生　带　着　白　狗　出　去　转

iəu⁵⁵ ləi³¹ tʰien⁵⁵, xuei³¹ lai³⁵ pien³⁵ tai³⁵ tɕiau⁵⁵ fuʰ³¹ iʰ³¹ tɕia⁵⁵ pa⁴² kuan⁵⁵ tsʰai³¹ tʰai⁴²
悠　了　一　天,　回　来　便　带　樵　夫　一　家　把　棺　材　抬

tau³⁵ iʰ³¹ tsʰuʰ³⁵ ti³⁵ faŋ⁵⁵ an⁵⁵ tsaŋ³⁵ lə。tsʅ³¹ xəu³⁵, in³⁵ iaŋ⁴² ɕien⁵⁵ sən⁵⁵ tsʰʅʰ³¹ ɕie³⁵ lə
到　一　处　地　方　安　葬　了。之　后,阴　阳　先　生　辞　谢　了

tɕiau³¹ fuʰ³¹ iʰ³¹ tɕia⁵⁵, tai³⁵ tsəpai³¹ kəu⁴² tsʰoŋ⁵⁵ tsʰoŋ⁵⁵ saŋ³⁵ san⁵⁵。suei⁴² tsʅ³¹, lin³¹
樵　夫　一　家,带　着　白　狗　匆　匆　上　山。谁　知,林

tsoŋ⁵⁵ tʰiau³⁵ tsʰuᵉ³¹ i³¹ tsʅ⁵⁵ lau⁴² fu⁴², suan³⁵ tɕien⁵⁵ tɕiəu³⁵ pʰu⁵⁵ tau⁴² lə³¹ in⁵⁵ iaŋ³¹
中　跳　出　一　只　老虎，瞬　间　就　扑　倒　了　阴　阳

ɕien⁵⁵ sən⁵⁵, tɕi⁴² ta³⁵ kəu⁴² pien³⁵ tɕiaŋ⁴² tʰa³¹ lien³¹ pʰi³¹ tai³⁵ zu³¹ tsʅ³¹ tʰiau³⁵ lə³¹ ər³¹
先　生，几　大　口　便　将　他　连　皮　带　肉　吃　掉　了。而

la³⁵ pai³¹ kəu⁴² pei³⁵ moŋ⁴² fu⁴² i³¹ ɕia³⁵, tɕiŋ⁵⁵ xuaŋ³⁵ i³¹ tʰiau³⁵, kaŋ⁵⁵ xau⁴² pei³⁵
那　白　狗　被　猛　虎　一　吓，惊　慌　一　跳，刚　好　被

pan³⁵ ŋai³¹ i³¹ kʰo³⁵ ta⁵⁵ su³⁵ ia⁴² tɕia³¹ tsu⁴², tsʅ³⁵ lən³¹ kʰa⁴² tsai³⁵ tsoŋ⁵⁵ tɕien⁵⁵。
半　岩　一　棵　大　树　丫　卡　住，只　能　卡　在　中　间。

tɕiŋ⁵⁵ ko³⁵ ɕy⁴² to⁵⁵ lien³¹ tə³¹ foŋ⁵⁵ tsʰuei³⁵ i⁴² ta⁴², tsʅ³⁵ pai³¹ kəu⁴² tɕiŋ⁵⁵ pien³⁵ tsʰən³¹
经　过　许　多　年　的　风　吹　雨　打，这　白　狗　竟　变　成

lə³¹ sʅ³⁵ tʰəu⁵⁵, tsʰoŋ³¹ tsʰʅ⁴² zən³¹ mən³¹ tɕiəu³⁵ pa³⁵ tsʅ⁴² ŋa⁵⁵ tɕiəu³⁵ tso³⁵ “kəu⁴²
了　石　头，　从　此　人　们　就　把　这　岩　叫　作　“狗

tʰiau³⁵ ŋa³¹”。
跳　岩”。

## 灵峰仙境

lin³¹ foŋ⁵⁵ sʅ³⁵, uei³⁵ i³¹ pi³⁵ tɕie³¹ ɕien³⁵ ɕi⁵⁵ mien³⁵, tɕi³⁵
灵　峰　寺，位　于　毕　节　县　西　面，距

tsʰən³⁵ tɕi³⁵ li⁴², san⁵⁵ sʅ³⁵ ɕioŋ³¹ tsʅ³⁵, lu³¹ in⁵⁵ tsʰaŋ⁵⁵
城　七　里，山　势　雄　峙，绿　荫　苍

tsʰaŋ⁵⁵, sʅ³⁵ pi³⁵ tɕie³¹ pa³⁵ ta⁵⁵ sən³¹ tɕiŋ⁴² tsʅ⁵⁵ i³¹. tɕia⁵⁵
苍，是　毕　节　八　大　胜　景　之　一。嘉

灵峰仙境

tɕia³⁵ lien³¹ tɕien³¹ tə³¹ pi³¹ tɕie³¹ zən³¹ ien⁵⁵ ɕi³⁵ sau⁴²、ti³¹ tɕiŋ³⁵ xuaŋ⁵⁵ lian³¹, tɕin⁴²
靖　年　间　的　毕　节　人　烟　稀　少、地　境　荒　凉，仅

iəu⁴² tɕi²¹⁴ tʰiau³⁵ tɕʰy³⁵ i³⁵ tsai³⁵ təi³⁵ ma³⁵ tsan⁵⁵ tau³⁵ kəu⁵⁵ tʰoŋ⁵⁵ uai³⁵ tɕie³⁵. tsʰuan³¹
有　几　条　曲　窄　的　驿　马　栈　道　沟　通　外　界。传

so³¹ sʅ³⁵ tsʰuan³⁵ iəu⁴² i³¹ ko⁵⁵ ɕin³¹ foŋ³⁵ fo³¹ tɕiau⁴² tə³¹ saŋ³⁵ zən³¹ lai³¹ pi³⁵ tɕie³¹ tso³⁵
说　四　川　有　一　个　信　奉　佛　教　的　商　人　来　毕　节　做

sən⁵⁵ i³⁵ tsuan³⁵ lə³¹ ta³⁵ tɕʰien³¹, mai³⁵ lə³¹ tsən⁵⁵ fo³¹ ɕiaŋ³⁵ tsuən³⁵ pei⁴² xuei³⁵ tɕia³⁵
生　意　赚　了　大　钱，买　了　一　尊　佛　像　准　备　回　家

koŋ³⁵ foŋ³⁵, tʰu³⁵ tɕiŋ⁵⁵ lin³¹ foŋ⁵⁵ sʅ³⁵ san⁵⁵ ɕia⁴² foŋ⁵⁵ lo³¹ pʰu³⁵ sʅ³¹, fu³¹ i³¹ ta³⁵ ɕie³¹,
供　奉，途　经　灵　峰　寺　山　下　丰　乐　铺　时，忽　遇　大　雪，

tʰa⁵⁵ pien³⁵ tsai³⁵ tsai³⁵ li³⁵ tsu³⁵ lə³¹ uan³⁵. ti³⁵ ər³¹ tʰien³¹, tʰa³⁵ tsən³⁵ tsuən³⁵ pei⁴²
他　便　在　这　里　住　了　一　晚。第　二　天，他　正　准　备

tɕʰi³⁵ tsʰən³¹, tɕʰio³¹ fa³⁵ ɕien⁵⁵ fo³¹ ɕiaŋ³⁵ pʰu³¹ tɕien³⁵ lə³¹, i³¹ uei³⁵ sʅ³⁵ tien³⁵ tɕia⁵⁵
起　程，却　发　现　佛　像　不　见　了，以　为　是　店　家

tʰəu lə fo ɕiaŋ³¹³⁵, sən sən tsʅ⁵⁵ uən³⁵, tien³⁵ tsu⁴² iəu⁴² kəu⁴² lan³¹ pien³⁵:
偷 了 佛 像, 声 声 质 问, 店 主 有 口 难 辩:

"kʰai³⁵ kuan⁵⁵, ŋo⁴² tsən⁵⁵ mei⁵⁵ iəu⁴² tʰəu⁵⁵ fo³¹ ɕiaŋ³⁵, pu³¹ ɕin³¹ ŋo⁵⁵ mən tɕi h.³⁵
"客 官, 我 真 没 有 偷 佛 像, 不 信 我 们 去

tsau⁴² tsau⁴²."kaŋ³¹ kaŋ³⁵ tsəu³⁵ tsʰu⁴² mən³¹, tʰa⁵⁵ mən kʰan³⁵ tɕien³⁵ iəu⁴²·³¹
找 找。" 刚 刚 走 出 门, 他 们 看 见 有 一

tsʰuan h.³¹ tɕio³¹ in⁵⁵ tsʰau³⁵ san⁵⁵ saŋ⁴² tsəu³⁵ tɕʰy h.³⁵, liaŋ³¹ zən³¹ pien⁵⁵ ɕin³¹ tsotsu
串 脚 印 朝 山 上 走 去, 两 人 便 循 着 足

tɕi³⁵ saŋ³¹ san³⁵, tsəu³⁵ lə ɕi⁴² tɕiəu³⁵, saŋ³⁵ zən³¹ tʰu⁴² zan³⁵ kʰan⁵⁵ tɕien³⁵ la⁴²·³¹ tsən³¹
迹 上 山, 走 了 许 久, 商 人 突 然 看 见 那 尊

fo³¹ ɕiaŋ³⁵ tɕin³⁵ tso⁴² tsai³¹ pʰin³⁵·³¹ ti⁴² saŋ³¹, tʰa⁵⁵ tɕi³⁵ maŋ³¹ pʰau⁵⁵ ko⁴² tɕʰy³¹ ɕiaŋ³⁵ i³¹
佛 像 竟 坐 在 平 地 上, 他 急 忙 跑 过 去 想 移

tsəu⁵⁵ fo³¹ ɕiaŋ³⁵, tan⁴² zən³¹ tʰa⁵⁵ tsən³¹ iaŋ⁴² pan⁵⁵, tsən³¹ iaŋ³¹ iau³³, təu⁵⁵ uən⁵⁵ sʅ³¹
走 佛 像, 但 任 他 怎 样 搬, 怎 样 摇, 都 纹 丝

pu³¹ toŋ³⁵. saŋ³¹ zən³¹ tɕin⁵⁵ kʰoŋ³⁵ uan³⁵ fən⁵⁵, kan⁴² maŋ³¹ kʰo⁴² təu³¹ tso h.³¹·³¹
不 动。 商 人 惊 恐 万 分, 赶 忙 磕 头 作 揖:

"ɕiau⁴² zən³¹ zau⁴² lə pʰu³⁵ sa⁴² tɕʰin⁵⁵ tɕin³⁵, ŋo⁵⁵ tɕiaŋ⁵⁵ ɕiəu⁵⁵ tɕien³⁵ miau³⁵·⁴²
"小 人 扰 了 菩 萨 清 静, 我 将 修 建 庙 宇

tɕʰien³¹ ɕin⁵⁵ koŋ³⁵ foŋ³⁵ lin³¹."tsu³⁵ pi⁴², saŋ³¹ zən³¹、tien³⁵ tsu⁴² maŋ³¹ ɕia³⁵ san⁵⁵
虔 心 供 奉 您。" 祝 毕, 商 人、 店 主 忙 下 山

tɕʰin⁴² lon³¹ tɕia⁵⁵ kʰan h.⁴² tsʰai³¹ ko⁴² tsʰau⁴² ta⁵⁵ lə tsʰau³¹ pʰon³¹ pa⁴² pʰu³⁵ sa⁵⁵ koŋ³⁵
请 农 家 砍 柴 割 草 搭 了 草 棚 把 菩 萨 供

foŋ³⁵ tɕʰi⁴² lai³¹·³¹·ti⁴²ər³¹ lien³¹, saŋ⁵⁵ zən³¹ fa⁴² lə ta³⁵ tsʰai³¹, pien³⁵ fan⁴² xuei³¹ pi³¹
奉 起 来。第 二 年, 商 人 发 了 大 财, 便 返 回 毕

tɕie³¹, tɕʰin h.⁴² mu³¹ sʅ³¹ koŋ³¹ tɕiaŋ³⁵ tsai³¹·³¹ zi³¹ tɕien³⁵ miau³⁵, mu³⁵ sən⁵⁵ tsu⁵⁵ tsʰʅ h.³¹,
节, 请 木 石 工 匠 择 日 建 庙, 募 僧 住 持,

tʰoŋ³¹ fo³¹ sʅ³¹ iəu³¹ tsʅ h.⁴² ər³¹ lai³¹.
铜 佛 寺 由 此 而 来。

i³¹ pai³¹ to⁵⁵ lien³¹ xəu³⁵, tɕʰien h.³¹ lon³¹ lien³¹ tɕien³¹, sʅ⁵⁵ tsʰuan³¹ o h.⁵⁵ mei³¹ kau⁵⁵
一 百 多 年 后, 乾 隆 年 间, 四 川 峨 眉 高

sən⁵⁵ zan³¹ tsʅ⁴² xo³¹ saŋ⁴² in³⁵ iəu³¹ sʅ⁴² faŋ⁵⁵, lai³¹ tau³⁵ pi³¹ tɕie⁴²·⁴² u³³ li h.³¹ pʰin³¹ sʅ³¹,
僧 燃 指 和 尚 云 游 四 方, 来 到 毕 节 五 里 坪 时,

mu³⁵ zan³¹ kʰan h.³⁵ tɕien³¹ ian³⁵ ian³⁵ i³⁵·³¹ san⁵⁵, san⁵⁵ kau⁵⁵ pu⁵⁵ ɕien³¹ tɕʰie⁴² h.⁴² lin³¹
蓦 然 看 见 远 远 一 山, 山 高 不 险 且 灵

ɕiəu³⁵,"tsən⁵⁵ lai⁴² pau⁴² san³¹ fu⁴² ti³⁵·⁴² ie⁴²."i³¹ sʅ³¹, tʰa⁵⁵ pu³¹ ku⁵⁵ ien³¹ tʰu³¹ lau³¹
秀,"真 乃 宝 山 福 地 也。"于 是, 他 不 顾 沿 途 劳

lei³⁵，ɕin³⁵ tsʰoŋ⁵⁵ tsʰoŋ⁵⁵ kan⁴² tau³⁵ tʰoŋ³¹ fo³¹ sɹ³⁵，pu⁵⁵ tɕio³¹ kʰ³⁵ tʰan³⁵："foŋ⁵⁵
累，兴 冲 冲 赶 到 铜 佛 寺，不 觉 慨 叹："峰

ɕioŋ³¹ san⁵⁵ soŋ⁴² li³⁵，təu⁴² tɕʰi⁴² pʰo⁴² pi⁵⁵ kʰoŋ³¹，tɕin⁵⁵ san³¹ ti⁵⁵ səu⁴² zu⁵⁵ tsʰau³¹
雄 山 耸 立，陡 起 破 碧 空，群 山 低 首 如 朝

pai³⁵，pən⁴² foŋ⁵⁵ uən³¹ tso³¹ sɹ³¹ tʰien⁵⁵ sən³¹。pai⁴² liau⁴² min³¹ ər³⁵ pʰan³⁵，liu³¹
拜，本 峰 稳 坐 似 天 神。百 鸟 鸣 耳 畔，流

suei⁴² ɕian⁴² tsʰoŋ³¹ tsʰoŋ³¹，ɕiau⁴² miau⁴² tsʰaŋ³¹ sən⁵⁵ tsʰoŋ³¹，tso³¹ mien⁴² tsən³⁵
水 响 淙 淙，小 庙 藏 深 丛，坐 面 正

ɕian³⁵ toŋ⁵⁵，pien³¹ ti⁴² iɛ⁴² xua³⁵ tai³⁵ lu⁴² tsʰau³⁵，tʰin⁴² pa⁵⁵ tɕʰien⁵⁵ tsu⁴² pu³⁵ lau³¹
向 东，遍 地 野 花 带 路 草，挺 拔 千 株 不 老

soŋ⁵⁵。mu³⁵ i³¹ tɕin⁵⁵ ku³⁵ ɕian⁴² fo⁵⁵ xau³⁵，fan³¹ in³¹ laŋ³⁵ zan³¹ tsan⁴² ta⁴² ɕioŋ³¹。
松。木 鱼 轻 鼓 宣 佛 号，梵 音 朗 然 赞 大 雄。

ian⁴² lai³¹ ɕiaŋ⁵⁵ kʰai³⁵ ɕiɛ³⁵ tsʰən³¹ i³⁵，tɕin³⁵ ti³⁵ tsʰən³¹ uoŋ⁵⁵ ɕiau³⁵ xo³¹ zoŋ³¹。"
远 来 香 客 谒 诚 意，近 地 村 翁 笑 和 容。"

tsan⁴² tʰan³⁵ ko⁵⁵ xəu³⁵，tʰa³⁵ ɕiaŋ³⁵ tsu³⁵ tsʰɹ³⁵ piau⁴² sɹ³¹ tɕiaŋ⁵⁵ xua³⁵ ian³¹ pa⁴²
赞 叹 过 后，他 向 住 持 表 示 将 化 缘 把

miau³⁵ i⁴² ɕiəu⁵⁵ tɕi³⁵ kʰo⁴² ta³⁵，tsu³⁵ tsʰɹ³¹ xən⁵⁵ kau⁵⁵ ɕin³⁵，tɕin⁴² tʰa⁵⁵ liu³¹
庙 宇 修 葺 扩 大，住 持 很 高 兴，请 他 留

tsai³⁵ miau³⁵ li⁴² ta⁴² la³⁵ i⁴² xəu³⁵，zan³¹ tsɹ⁴² xo³⁵ saŋ³⁵ pai³¹ tʰien⁵⁵ ta⁴² tso³⁵ lien³⁵
在 庙 里。打 那 以 后，燃 指 和 尚 白 天 打 坐 念

tɕin⁵⁵，uan⁴² saŋ³⁵ ɕia³⁵ san³⁵ kəi⁴² zən³¹ kʰan⁵⁵ pin³¹。pi³¹ tɕiɛ³¹ pai⁴² ɕin³⁵ ta³⁵ uei³¹
经，晚 上 下 山 给 人 看 病。毕 节 百 姓 大 为

tɕin⁵⁵ tɕʰi³¹，fən⁵⁵ fən⁵⁵ tɕian⁴² ɕien³⁵ in³¹ liaŋ⁴²。liaŋ⁴² yɛ³⁵ tsɹ⁵⁵ tɕien⁵⁵，in³¹ liaŋ⁴²
惊 奇，纷 纷 捐 献 银 两。两 月 之 间，银 两

tsʰəu³⁵ tsu³¹，zan³¹ tsɹ⁴² xo³⁵ saŋ³⁵ sɹ³⁵ tsʰu³⁵ pʰin³⁵ tɕin⁴² lən³¹ koŋ⁵⁵ tɕʰiau⁴² tɕiaŋ³⁵，
凑 足，燃 指 和 尚 四 处 聘 请 能 工 巧 匠，

tsai³¹ zi³⁵ pʰo³⁵ tu⁴² ɕiəu⁵⁵ tɕien³¹。tɕin³⁵ koŋ⁵⁵ tsɹ⁵⁵ zi⁵¹，foŋ⁵⁵ xo³¹ zi³⁵ li³⁵，tʰien⁵⁵
择 日 破 土 修 建。竣 工 之 日，风 和 日 丽，天

laŋ⁴² tɕʰi³⁵ tɕʰin⁵⁵，pai³¹ liau⁴² tsən⁵⁵ min³¹，ta⁴² ɕiau⁵⁵ kuan³¹ ian⁴² i³¹ tɕi⁴² pai³¹ ɕin³⁵
朗 气 清，百 鸟 争 鸣，大 小 官 员 以 及 百 姓

tɕʰien³¹ tsʰən³¹ pai³⁵ li⁴²，zai³⁵ lau³⁵ fei⁵⁵ tsʰaŋ³¹。sau⁵⁵ zən³¹ mo³⁵ kʰai³⁵ tʰi³⁵ sɹ⁵⁵
虔 诚 拜 礼，热 闹 非 常。骚 人 墨 客 题 诗

tɕʰin³⁵ xo³⁵，iəu⁴² i³¹ li⁴² iɛ³⁵："fo³¹ ɕien⁵⁵ uei⁵⁵ uei⁵⁵ sən⁴² tɕin³¹ ɕioŋ⁵⁵，tsʰaŋ³¹ loŋ³¹ o⁵⁵
庆 贺，有 一 律 曰："佛 仙 巍 巍 圣 境 雄，藏 龙 卧

fu⁴² zuei³⁵ ai⁴² foŋ³⁵。tɕʰien⁵⁵ tsoŋ³¹ pau⁴² ti³⁵ liu⁵⁵ ku³¹ tsʰa⁴²，xua⁵⁵ uai³⁵ xuan³¹
虎 瑞 霭 风。黔 中 宝 地 留 古 刹，化 外 还

tai³¹ fa³¹ i⁴² moŋ³¹ ｡toŋ⁵⁵ uaŋ³⁵ fu³¹ saŋ⁵⁵ i³¹ lun³¹ tɕi⁴², ɕi⁵⁵ tsən³⁵ tʰai³¹ pai³¹ in⁴² lin³¹
得法雨蒙。东望扶桑一轮起，西镇 太白隐灵

foŋ⁵⁵ ｡ian³¹ liau⁴² tsʅ⁵⁵ tsai³⁵ i³⁵ tɕiɛ⁵⁵ lo³¹, tai⁵⁵ tʰin³¹ mu⁴² kuʅ⁴² i⁵⁵ tsʅ⁴² tsʅⁿ³⁵ tsoŋ⁵⁵ ｡ta³⁵
峰。猿鸟自在亦皆乐，得听暮鼓与晨 钟。"大

tɕia⁵⁵ tɕiɛn³⁵ tsʅ⁵⁵ səu⁴² sʅ³¹ xan³⁵ i³¹ pʰo⁵⁵ sən³¹ tɕiɛ⁴² iəu⁴² sən³⁵ li⁴², tɕiəu³⁵ tɕʰi⁴²
家见这首诗含意颇深且有神理，就 取

tɕʰi³¹ sʅ⁵⁵ ti³⁵ san⁵⁵ liɛn³¹ mo³⁵ tɕi³¹ ｡min³¹ uei⁵⁵ lin³⁵ foŋ⁵⁵ sʅ³⁵ ｡
其诗第三联末句，名为灵峰寺。

# 莲花山的传说

xən⁴² tɕiəu⁴² xən³¹ tɕiəu⁴² i⁴² tɕʰiɛn³¹, pi³¹ tɕiɛ³¹ ia³¹ tsʰʅ³¹
很久很久以前，毕节鸭池

tsən³⁵ iəu⁴² i³¹ fu³⁵ ɕin³⁵ xan³¹ tə³¹ zən³¹ tɕia⁵⁵, tsaŋ³⁵ fu³¹ tsai³⁵
镇有一户姓韩的人家，丈夫在

莲花山的传说

ta⁴² liɛ³¹ sʅ³¹ pu³¹ sən³⁵ tsuei³⁵ ŋa³¹ sən³¹ uaŋ³¹, tɕi⁴² tsʅ³¹ tsʅ⁴²
打猎时不慎坠崖身亡，妻子只

xau⁴² tai³⁵ tso³⁵ san⁵⁵ suei³⁵ ər³¹ tsʅ³¹ sən³¹ xo⁴²｡lan³¹ xai³¹ tsaŋ⁴² ta³⁵ xəu³⁵ tsʰoŋ⁵⁵
好带着三 岁儿子生活。男孩长大后聪

min³¹ lin³¹ li³⁵, li³¹ ta⁴² tan³¹ ta³⁵, kən³¹ tsotsʰen⁵⁵ li⁴² tə³¹ liɛ³¹ zən³¹ mən³¹ saŋ⁵⁵ san⁵⁵
明伶俐，力大胆大，跟着村里的猎人们上山

ta⁴² liɛ³¹, ta³⁵ tɕia⁵⁵ təu⁵⁵ tɕiau³⁵ ta⁵⁵ xan³¹ ioŋ⁴²
打猎，大家都叫他韩勇。

i³¹ tʰiɛn⁵⁵, xan³¹ ioŋ⁴² saŋ³⁵ san⁵⁵ ta⁴² liɛ³¹, kaŋ³⁵ tsəu⁴² tɕin⁵⁵ ɕia³¹ ku³¹, fa⁵⁵
一天，韩勇上山打猎，刚走进峡谷，发

ɕiɛn⁴² tsʅ³¹ tɕi³¹ an⁵⁵ fu³¹ li³⁵ tə⁴² tʰau³⁵ sən³¹ tʰau³⁵ tsu³¹ ləi³⁵ ko³¹ mei³¹ li³⁵ sau⁵⁵ ni⁴² tə
现自己安狐狸的套绳套住了一个美丽少女的

tɕio⁴², xan³¹ ioŋ⁴² kan³⁵ tɕin⁵⁵ paŋ⁵⁵ tʰa³¹ ka³⁵ ɕia³⁵ tʰau³⁵ sən³¹, tɕʰian³¹ tʰa³¹ kan⁵⁵
脚，韩勇赶紧帮她解下套绳，劝她赶

tɕin⁵⁵ xuei³¹ tɕia³⁵ ｡suei³⁵ tsʅ³¹, sau⁵⁵ ni⁴² tɕin⁵⁵ kuei³⁵ ɕia³⁵ so⁵⁵："ta³⁵ ko³¹, ɕiɛ³⁵ ɕiɛ³⁵
紧回家。谁知，少女竟跪下说："大哥，谢谢

li⁴² tɕiəu³⁵ lə⁴² ŋo⁴², ŋo³⁵ sʅ³¹ i³¹ ko³¹ ian⁴² faŋ⁵⁵ zən³¹, tɕiɛn³¹ li³¹ tʰiau³¹ tʰiau³¹ lai³¹
你救了我，我是一个远方人，千里迢迢来

tʰəu³¹ tɕʰin⁵⁵, tan⁴² tɕʰin⁵⁵ tɕʰi⁵⁵ pu³¹ tsʅ⁵⁵ pan⁵⁵ uaŋ³¹ xo³⁵ tsʰu⁵⁵ tɕʰi⁵⁵ lə⁴², tɕia³¹ zu³¹
投亲，但亲戚不知搬往何处去了，假如

li⁴² pu³⁵ ɕiɛn³¹ tɕʰi³⁵ ŋo⁴², tɕʰin³¹ tai⁴² ŋo⁴² tsəu³⁵ pa⁴²｡""ɕiau⁴² mei³⁵, pin³⁵ fei⁵⁵ ŋo⁴²
你不嫌弃我，请带我走吧。""小妹，并非我

kʰan³⁵ pu⁵⁵ tɕʰi.⁴² li⁴²，ŋo⁴² tɕia³¹ li⁴² xɛn⁴² tɕʰioŋ³¹，xai.³⁵ pʰa³⁵ liɛn³¹ luei³⁵ li.⁴² tətsoŋ⁵⁵
看 不 起 你，我 家 里 很 穷， 害 怕 连 累 你 的 终

sən⁵⁵。"sau³⁵ ŋi.⁴² xuei³¹ ta³¹ tau³⁵："ta³⁵ ko⁵⁵，tsʅ⁴² iau³⁵ kən⁵⁵ tso li.⁴²，tɕiəu³⁵ sʅ³⁵
身。"少 女 回 答 道："大 哥， 只 要 跟 着 你， 就 是

iau³⁵ fan³⁵ ŋo⁴² iɛ.⁴² ian³⁵ i.³⁵。"xan³¹ ioŋ³⁵ u³⁵ lai.³⁵，tsʅ⁴² xau⁴² tai³⁵ tʰa⁵⁵ xuei³¹ tɕia³⁵
要 饭 我 也 愿 意。"韩 勇 无 奈， 只 好 带 她 回 家

tɕʰi.³⁵ tɕiɛn³⁵ mu.⁴² tɕʰin³⁵，pin⁵⁵ so³¹ min³¹ lə³¹ ian³¹ iəu³¹，xan³¹ mu²¹⁴ kau⁵⁵ ɕiŋ³⁵ tə
去 见 母 亲， 并 说 明 了 缘 由， 韩 母 高 兴 地

kei⁴² tʰa⁵⁵ mən³⁵ pan³⁵ lə.⁴² xuen⁵⁵ sʅ⁵⁵，fu³⁵ tɕʰi⁴² liaŋ⁴² zən³⁵ sʅ.³⁵ fən⁵⁵ ən³¹ ŋai⁵⁵，ko³⁵
给 他 们 办 了 婚 事，夫 妻 两 人 十 分 恩 爱，过

tsomei.⁴² xau⁴² ɕiŋ³⁵ fu³¹ təsən⁵⁵ xo³¹。
着 美 好 幸 福 的 生 活。

tɕi.⁴² liɛn³¹ ko⁴² tɕʰi³¹，tɕʰi⁴² tsʅ⁵⁵ sən⁴² lə.³¹ i³¹ lan³¹ ŋi.⁴²。tsʅ⁴² pən⁵⁵ sʅ⁴² tɕiɛn³⁵
几 年 过 去， 妻 子 生 了 一 男 一 女。这 本 是 件

kau⁵⁵ ɕiŋ³⁵ tə sʅ³⁵，tan³¹ tsai⁴² xai³¹ tsʅ⁵⁵ man³¹ iɛ.⁴² tə tʰi³¹ ər³¹ tʰiɛn³⁵，xan³¹ ioŋ³⁵
高 兴 的 事， 但 在 孩 子 满 月 的 第 二 天， 韩 勇

tɕʰin⁵⁵ tɕʰi.³¹ tə fa.⁴² ɕiɛn³⁵ tɕʰi.⁵⁵ tsʅ⁵⁵ pu³¹ tɕiɛn³¹ lə.³¹，u³⁵ li⁴² tsʅ⁵⁵ iəu⁴² i³¹ tsaŋ⁵⁵ tsʅ⁵⁵
惊 奇 地 发 现 妻 子 不 见 了，屋 里 只 有 一 张 纸

tɕiau³¹，saŋ³⁵ miɛn³⁵ ɕiɛ.⁴² tsotɕi⁴² xaŋ³⁵ ɕiau⁴² tsʅ⁴²："fu⁵⁵ tɕyn³¹，ŋo⁴² pən⁵⁵ sʅ³⁵ sən³⁵
条， 上 面 写 着 几 行 小 字："夫 君， 我 本 是 深

san⁵⁵ li.⁴² təi³¹ tsʅ⁵⁵ fu³⁵ li⁵⁵，tsʅ⁴² in³⁵ pei⁴² tɕi.⁴² ko³⁵ liɛ.⁴² zən³⁵ tsuei.⁵⁵ kan⁴¹，pu³⁵ ɕiŋ³⁵
山 里 的 一 只 狐 狸， 只 因 被 几 个 猎 人 追 赶， 不 幸

lo³⁵ zu.⁴² tʰau⁵⁵ sən³¹，uei.³⁵ lə.⁴² pau³⁵ ta³⁵ li.⁴² tə tɕiəu³⁵ min³⁵ tsʅ⁵⁵ ən³¹，ŋo⁴² piɛn³⁵.⁴²
落 入 套 绳， 为 了 报 答 你 的 救 命 之 恩， 我 便 以

sən⁵⁵ ɕiaŋ⁴².⁴² ɕi³¹。tɕʰin³⁵ tʰiɛn³⁵，mu⁴² tɕʰin⁵⁵ tsau³⁵ tau³⁵ lə.³¹ ŋo⁴²，so³⁵ ŋo⁴² mən³⁵ fu³¹
身 相 许。今 天， 母 亲 找 到 了 我，说 我 们 狐

sʅ³⁵ tɕia⁵⁵ tsu³¹.³¹ iəu.⁴².³¹ i.⁴² tsʰaŋ³⁵ ta.⁴² tsai⁴² lan³¹，pi.⁴² ɕy⁵⁵ tau⁵⁵ ian⁴² faŋ⁵⁵ tɕʰi.³⁵ to.⁴² pi.³⁵
氏 家 族 有 一 场 大 灾 难，必 须 到 远 方 去 躲 避。

tsʰoŋ³¹ tɕin⁵⁵ uaŋ⁴² xəu.³⁵，ni⁴² ŋo⁴² fu³⁵ tɕʰi⁴² ian³¹ fən³⁵ tɕiəu³⁵ tsʰʅ⁴² tɕiɛ.³¹ su³⁵ lə.³¹
从 今 往 后， 你 我 夫 妻 缘 分 就 此 结 束 了，

tsʅ⁴² liəu³¹ kei.⁴² li⁴² tɕi.⁴² ko³⁵ iəu³⁵ ɕiau⁴² tə xai³¹ tsʅ⁴²，zu³¹ ko⁴².³⁵ i.⁴² tau³¹ sən³⁵ mo⁵⁵
只 留 给 你 几 个 幼 小 的 孩 子，如 果 遇 到 什 么

tsai.⁵⁵ lan³⁵，tɕʰin.⁴² tɕiaŋ³⁵ tsʅ⁴² tʰiau³¹ sau⁵⁵ tiau⁵⁵，ŋo⁴² suei.⁵⁵ pu⁵⁵ lən³¹.⁴² i.⁴² li⁴² tɕiɛn³⁵
灾 难， 请 将 纸 条 烧 掉， 我 虽 不 能 与 你 见

miɛn³⁵，tan³⁵ ŋo.⁴² tə sən⁵⁵ in⁵⁵ lən³¹.⁴² i.⁴² li.³⁵ tuei³⁵ xua³⁵。"
面， 但 我 的 声 音 能 与 你 对 话。"

san⁵⁵ liɛn³¹ ko³⁵ tɕi h.³⁵ , məu⁴² t'iɛn h.⁵⁵ xan³¹ ioŋ⁴² saŋ³⁵ san⁵⁵ ta⁴² lie h.³⁵ sʅ³¹ , t'iŋ h.⁵⁵
三　年　过去，某　天　韩　勇　上　山　打猎时，听

tɕiɛn³⁵ ȵiau⁴² tsai³⁵ tɕi⁵⁵ tɕi.⁵⁵ tsa⁴² tsa tə tɕiau.⁴² , xau⁵⁵ ɕiaŋ⁴² tsai³⁵ so.³⁵ :"pa³¹ yɛ³⁵ sʅ³¹
见　鸟　在　叽叽喳喳地　叫，好像　在　说："八　月　十

u⁴² iau³⁵ fa³¹ san⁵⁵ xoŋ³¹ ta⁵⁵ suei.⁴² , tɕin⁵⁵ t'iɛn⁴² təu³¹ sʅ³⁵ sʅ⁵⁵ lə.³¹ , ŋo³⁵ mən³¹ kan⁴²
五　要　发　山洪　大水，今　天　都　十四　了，我　们　赶

k'uai h.³⁵ fei⁵⁵ tau³⁵ piɛ³¹ ts'u⁵¹ t'i h.³⁵ pa!" xan³¹ ioŋ⁴² i³¹ tɕin⁵⁵ , maŋ³¹ tsuan⁴² sən⁵⁵
快　飞　到别　处去吧!"　韩　勇　一惊，忙　转　身

xuei.³¹ tɕia⁵⁵ , tɕiaŋ⁵⁵ tɕi³¹ tsʅ h.⁵⁵ liəu⁴² ɕia³¹ tə tsʅ³¹ t'iau tiəu⁴² tɕin³¹ xo⁵⁵ lu.³¹ , t'a h.⁵⁵
回　家，将　妻子　留下的　纸条　丢进　火炉，他

kau³⁵ su³⁵ tɕi³¹ tsʅ h.⁵⁵ ȵiau³⁵ tɕio⁴² mən³¹ so⁵⁵ tə sʅ.⁴² , tɕi³¹ tsʅ h.⁵⁵ so.³⁵ :"li⁴² tau³⁵ xəu³⁵
告诉妻子鸟　雀　们　说的事，妻子说："你　到　后

san⁵⁵ lau⁴² ia⁵⁵ toŋ⁵⁵ toŋ³⁵ pi³⁵ saŋ h.⁴² ts'ai³⁵ i³¹ to ɕia³¹ i³¹ pa⁴² ta³¹ san⁵⁵ tə liɛn³¹
山　老鸦洞　洞壁上　采一朵像一把大伞的莲

xua.⁵⁵ , tsan⁴² tsai³⁵ p'iŋ³⁵ ti³¹ saŋ h.³⁵ i³¹ tɕi.⁴² , tɕiəu⁵⁵ lən³¹ miɛn⁴² t'i h.³⁵ tsai⁴² lan³⁵ 。
花，　站　在　平地上一举，就　能　免去灾难。

tɕiɛ³⁵ tɕi h.³⁵ , pu⁵⁵ iau³⁵ tsan⁴² tsai³⁵ san⁵⁵ saŋ h.⁴² , fəu³¹ tsə⁴² xuei³¹ piɛn⁵⁵ ts'ən³¹
切记，不要站　在　山上，否则会　变　成

san⁵⁵ foŋ⁵⁵ 。"
山　峰。"

i³¹ sʅ.³⁵ , xan³¹ ioŋ⁴² liɛn³¹ iɛ.⁴² tɕ'i h.³⁵ t'i h.⁴² lai³¹ liɛn³¹ xua.⁵⁵ , xuei³¹ lai³¹ mei.⁴² to⁵⁵
于是，韩　勇　连夜　去取来莲花，　回　来　没多

tɕiəu⁴² tsəŋ⁴² ko³⁵ t'iɛn h.⁵⁵ k'oŋ⁵⁵ u³¹ in⁴² mi³¹ pu.⁴² , xai³¹ tɕi h.³⁵ ts'ən³¹ ts'ən³¹ , tsa⁴²
久　整个天空乌云密布，黑气沉　沉，眨

iɛn⁴² tɕiɛn.³⁵ , ti³¹ toŋ³⁵ san⁵⁵ iau.³¹ , xoŋ³¹ suei³⁵ t'au³¹ t'au⁵⁵ h. , iəu³⁵ tə zən³¹ pei⁴² ta³⁵
眼　间，地动　山摇，洪　水　滔　滔，有的人被大

laŋ³⁵ tɕiaŋ⁴² tsəu⁴² , iəu⁴² tə zən³¹ pei⁴² t'an³¹ t'a³⁵ h. tə tɕi³¹ sʅ⁴² ŋa³¹ tsu³⁵ , tsʅ³⁵ iəu⁴²
浪卷　走，有的人　被　坦　塌的巨石压住，只　有

xan³¹ ioŋ⁴² i³¹ tɕia⁴² an⁵⁵ zan³¹ u³¹ iaŋ.³⁵ 。iɛn⁴² k'an³⁵ ta³⁵ san⁵⁵ tɕiəu⁵⁵ iau⁴² tau³⁵ t'a.³¹ ,
韩　勇　一家安然无恙。眼　看　大　山　就要倒塌，

san⁵⁵ tɕiau⁵⁵ ɕia⁴² tɕ'io h.³⁵ to⁴² ts'aŋ h.³⁵ tso tɕin⁵⁵ xuaŋ⁵⁵ sʅ h.³⁵ ts'o⁴² tə zən³¹ mən⁵⁵ , xan³¹
山　脚　下　却躲　藏着惊慌失措的人们，韩

ioŋ⁴² tɕiaŋ⁵⁵ tɕi³¹ tsʅ h.⁵⁵ tiŋ⁴² tsu⁵⁵ tə xua⁴² i³¹ p'au⁴² tsai³⁵ lau⁴² xəu³⁵ , fən⁴² pu³¹ ku³⁵
勇将　妻子　叮嘱的话语抛　在　脑后，奋不顾

sən⁵⁵ tə kau⁵⁵ tɕ'i h.⁴² liɛn³¹ xua.⁵⁵ , i³¹ zan⁴² tə tɕian³¹ la³⁵ san⁵⁵ tiŋ⁵⁵ p'a⁴² tɕi.³¹ h.³⁵ , la³⁵
身地高　举莲花，毅然地向那山顶爬去，那

lian³¹ xua⁵⁵ tɕiəu³⁵ ɕiaŋ³⁵·³¹ i³⁵ tso³⁵ tʰiɛ·³¹ tʰa⁴² tsən³⁵ tsu³⁵ lə·tɕiaŋ⁵⁵·³⁵ iau⁴² tau³¹ tʰa·tə
莲 花 就 像 一 座 铁 塔 镇 住 了 将 要 倒 塌 的

ta³⁵ san⁵⁵, xan³¹ ioŋ³⁵ tɕʰio⁴²·³¹ in⁵⁵ tsʅ³¹ pien³⁵ tsʰən³¹ lə·san³⁵ foŋ⁴², tʰa·tə³¹ i⁵⁵ tuei³⁵
大 山， 韩 勇 却 因 此 变 成 了 山 峰， 他 的 一 对

ər³¹ ȵi⁴² tsai³¹ pien³⁵ tsʰən³¹ lə·liaŋ⁴² tsʅ⁵⁵ tɕie³¹ pai³¹ tə·ɕiau⁴² ȵiau³¹, pʰei⁴² pan³¹
儿 女 则 变 成 了 两 只 洁 白 的 小 鸟， 陪 伴

tsai³⁵ fu⁵⁵ tɕʰin³⁵ sən·pien⁴². tɕi⁵⁵ tʰiɛn³⁵ ko³¹ xəu⁴², xoŋ³⁵ suei³⁵ tʰuei⁴² tɕiʰ·³⁵,
在 父 亲 身 边。 几 天 过 后， 洪 水 退 去，

tʰiɛn⁵⁵ ti·³⁵ tsu³⁵ tɕien⁵⁵ xuei³¹ fu³¹ lə·ian³¹ lai³¹ tə·mo⁵⁵ iaŋ⁴², tsʅ³⁵ xəu⁵⁵ uei⁵⁵ lə·min³¹
天 地 逐 渐 恢 复 了 原 来 的 模 样， 之 后 为 了 铭

tɕi³⁵ xan³¹ ioŋ⁴² tə·in³¹ ioŋ⁴² sʅ⁵⁵ tɕiʰ·³⁵, zən³¹ mən⁴² pa³⁵ tsʅ⁵⁵ tso⁵⁵ san⁵⁵ tsʰən·⁵⁵ uei³¹
记 韩 勇 的 英 勇 事 迹， 人 们 把 这 座 山 称 为

"lian³¹ xua⁵⁵ san⁵⁵", taŋ⁵⁵ lien³¹ pi³⁵ lan³⁵ tə·toŋ³⁵ tɕiau³⁵ tso³⁵ "tɕiou³⁵ lan³⁵ toŋ³⁵"。
"莲 花 山"， 当 年 避 难 的 洞 叫 作 "救 难 洞"。

（语料提供者为贵州大学 2023 级汉语言文字学硕士生顾婧越。《美女遮羞》《狗跳岩的传说》为顾婧越诵读，《灵峰仙境》《莲花山的传说》为马宁杉诵读，二者均为 23 岁，毕节七星关区人；新派读法）

## 老变婆

tʂʰuan³¹ ʂo³¹ tsai¹³ xen⁴² tɕiəu⁴²·⁴² i³¹ tɕʰiɛn³¹, iəu⁴²·³¹ i¹³ fu
传 说 在 很 久 以 前， 有 一 户

老变婆

zṇ¹³ tɕia¹³ tʂu¹³ tsai¹³ ta¹³ ʂan⁵⁵ kəu⁵⁵ kəu⁵⁵ li¹³ mien¹³, faŋ⁵⁵
人 家 住 在 大 山 沟 沟 里 面， 方

ian³¹ tɕi⁴² koŋ⁵⁵ li¹³ mei⁵⁵ zṇ³¹ fu¹³. iəu⁴²·³¹ i¹³ tʰiɛn³¹ tʂei¹³
圆 几 公 里 没 人 户。 有 一 天 这

tɕia⁵⁵ tei⁵⁵ ta³¹ zṇ³¹ iau³⁵ tʂʰu¹³ kʰei¹³ pan³¹ sʅ¹³, təu⁵⁵ tɕiau¹³ liaŋ⁴² kau³¹ ɕiau⁴²·³¹ ua¹³
家 的 大 人 要 出 去 办 事， 就 叫 两 个 小 娃

pu³¹ iau¹³ tau¹³ tʂʰu¹³ luan¹³ pʰau⁴², tʰiɛn³⁵ xei⁵⁵ lʅ⁵⁵ təu⁵⁵ kən¹³ pu¹³ iau¹³ tʂʰu
不 要 到 处 乱 跑， 天 黑 了 就 更 不 要 出

mən³¹, pʰo⁵⁵ pʰo⁵⁵ uan⁴² ʂaŋ³¹ xuei¹³ lai¹³·³¹ tai¹³ li³¹ mən·ʂui¹³ kʰo³¹ ʂuei¹³。
门， 婆 婆 晚 上 会 来 带 你 们 睡 瞌 睡。

liaŋ⁴² kau¹³ ta¹³ zṇ³¹ tsəu⁴² xəu¹³, liaŋ⁴² kau¹³ ɕiau⁴² ua¹³ ma⁴² ʂaŋ¹³ təu¹³ pa⁴²
两 个 大 人 走 后， 两 个 小 娃 马 上 就 把

tɕi⁵⁵ ma¹³ tɕiau⁵⁵ tai¹³ tei¹³ sʅ¹³ tɕin³¹ uaŋ³¹ tei¹³ i¹³ kan⁵⁵ ər¹³ tɕin¹³, kuan⁵⁵ tɕi⁴² mən³¹
爹 妈 交 代 的 事 情 忘 得 一 干 二 净， 关 起 门

tɤu13 man42 ʂan55 pau42, xən42 kʰuai13 tʰai13 iaŋ31 lo31 ʂan55 pʰo55 lɤ55, liaŋ42 kau13
就　满　山　跑，很　快　太阳　落　山　坡　了，两　个

ua31 ua31 tsʰai31 ɕiaŋ42 tɕi42 lai31 ti31 ma42 ʂo55 tei55 ʂɿ31 ɕin, kan42 ɕin42 pau42 xuei13
娃　娃　才　想　起　来　爹　妈　说　的　事情，赶　紧　跑　回

ɕia55 tən42 lau42 pʰo55 pʰo55. liaŋ42 kau13 ɕiau31 ua13 ua13 tau55 ɕia42 pu42 ta42 xa, tɤu13
家　等　老　婆　婆。两　个　小　娃　娃　到　家　不　大　哈，就

tʰin55 tau42 iəu42 ʐən31 tɕiau55 mən31, ta13 tɕi13 tɤu13 uan:"ʂɿ35 la42 kau35?"mən31
听　到　有　人　敲　门，大　姐　就　问："是　哪　个？" 门

uai13 tei55 ʐən31 xuei31 ta31:"ŋo42 ʂɿ13 pʰo55 pʰo55, pa42 mən31 kʰai55 i31 ɕia." u55 tsɿ31
外　的　人　回　答："我　是　婆　婆，把　门　开　一　下。"屋　子

uai13 miɛn13 xei35 tɕi55 tɕi55 tei, ta55 tɕiɛ31 tʰəu13 ko31 tʂuan55 tsɿ13 tʂɿ31 ləŋ31
外　面　黑　漆　漆　的，大　姐　透　过　窗　子　只　能

kʰan13 tau42 i31 kau55 tʂuan31 tɕin31 sei55 i31 fu31 tei31 ʐən. ta31 tɕiɛ31 mei31 tei to
看　到　一　个　穿　青　色　衣　服　的　人。大　姐　没　得　多

tɕiaŋ42 tɤu13 kʰai42 mən31 lɤ55, u13 tʰəu42 tei31 la55 tʂu31 pu31 ʂɿ55 xən31 liaŋ31, liaŋ
想　就　开　门　了，屋　头　的　蜡　烛　不　是　很　亮，两

kau35 ɕiau13 ua42 ua42 kʰan13 pu42 tɕin31 pʰo55 pʰo55 tei liɛn. pu55 tən42 liaŋ42 kau35
个　小　娃　娃　看　不　清　婆　婆　的　脸。不　等　两　个

ua13 ua13 ʂo31 tʂɿ31 ʂən55 mo, pʰo55 pʰo55 tɤu31 ʂo31:"ŋo42 tei55 ɕiau42 sən55 sən55 ɕi55
娃　娃　说　吃　什　么，婆　婆　就　说："我　的　小　孙　孙　些

o42, tʰiɛn55 xei31 lɤ55, pʰo55 pʰo55 tai13 li42 mən31 ʂuei13 kʰo31 ʂuei13 lɤ55."liaŋ42 kau31
哦，天　黑　了，婆　婆　带　你　们　睡　瞌　睡　了。"两　个

ɕiau31 ua42 ua13 pai31 tʰiɛn55 uan31 lɤ55 i31 tʰiɛn, kʰo31 ʂuei13 i42 lai31 lɤ55, tɤu13 kən55
小　娃　娃　白　天　玩　了　一　天，瞌　睡　也　来　了，就　跟

pʰo55 pʰo55 ʂaŋ13 tʂʰuan31 ʂuei13 kʰo31 ʂuei13 lɤ55, pʰo55 pʰo55 ʂuei13 tʂuŋ55 tɕiɛn55, i31
婆　婆　上　床　睡　瞌　睡　了，婆　婆　睡　中　间，一

piɛn55 ləu42 i31 kau31 ua31 ua, liaŋ42 kau31 ua31 ua xən42 kʰuai13 tɤu13 ʂuei13 tʂo31
边　搂　一　个　娃　娃，两　个　娃　娃　很　快　就　睡　着

lɤ55. tau13 lɤ55 pan13 i35, ta13 tɕi42 pei13 ər31 piɛn55 pʰo55 pʰo55 tɕiau31 toŋ55 ɕi55 tei
了。到　了　半　夜，大　姐　被　耳　边　婆　婆　嚼　东　西　的

ʂən55 ɕiaŋ42 tʂau42 ɕin42. ta13 tɕi42 uan13:"pʰo55 pʰo55 li42 tsai13 tʂɿ31 ʂa31 tsɿ42?"pʰo55
声　响　吵　醒。大　姐　问："婆　婆　你　在　吃　啥　子？"婆

pʰo55 liɛn31 maŋ31 ʂo31:"ŋo42 tsai13 tʂɿ31 tʂʰau42 tɤu13 tsɿ42, li42 tʂʰɿ31 pu31?"ta13
婆　连　忙　说："我　在　吃　炒　豆　子，你　吃　不？"大

tɕi42 ʂo31 pu31 o13, pu31 tʂʰɿ31 lo42, xən42 kʰuai13 iəu13 ʂuei13 tʂo31 lɤ55.
姐　说　不　饿，不　吃　咯，很　快　又　睡　着　了。

tau¹³ ti¹³ ər¹³ tɕien⁵⁵, ta¹³ tɕi⁴² fa³¹ tɕien¹³ iau⁵⁵ mei⁵⁵ pu⁵⁵ tɕien¹³ lɤ⁵⁵, tan¹³ ʂʅ¹³
到 第 二 天，大 姐 发 现 幺 妹 不 见 了，但 是

tso³¹ tʰien⁵⁵ tʂuan¹³ tei⁵⁵ i⁴² fu⁵⁵ xai¹³ tsai¹³ tʂuaŋ⁵⁵ ʂaŋ⁴², po³¹ po¹³ i⁵⁵ pu⁵⁵ tɕien¹³
昨 天 穿 的 衣 服 还 在 床 上，婆 婆 也 不 见

lɤ⁵⁵。i³¹ ʂʅ¹³ ta¹³ tɕi¹³ tɕiəu⁴² xan⁴²:"pʰo⁵⁵ po¹³, li⁴² tsai¹³ la⁴² li⁴² kʰei¹³ lɤ⁵⁵?"xən⁴²
了。于 是 大 姐 就 喊："婆 婆，你 在 哪 里 去 了？"很

kʰuai¹³ tsʰuŋ¹³ faŋ³¹ tʂʅ⁴² uai¹³ mien⁴² tʂʰuan⁵⁵ lai¹³ po⁵⁵ po¹³ tei⁵⁵ ʂən⁵⁵ in⁵⁵:"ei³¹,
快 从 房 子 外 面 传 来 婆 婆 的 声 音："欸，

ŋo⁴² tsai¹³ xo³¹ pien⁴² ɕi⁴²,⁵⁵ i⁴² fu³⁵, li⁴² xan⁴² ŋo⁴² tʂua¹³ tʂʅ⁴²?"ta¹³ tɕi⁴² tʰin¹³ tau⁵⁵ ʂən³¹
我 在 河 边 洗 衣 服，你 喊 我 □ 子？"大 姐 听 到 声

in⁵⁵ ma⁴² ʂaŋ¹³ ɕia⁴² tʂuaŋ¹³ pʰau⁵⁵ tʂʰu¹³ mən¹³, kʰan⁴² tau¹³ po⁵⁵ po¹³ tən⁵⁵ tsai¹³
音 马 上 下 床 跑 出 门，看 到 婆 婆 蹲 在

xo³¹ pien⁴², ʂou¹³ li⁴² mien⁴² pu⁵⁵ tʂʅ⁵⁵ tau⁵⁵ tsai¹³ tso¹³ ʂən³¹ mo⁴², ta¹³ tɕi⁴² tɕi⁴² tau¹³
河 边，手 里 面 不 知 道 在 搓 什 么，大 姐 接 到

xan⁴²:"pʰo⁵⁵ po⁵⁵, iau⁵⁵ mei⁵⁵ tsəu¹³ la⁴² li⁴² kʰei¹³ lɤ⁵⁵?"po⁵⁵ po¹³ tʰin¹³ tau⁴²
喊："婆 婆，幺 妹 走 哪 里 去 了？"婆 婆 听 到

ʂən⁵⁵ in¹³ li⁴² ma¹³ pa⁴² ʂou¹³ li⁴² mien⁴² tei⁵⁵ toŋ⁵⁵ ɕi¹³ to⁴² tsai¹³ tʰoŋ⁵⁵ li⁴² mien¹³, tɕi³¹
声 音 立 马 把 手 里 面 的 东 西 躲 在 桶 里 面，急

maŋ³¹ pa⁴² tʰoŋ³¹ to⁴² tsai¹³ pei¹³ xəu¹³, kei⁵⁵ ta¹³ tɕi¹³ ʂo⁴²:"iau⁵⁵ mei¹³ tɕin⁵⁵ tʰien⁵⁵
忙 把 桶 躲 在 背 后，给 大 姐 说："幺 妹 今 天

i³¹ ta¹³ tsau⁴² təu¹³ pei¹³ tɕiəu¹³ tɕiəu¹³ tɕi⁵⁵ kʰei¹³ uan³¹ lɤ⁵⁵。ta¹³ tɕi⁴² tɕian⁵⁵ ɕin⁵⁵
一 大 早 就 被 舅 舅 接 去 玩 了。"大 姐 将 信

tɕian⁵⁵ i³¹, təu¹³ ʂo³¹:"pʰo⁵⁵ po¹³ ŋo⁴² o⁴² lo⁴², xuei³¹ u³¹ tʰəu⁵⁵ tso¹³ fan¹³ tʂʅ³¹
将 疑，就 说："婆 婆 我 饿 咯，回 屋 头 做 饭 吃

ma³¹。"pʰo⁵⁵ po⁵⁵ ʂo³¹:"ər³¹ lei³¹, li⁴² ɕien⁵⁵ xuei³¹ kʰei¹³, ŋo⁴² pa⁴² tʰoŋ⁴² li⁴² mien¹³
嘛。"婆 婆 说："儿 嘞，你 先 回 去，我 把 桶 里 面

tei⁵⁵ i⁴² fu³¹ ʂai¹³ tɕʰi⁴² lai³¹ tsai¹³ tso¹³ fan¹³ kei¹³ li⁴² tʂʅ³¹。"ta¹³ tɕi⁴² tɕia⁴² tʂuaŋ⁵⁵ ta³¹
的 衣 服 晒 起 来 再 做 饭 给 你 吃。"大 姐 假 装 答

in¹³, tsəu⁴² xuei³¹ u³¹ tʰou⁵⁵, tɕio⁴² tɕio⁴² pa¹³ tsai¹³ tʂuaŋ⁵⁵ tsʅ⁴² ʂaŋ⁵⁵ kʰan¹³ po⁵⁵
应，走 回 屋 头，悄 悄 趴 在 窗 子 上 看 婆

po⁵⁵ ʂai¹³ i⁵⁵ fu³¹, po⁵⁵ po⁵⁵ mei¹³ iəu⁴² pa⁴² tʰoŋ⁴² uaŋ⁴² u⁴² tʰəu³¹ tʰi⁵⁵, ər³¹ ʂʅ³¹
婆 晒 衣 服，婆 婆 没 有 把 桶 往 屋 头 提，而 是

uaŋ⁴² faŋ³¹ tʂʅ⁴² xəu¹³ tʰəu⁵⁵ tsəu¹³。ta¹³ tɕi⁴² tɕio⁴² tɕio⁴² kən⁵⁵ tau⁵⁵, po⁵⁵ po⁵⁵
往 房 子 后 头 走。大 姐 悄 悄 跟 倒，婆 婆

tsəu⁴² tau³⁵ i³¹ kʰo⁵⁵ ʂu¹³ ɕia¹³, tɕi³¹ maŋ³¹ pa⁴² tʰoŋ⁴² li⁴² mien⁵⁵ tei⁵⁵ toŋ⁵⁵ ɕi¹³ la³¹ tʂʰu³¹
走 到 一 棵 树 下，急 忙 把 桶 里 面 的 东 西 拿 出

lai³¹ ，ta¹³ tɕi¹³ i⁴² kʰan³¹ ，tɕi⁵⁵ zan³¹ sɿ¹³ tʂʰan³¹ tsɿ⁴² ，pa⁴² ta¹³ tɕi⁴² tʂʰa¹³ tiɛn⁵⁵ xei⁴²
来，大姐一看， 居然是肠子，把大姐差点吓

sɿ⁴² ，tʰa¹³ tsʰai⁵⁵ ɕiau¹³ tei⁴² iuan³¹ lai⁴² tʂei³¹ kau¹³ zən³¹ pu⁵⁵ sɿ¹³ po¹³ po⁴² ，sɿ⁵⁵
死，她才晓得原来这个人不是婆婆，是

lau⁴² piɛn¹³ pʰo³¹ tɕia¹³ pan⁴² tei³¹ ，pa⁵⁵ iau⁵⁵ mei¹³ tʂʅ³¹ lɤ⁵⁵ 。ta¹³ tɕi⁴² tɕio⁵⁵ tɕio⁵⁵
老变婆假扮的，把幺妹吃了。大姐悄悄

xuei³¹ tɕia⁵⁵ ，pa⁴² ta¹³ ko⁴² tai¹³ ʂaŋ³¹ xo⁵⁵ ，tʂuaŋ¹³ man⁴² ʂuei⁵⁵ ，xən¹³ kʰuai⁴² lau⁴²
回 家，把大锅抬上火， 装 满 水， 很 快 老

piɛn¹³ pʰo³¹ xuei³¹ lai⁴² lɤ⁵⁵ 。lau⁴² piɛn¹³ pʰo³¹ kan⁴² tau¹³ tʂei³¹ mo⁴² to¹³ zei³¹ ʂuei⁵⁵ ，
变 婆 回 来 了。老变婆看到这么多热水，

uən¹³ ta¹³ tɕi⁴² ʂau⁵⁵ tʂei¹³ mo⁴² to¹³ zei³¹ ʂuei⁴² kan¹³ ma³¹ ，ta¹³ tɕi⁴² tɕia⁵⁵ tʂuaŋ¹³ ʂo³¹
问 大 姐 烧 这 么 多 热 水 干 吗，大姐假 装 说

iau¹³ ɕi⁴² tsau⁴² ，tʂʰən¹³ lau⁴² piɛn¹³ pʰo³¹ pu⁴² tʂu⁵⁵ i¹³ ，i⁵⁵ pa⁴² tʂua¹³ tʂu⁵⁵ lau⁴² piɛn¹³
要 洗澡， 趁 老 变 婆 不 注意，一把抓住老 变

pʰo³¹ tei⁵⁵ tʰəu³¹ fa⁵⁵ ，pa⁴² lau⁴² piɛn¹³ pʰo³¹ la¹³ tɕin⁵⁵ ko¹³ i⁵⁵ miɛn⁴² ，xən⁴² kʰuai¹³
婆 的 头 发，把 老 变 婆拉进锅里面， 很 快

lau⁴² piɛn¹³ pʰo³¹ təu¹³ pei⁴² zei³¹ ʂuei⁴² tʰaŋ⁵⁵ sɿ¹³ lɤ⁵⁵ ，ɕiɛn⁵⁵ tʂʰu¹³ lɤ⁵⁵ iɛn¹³ ɕin⁵⁵ ，
老 变 婆就被热水烫死了， 现 出 了原形，

iɛn³¹ lai³¹ təu¹³ sɿ¹³ i³¹ tʂʅ⁵⁵ tʂʰaŋ¹³ man⁵⁵ tʂʰaŋ⁴² mau³¹ tei¹³ kuai⁵⁵ u³¹ ，ʂən³¹ ɕin⁴² i¹
原 来 就 是 一 只 长 满 长 毛 的 怪 物， 身 形 与

zən³¹ lei¹³ ɕiaŋ⁵⁵ sɿ¹³ 。tsʰoŋ³¹ tsʰʅ³¹ tʂʅ⁴² xəu⁵⁵ ，tʂei¹³ fu³⁵ zən³¹ tɕia⁵⁵ tsai¹³ i⁵⁵ pu³¹
人 类 相 似。从 此 之 后， 这 户 人 家 再 也 不

kan⁴² pa⁴² ɕiau⁴² ua³¹ ua³¹ tan⁵⁵ tu³¹ faŋ¹³ tsai¹³ u³¹ tʰəu⁴² lɤ⁵⁵ 。
敢 把 小 娃 娃 单 独 放 在 屋 头 了。

（语料提供者、诵读者为贵州大学 2023 级汉语言文字学硕士生龚雪，23 岁；赫章县方言新派读法。这个故事在贵州境内有多种版本，此版本为贩卖儿童者故事的演绎。）

# 屯堡方言语料

## 屯堡方言民谣

### 一

i³³ kʰo³³ təu³⁵ tsɹ⁴² ɕien²¹ iəu³⁵ ien²¹, tʰei³³ tsʰən²¹ təu³⁵
一 棵 豆 子 圆 又 圆， 推 成 豆

fu⁴² mai³⁵ tsʰən²¹ tɕien²¹. zən³³ zən³³ ʂo²¹ ŋo³³·³⁵ sən³³ i ɕiau⁴²,
腐 卖 成 钱。 人 人 说 我 生 意 小，

ɕiau⁴² ɕiau⁴² sən³³·³⁵ i tʂuan⁴² ta³⁵ tɕien²¹。
小 小 生 意 赚 大 钱。

屯堡方言民谣

### 二

sau³⁵ ɕiau⁴² tu²¹ ʂu³³ pu³³ ioŋ³⁵ ɕin³³, pu³³ tsɹ³³ ʂu³³ tʂoŋ³³ iəu³³ xuaŋ⁴² tɕin²¹。
少 小 读 书 不 用 心， 不 知 书 中 有 黄 金。

tsau⁴² tsɹ³³ ʂu³³ tʂoŋ³³ iəu³³ xuaŋ⁴² tɕin²¹, kau³³ tien³⁵ min²¹ təŋ²¹ tau⁵⁵ u²¹ kən³³。
早 知 书 中 有 黄 金， 高 点 明 灯 到 五 更。

### 三

ɕiau⁴² ko³³ tsəu³⁵ tsʰai³⁵ pu³³ ɕi⁴² tsʰaŋ²¹, ɕien³³ tɕin³³ ti³⁵ lai³³ xəu²¹ tɕin³⁵ liaŋ²¹。
小 锅 做 菜 不 许 尝， 先 敬 爹 来 后 敬 娘。

ɕien³³ tɕin³⁵ koŋ³³ koŋ³³ xo²¹ pei³⁵ ʂuei³⁵, xəu³³ tɕin³⁵ pʰo²¹ pʰo⁵⁵ səu³⁵ ien²¹ tsʰaŋ²¹。
先 敬 公 公 活 百 岁， 后 敬 婆 婆 寿 延 长。

# 四

i³³ tsaŋ³³ pei²¹ tʂʅ⁴² fei³³ ko³⁵ kai³³, la⁴² ko³⁵ tu²¹ ʂu³³ la⁴² ko³⁵ kuai³³。zən²¹ zən²¹
一　张　白　纸　飞　过　街，哪　个　读　书　哪　个　乖。人　人

tu²¹ ʂu³³ ɕiaŋ⁴² kuan³³ tsəu³³, tʰiɛn²¹ tʂoŋ³³ iaŋ³³ miau²¹ u³³ zən²¹ tsai³³。
读　书　想　官　做，田　中　秧　苗　无　人　栽。

# 五

ɕiau⁴² ma⁴² ɕiau⁴² ɚ³³ laŋ²¹, pei³³ tɕi⁴² ʂu³³ pau³³ saŋ³⁵ ɕio²¹ tʰaŋ²¹,
小　嘛　小　二　郎，背　起　书　包　上　学　堂，

pu³³ pʰa³⁵ tʰai³⁵ iaŋ³¹ sai³⁵, pu³³ pʰa³⁵ foŋ³³ i⁴² kua³³。
不　怕　太　阳　晒，不　怕　风　雨　刮。

tsʅ⁴² pʰa³⁵ ɕiɛn³³ sən³³ ʂo³³ ŋo⁴² lan⁴²,
只　怕　先　生　说　我　懒，

mei³³ iəu⁴² ɕio²¹ uən³⁵, u³¹ liɛn⁴² tɕiɛn³⁵ tie³³ ȵiaŋ³¹。
没　有　学　问，无　脸　见　爹　娘。

# 六

ta³⁵ ˑi³³ liaŋ³⁵, ɕiau⁴² i³³ liaŋ³⁵, koŋ³³ koŋ³³ tʂu³³ lai²¹ tsəu³³ mu²¹ tɕiaŋ³⁵。pʰo²¹
大　月　亮，小　月　亮，公　公　出　来　做　木　匠。婆

pʰo⁵⁵ tsai³⁵ tɕia³³ la²¹ xai³⁵ ti³¹, ɕi³³ fu³³ tsai³⁵ tɕia³³ tʂʰan⁴² lo⁴² mi⁴²。tʂʰan³³ tɕ²¹ pan³⁵
婆　在　家　纳　鞋　底，媳　妇　在　家　铲　糯　米。铲　得　半

uan⁴² kʰaŋ³³, la²¹ kən³³ mau³³ mei³³ tsəu³³ maŋ³³ maŋ³³。mau³¹ mei³⁵ tʂʰ³³ tɕiəu⁴²
碗　糠，拿　跟　毛　妹　做　荞　荞。毛　妹　吃　酒

tsuei³⁵, tau³³ tsai³³ tɕi³³ uo³³ suei³⁵。tɕi³³ mau³³ tsəu³³ tsən⁴² tʰəu³¹, ia³³ mau³³ tsəu³⁵
醉，倒　在　鸡　窝　睡。鸡　毛　做　枕　头，鸭　毛　做

kai³³ pei³⁵。
盖　被。

# 七

ʂu³⁵ iɛ³³ tɕʰin³³, faŋ³⁵ foŋ³³ tsən³³; ʂu³⁵ iɛ³³ xuaŋ²¹, tsʰei⁴² ɕiau⁴² xuaŋ²¹; ʂu³⁵ i³³
树　叶　青，放　风　筝；树　叶　黄，扯　小　黄；树　叶

lo³³, ta⁴² kei²¹ lo³³。
落，打 陀 螺。

## 八

ɚ²¹ ɚ²¹ la⁴², toŋ³³ toŋ³³ tɕiaŋ³³; tʰau⁴² ɕi³⁵ fu³⁵, tɕia³⁵ ku³³ liaŋ³³。
儿 儿 哪，咚 咚 呛； 讨 媳 妇，嫁 姑 娘。

## 九

i³³ kʰo³³ ʂu³⁵, pa³³ tʂʅ³³ ia³³, san³⁵ miɛn³⁵ tso³⁵ tei²¹ xau⁴² zən²¹ tɕia³³。iaŋ⁴² tɕ³³
一 棵 树，八 枝 丫，上 面 坐 的 好 人 家。养 的
ɚ³³ tsʅ⁴² xuei³⁵ ɕi³³ tsʅ⁴², iaŋ⁴² tɕ³³ ku³³ liaŋ³⁵ xuei⁴² tɕiɛn³³ xua³³。ta³⁵ tɕi⁴² tɕiɛn⁴² tɕ³³
儿 子 会 写 字，养 的 姑 娘 会 剪 花。大 姐 剪 的
liŋ²¹ tʂʅ³³ tsʰau⁴², ɚ³³ tɕi⁴² tɕiɛn³³ tɕ³³ mau³³ tan⁴² xua³³。tʂʅ³³ iəu³³ san⁴² tɕi⁴² pu³³
灵 芝 草，二 姐 剪 的 牡 丹 花。只 有 三 姐 不
xuei³⁵ tɕiɛn⁴², tɕia³⁵ tɕi³³ tsʰei⁴² tsʅ³³ faŋ³³ miɛn⁴² xua³³。faŋ³³ tɕ³⁵ ʂʅ⁴² i³⁵ ʂʅ³³ ɚ³³ to⁴²,
会 剪， 架 起 车 子 纺 棉 花。 纺 得 十 一 十 二 朵，
la³¹ kən³³ ko³³ ko³³ tʰau⁴² sau³⁵ sau³⁵。tʰau⁴² tɕ³³ sau²¹ sau²¹ ɕiau³⁵ iəu⁴² ɕiau³³, san³³
拿 跟 哥 哥 讨 嫂 嫂。 讨 得 嫂 嫂 小 又 小， 三
tɕiɛn³³ ua⁴² faŋ³¹ tso³⁵ pu⁴² liau⁴²; tʰau⁴² tɕ³³ sau²¹ sau²¹ ta³⁵ iəu⁴² ta³⁵, san³³ tɕiɛn³³
间 瓦 房 坐 不 了； 讨 得 嫂 嫂 大 又 大， 三 间
ua⁴² faŋ³¹ tso³⁵ pu³³ ɕia³⁵。
瓦 房 坐 不 下。

## 十

tɕio³³ liaŋ³⁵ pan⁴² pan⁴², tɕio³³ tʰi³³ lan²¹ san³³, lan²¹ san³³ ɚ³³ miɛn³⁵。
脚 亮 板 板，脚 跌 南 山， 南 山 二 面。
ɚ³⁵ tʂʅ³³ koŋ³³ tɕiɛn³⁵, san³⁵ ma⁴² tʰi²¹ tau³³, ɕia³⁵ ma⁴² tsʰəu³³ tau³³。
二 只 弓 箭，上 马 提 刀，下 马 抽 刀。
tsʰai²¹ laŋ²¹ kəu⁴² liau⁴², pu³³ ʂʅ³⁵ ŋo⁴² mən³³ tɕi⁴² tsʰaŋ³³ tʰuən²¹,
豺 狼 狗 咬，不 是 我 们 吉 昌 屯，
tsʰəu³³ la⁴² tʂʅ³⁵ tʂʅ³³ lan³⁵ kəu⁴² tʰi²¹。
抽 啦 这 只 烂 狗 蹄。

214

# 十一

i$^{.33}$ liaŋ$^{35}$ tʰaŋ$^{21}$ tʰaŋ$^{55}$, pai$^{35}$ tɕi$^{.35}$ liaŋ$^{21}$ liaŋ$^{55}$, liaŋ$^{21}$ liaŋ$^{55}$ ɕi$^{.42}$ uan$^{42}$, ɕi$^{.42}$ tso$^{21}$

月　亮　堂　堂，拜　祭　娘　娘，娘　娘　洗　碗，洗　着

tən$^{33}$ tsan$^{42}$, tən$^{33}$ tsan$^{42}$ ləu$^{35}$ iəu$^{42}$, ləu$^{21}$ tso$^{35}$ ɕiəu$^{21}$ tɕiəu$^{42}$, ɕiəu$^{42}$ tɕiəu$^{21}$ ta$^{42}$ ku$^{42}$,

灯　盏，灯　盏　漏　油，漏　着　绣　球，绣　球　打　鼓，

ta$^{42}$ tʂʰu$^{42}$ lau$^{42}$ xu$^{.31}$。lau$^{35}$ xu$^{31}$ pʰa$^{55}$ ŋai$^{42}$, kuan$^{35}$ tʂʰu$^{21}$ ɚ$^{21}$ lai$^{.21}$. ɚ$^{21}$ ia$^{21}$ ɚ$^{.42}$, li$^{42}$

打　出　老　虎。老　虎　爬　岩，摸　出　儿　来。儿　呀　儿，你

pai$^{.35}$ kʰu$^{33}$, ŋo$^{.42}$ in$^{42}$ li$^{.42}$ kʰi$^{35}$ po$^{31}$ tɕia$^{55}$, tʂʅ$^{33}$ la$^{33}$ z̪u$^{33}$

不　要　哭，我　引　你　去　外　婆　家，吃　腊　肉。

# 十二

mau$^{33}$ mau$^{33}$ mi$^{.35}$, faŋ$^{35}$ tʂʰu$^{21}$ koŋ$^{33}$, li$^{21}$ li$^{.21}$ tʰien$^{.33}$, i$^{33}$ tsaŋ$^{33}$ tʂʅ$^{42}$, faŋ$^{35}$ tʂʰu$^{33}$

猫　猫　咪，放　出　工，犁　犁　田，一　张　纸，放　出

mau$^{33}$ ɚ$^{33}$ la$^{21}$ xau$^{35}$ tsʅ$^{42}$。la$^{33}$ tei$^{33}$ liau$^{42}$, tɕʰi$^{.35}$ tai$^{42}$ tau$^{42}$; la$^{21}$ pu$^{33}$ liau$^{42}$, o$^{.42}$ si$^{35}$

猫　儿　拿　耗　子。拿　得　了，去　逮　到；拿　不　了，饿　死

liau$^{42}$; mau$^{33}$ ɚ$^{21}$ tin$^{42}$ xuei$^{35}$ to$^{.42}$, tai$^{42}$ tau$^{42}$ pu$^{33}$ iau$^{.42}$ kuai$^{.35}$ ŋo$^{42}$。

了；猫　儿　顶　会　躲，逮　到　不　要　怪　我。

# 十三

tʰuei$^{.33}$ mo$^{35}$ iau$^{21}$ mo$^{35}$, pa$^{33}$ pa$^{33}$ soŋ$^{33}$ ko$^{35}$, tʰuei$^{.33}$ tɕiau$^{21}$ iau$^{21}$ tɕiau$^{21}$,

推　磨　摇　磨，粑　粑　送　个，推　荞　摇　荞，

tʰuei$^{.33}$ ko$^{33}$ pa$^{33}$ pa$^{33}$ soŋ$^{35}$ i$^{.33}$ miau$^{42}$ (tʂʅ$^{42}$ ɕiau$^{.21}$ xai$^{.21}$ tsʅ$^{33}$)。ɕiau$^{42}$ miau$^{21}$ pu$^{21}$ tsai$^{.35}$

推　个　粑　粑　送　一　苗（指　小　孩　子）。小　苗　不　在

tɕia$^{33}$, xau$^{35}$ tsʅ$^{42}$ liau$^{35}$ ko$^{35}$ ta$^{.35}$ iaŋ$^{21}$ tsʰa$^{33}$。

家，耗　子　咬　个　大　洋　叉。

# 十四

san$^{33}$ ko$^{35}$ kuan$^{33}$ kuan$^{33}$ tɕi$^{.35}$ xo$^{33}$ tɕiou$^{4}$, san$^{33}$ pʰi$^{.42}$ pei$^{21}$ ma$^{42}$ uaŋ$^{42}$ ɕia$^{.35}$

三　个　官　官　去　喝　酒，三　匹　白　马　往　下

tsəu$^{42}$; liaŋ$^{.42}$ ko$^{35}$ tɕiaŋ$^{35}$ tau$^{.42}$ tsai$^{21}$ ta$^{35}$ tɕia$^{.35}$, uaŋ$^{33}$ ma$^{42}$ ma$^{33}$ tʂʰu$^{42}$ lai$^{35}$ ma$^{.21}$ i$^{21}$

走；两　个　强　盗　在　打　架，王　妈　妈　出　来　骂　一

ma³⁵ ɕiau⁴² kəu⁴² ə²¹ tsai³⁵ tʂuaŋ²¹ tɕio³³ tɕiau³⁵ i²¹ tɕiau³³ , ɕia³⁵ tei³³ uaŋ²¹ ma²¹ ma³³
骂。 小 狗儿 在 床 脚 叫 一 叫， 吓 得 王 妈 妈

i³³ ta³⁵ tʰiau³³ 。
一 大 跳。

## 十五

ien²¹ mi⁴² xua³³ , lo³⁵ mi⁴² ien²¹ , ɕiau⁴² ɕiau⁴² ku³³ liaŋ³³ lai²¹ tsai³⁵ tɕien²¹ , pu³³
圆 米 花， 糯 米 圆， 小 小 姑 娘 来 在 前， 不

tsʰa²¹ fən⁴² ; ŋo⁴² tɕia³³ kʰei³³ , ɕiau⁴² ɕiau⁴² ku³³ liaŋ³³ lai²¹ tso³⁵ kʰei³³ 。
擦 粉； 我 家 客， 小 小 姑 娘 来 做 客。

## 十六

ta⁴² pʰien³³ pʰien³³ , təu³⁵ tʂʰoŋ²¹ tʂʰoŋ²¹ , tʂʰoŋ²¹ liau⁴² səu⁴² , fei³³
打 翩 翩， 斗 虫 虫， 虫 咬 手， 飞

saŋ³⁵ tʰien³³ 。
上 天。

（语料收集者，叶晓芬；校对和诵读者均为九溪村村民胡勇，56 岁，本科学历，工程师，安顺市地戏协会副会长；新派读音）

# 屯堡谚语

## 一、农谚第一部分

san³³ lien²¹ liaŋ⁴² tʰəu²¹ zˌən³⁵ , i³³ lien²¹ ta⁴²
① 三 年 两 头 闰， 一 年 打

liaŋ⁴² tʂʰuən³³ 。
两 春。

农谚第一部分

tɕin³³ tsei²¹ lən⁴² , ta⁴² tʰien²¹ tən⁴² ; tɕin³³ tsei²¹ zei²¹ ,
② 惊 蛰 冷， 打 田 等； 惊 蛰 热，

tʰien²¹ kʰai³³ li³³ 。
田 开 裂。

ɕiau⁴² man⁴² pu⁴² man³³ ，maŋ²¹ tʂoŋ³⁵ pu³³ kuan⁴²。

③ 小 满 不 满， 芒 种 不 管。

tʂʰuan³³ fən³³ tɕʰiəu³³ fən³³，tʂəu³⁵ i³⁵ pʰin²¹ fən³³

④ 春 分 秋 分， 昼 夜 平 分。

tɕʰin³³ min²¹ iau min²¹，ku³³ i⁴² iau³⁵ lin²¹。

⑤ 清 明 要 明， 谷 雨 要 淋。

maŋ²¹ tʂoŋ³⁵ ta³⁵ tʰien²¹ pu³⁵ tsai³⁵ ʂuei⁴²，ɕia³⁵ tʂʅ³⁵ tsai³³ iaŋ³⁵ ŋai⁴² i²¹ tən⁴²。

⑥ 芒 种 打 田 不 在 水， 夏 至 栽 秧 矮 一 等。

li³³ ɕia³³ pu³³ ɕia³⁵，so³³ i³³ təu⁴² pʰoŋ²¹ kau kau³³ kua³⁵。

⑦ 立 夏 不 下， 蓑 衣 斗 篷 高 高 挂。

maŋ²¹ tʂoŋ³⁵ tsai³³ iaŋ³³ zʅ³³ kan zʅ³³，ɕia³⁵ tʂʅ³⁵ tsai³³ iaŋ³³ ʂʅ³³ kan ʂʅ²¹。

⑧ 芒 种 栽 秧 日 赶 日， 夏 至 栽 秧 时 赶 时。

ɕia³⁵ tʂʅ³⁵ foŋ³³ tuan²¹ iaŋ²¹，sau tɕʰin³³ uan³⁵ lien²¹ tsʰaŋ³³。

⑨ 夏 至 逢 端 阳， 扫 净 万 年 仓。

ɕia³⁵ tʂʅ³⁵ u³³ i⁴² tʰəu²¹，lien²¹ lu³³ tʂʅ³³，lien²¹ lu³⁵ tsʰəu³³。

夏 至 五 月 头， 连 路 吃， 连 路 愁。

ɕia³⁵ tʂʅ³⁵ u³³ i⁴² tʂoŋ³³，lien²¹ lu³³ tʂʅ³³ lien²¹ lu³⁵ soŋ³³。

夏 至 五 月 中， 连 路 吃 连 路 松。

ɕia³⁵ tʂʅ³⁵ u³³ i⁴² uei³³，tsʰai⁴² tʂu²¹ iau⁴² xəu³⁵ xuei⁴²。

夏 至 五 月 尾， 财 主 要 后 悔。

ɕia³⁵ tʂʅ³⁵ u³³ i⁴² tʰəu²¹，i³³ tan³³ ku³³ tʂʅ⁴² i⁴² tʰəu²¹ liəu²¹。

夏 至 五 月 头， 一 石 谷 子 一 头 牛。

sʅ³⁵ lu³³ kʰai³³ tʰien³³，pu³³ tɕiəu⁴² tsʰaŋ²¹。

⑩ 四 六 开 天， 不 久 长。

tɕʰi³³ ŋau³⁵ pa³³ li³³，tɕiəu⁴² tʰien³³ tɕin²¹。

⑪ 七 拗 八 裂， 九 天 晴。

lu³³ i³³ tɕʰiəu³³，tɕien⁴² pan³⁵ səu³³；tɕʰi³³ i³³ tɕʰiəu³³，man⁴² man⁴² səu³³。

⑫ 六 月 秋， 减 半 收； 七 月 秋， 满 满 收。

i⁴² sa⁴² ɚ³⁵ ʂʅ³³ u³⁵，xəu³³ i⁴² u²¹ kan³³ tʰu⁴²。

⑬雨 洒 二 十 五， 后 月 无 干 土。

pei²¹ lu³⁵ pu³³ tʂʰu³³，xan²¹ lu³⁵ pu³³ ʂu³³。

⑭ 白 露 不 出， 寒 露 不 熟。

tʂʰu³³ i³³ tɕʰin³³，tʂʰu²¹ ɚ³³ in³³；tʂʰu³³ san³³ tʂʰu³⁵ sʅ³⁵ ɕia³⁵ ta⁴² i³³，san³³

⑮ 初 一 晴， 初 二 阴； 初 三 初 四 下 大 雨， 三

tʰien³³ pu³³ tei³³ liaŋ⁴² tʰien³³ tɕin²¹。

天 不 得 两 天 晴。

toŋ³³·³³ i tiau³⁵,ɕi i tiau³³·³³;sʅ³⁵ sʅ³³ u³³ tiɛn⁴² saŋ³³ ko³³ tsau³⁵。

⑯东一吊，西一吊；四十五天　上　锅　灶。

sʅ³³·³³ i²¹ u³³ ʂuaŋ³⁵,tuei³⁵ tʰəu²¹ u²¹ kʰaŋ³³。

⑰十月无霜，　碓头无糠。

pa³³·³³ i ta³⁵,pei²¹ tsʰai lo³⁵ pu mai zu tɕia³⁵。

⑱八月大，白　菜　萝卜　卖　肉　价。

pa³³·³³ i ɕiau⁴²,pei²¹ tsʰai lo³⁵ pu taŋ³³ fən³⁵ tsʰau⁴²。

八月小，白　菜　萝卜　当　粪　草。

pa³³·³³ i san ko³⁵ mau³⁵,liəu²¹ tʂʅ³³ lan³⁵ ku⁴² tsʰau⁴²。

⑲八月三个卯，牛　吃　烂　谷　草。

pa³³·³³ i ta⁴² lei pin³⁵ tɕi ta³⁵。

⑳八月打雷病忌大。

ɕi³³·³³ in i³³·³³ pei³³ tʂaŋ³⁵ ta ʂuei⁴²。

㉑雪应一百　涨　大　水。

tʂʰoŋ²¹·²¹ iaŋ²¹ u²¹·⁴² uaŋ³⁵ sʅ³³ san³³,sʅ³³ san³³ u²¹·⁴² i³³·³³ toŋ³³ kan³³。pu³³ pʰa³⁵

㉒重　阳无雨望十三，十三无雨一冬　干。不　怕

tʂʰoŋ²¹·²¹ iaŋ²¹ sʅ³³ san³³·⁴² i⁴²,tʂʅ³⁵ iau³⁵·³³ li³³ toŋ³³·³³ i³³ zʅ³³ tɕin²¹。

重　阳十三雨，只　要　立冬一日　晴。

pei²¹ lu³⁵ foŋ²¹ taŋ³³,fan³³ la⁴² iəu³⁵ fan³³;pei²¹ lu³⁵ foŋ²¹ ʂuaŋ³³,kan³³ ku⁴²

㉓白露逢单，翻啦又翻；白露逢双，干谷

saŋ³⁵ tsʰaŋ³³。

上　仓。

pei²¹ lu³⁵ pei²¹ maŋ²¹ maŋ²¹,tɕiəu³³ fən³³ man⁴² pa³⁵ xuaŋ²¹。

㉔白雾白茫　茫，　秋　分满坝黄。

sʅ³³·³³ i tsʰu³³·³³ i kua⁴² ta³⁵ foŋ³³,sʅ³³ tan³⁵·²¹ iəu²¹ lo⁴² tɕiəu³⁵ tan³³ kʰoŋ³³。

㉕十月初一刮大风，十担　油　笋　九　担　空。

sʅ³³·³³ i⁴² iəu⁴²·³⁵ ko²¹ ɕiau²¹ iaŋ³³ tʂʰən³³。

㉖十月有个小阳　春。

tʂuaŋ³³ tɕia³³·²¹ u²¹ liəu²¹ kʰoŋ³³ tɕi⁴²·⁴² tsau⁴²。

㉗庄　稼无牛　空　起　早。

ʂuaŋ³³ pu³³·³³ in tɕiaŋ³⁵,iəu⁴² sʅ³⁵ sʅ³³ u⁴² tiɛn³³·³³ in³³·⁴² i。

㉘霜　不应降，有四十五天阴雨。

in²¹ tsəu⁴² toŋ²¹,i⁴² tsʰaŋ³³·³³ kʰoŋʰ⁴²;in³³·⁴² tsəu³³ ɕi²¹,pʰei⁴²·³³ soʰ³³·³³ i³³·³³。

㉙云走东，一场　空；云走西，披蓑衣。

in²¹ tsəu⁴² lan²¹,i²¹·⁴² tsʰənʰ³⁵ tʰuan²¹;in²¹ tsəu⁴² pei²¹·⁴² ti³⁵ kʰai³³·³³ li³³。

云走南，雨成　团；云走北，地开裂。

218

tɕ<sup>h.42</sup>i <sup>42</sup>tsau <sup>42</sup>san <sup>33</sup>zʅ <sup>33</sup>taŋ <sup>33</sup>t<sup>h</sup>ien <sup>.33</sup>koŋ <sup>33</sup>。

㉚起 早 三 日 当 天 工。

i<sup>.33</sup> <sup>35</sup>liaŋ <sup>42</sup>ta <sup>42</sup>san ,sai<sup>.35</sup> tei <sup>21</sup>kuai <sup>42</sup>xan <sup>42</sup>。

㉛月 亮 打 伞, 晒 得 鬼 喊。

pei<sup>.21</sup> <sup>35</sup>lu <sup>35</sup>u <sup>21</sup>maŋ <sup>21</sup>maŋ ,ku<sup>.33</sup> tsʅ<sup>42</sup> t<sup>h</sup>ien<sup>h.21</sup> li<sup>.42</sup> xuaŋ<sup>21</sup> ;

㉜白 露 雾 茫 茫, 谷 子 田 里 黄;

pei<sup>.21</sup> <sup>35</sup>lu <sup>33</sup>pu <sup>.33</sup>ti t<sup>h</sup><sup>33</sup>əu ,ko<sup>.33</sup> lai <sup>35</sup>uei <sup>42</sup>lau <sup>21</sup>liəu 。

白 露 不 低 头, 割 来 喂 老 牛。

liau <sup>42.33</sup>i <sup>.42</sup>i ,i<sup>.33</sup> tsʅ<sup>h</sup> <sup>33</sup>u tɕ<sup>h.21</sup>in 。

㉝了 月 雨,月 初 晴。

t<sup>h</sup>iɛn<sup>h.33</sup> xuaŋ<sup>21</sup> iəu<sup>.42</sup>i <sup>42</sup>,zən <sup>21</sup>xuaŋ <sup>42</sup>iəu<sup>.42</sup> pin <sup>.35</sup>。

㉞天 黄 有 雨, 人 黄 有 病。

tsau <sup>42</sup>saŋ <sup>35</sup>pu <sup>33</sup>tsʅ<sup>h</sup> <sup>33</sup>mən ,uan<sup>21</sup> ɕia<sup>42</sup> sai<sup>.</sup> sʅ<sup>35</sup> zən<sup>42</sup> <sup>21</sup>。

㉟早 上 不 出 门, 晚 霞 晒 死 人。

ɕien <sup>33</sup>ta <sup>42</sup>lei <sup>.21</sup>,xəu<sup>35</sup> ɕia<sup>.35.42</sup>i ,pu <sup>21.33</sup>zu<sup>h.33</sup>i <sup>35</sup>po <sup>35</sup>ta <sup>35</sup>lu <sup>.42</sup>ʂuei 。

㊱先 打 雷, 后 下 雨,不 如 一 泼 大 露 水。

u<sup>35</sup> kai<sup>.35</sup> ta<sup>35</sup> san<sup>33</sup> saŋ<sup>33</sup> ,mau<sup>21.42</sup>i <sup>21</sup>tsoŋ <sup>t<sup>h.33</sup>ien <sup>35</sup>tɕiaŋ 。

㊲雾 盖 大 山 上, 毛 雨 从 天 降。

## 二、农谚第二部分

tɕiaŋ <sup>42</sup>xua <sup>35</sup>tei <sup>.33</sup>tɕ<sup>h</sup>in <sup>33</sup>,ko<sup>.</sup> xua<sup>35</sup> tei<sup>.33</sup> tʂoŋ<sup>35</sup> 。

① 讲 话 的 轻, 过 话 的 重。

tsʅ<sup>h</sup>əu <sup>42.33</sup>ɕi fu<sup>35.42</sup> i<sup>.35</sup> iau<sup>35</sup> tɕien<sup>.33</sup> koŋ<sup>h</sup> <sup>21</sup>po 。

② 丑 媳 妇 也 要 见 公 婆。

农谚第二部分

tɕia <sup>33</sup>t<sup>h</sup>əu<sup>21</sup> tɕiaŋ<sup>42</sup> xua<sup>35</sup> faŋ<sup>21</sup> tɕiaŋ<sup>21</sup> tɕio<sup>33</sup> ,uai<sup>.35</sup>

③家 头 讲 话 防 墙 脚, 外

t<sup>h</sup>əu<sup>33</sup> tɕiaŋ<sup>42</sup> xua<sup>35</sup> faŋ<sup>21</sup> tsʅ<sup>h</sup> <sup>35</sup>o <sup>33</sup>。

头 讲 话 防 刺 窝。

xua <sup>33</sup>xua <sup>33</sup>tɕiau <sup>35</sup>,zən <sup>21</sup>t<sup>h</sup>ai<sup>.21</sup> zən <sup>21</sup>。

④花 花 轿, 人 抬 人。

iəu<sup>.42</sup> li<sup>.42</sup> san<sup>42</sup> piɛn<sup>42</sup> tan<sup>35</sup> ,u<sup>.42</sup>li piɛn<sup>42</sup> tan<sup>35</sup> san<sup>33</sup>。

⑤有 理 三 扁 担,无 理 扁 担 三。

ɕien <sup>21</sup>sʅ <sup>35</sup>xuan <sup>35</sup>iau <sup>21</sup>ɕien <sup>21</sup>zən <sup>21</sup>kuan <sup>42</sup>。

⑥闲 事 还 要 闲 人 管。

tsaŋ <sup>33</sup>tɕia <sup>33</sup>pu <sup>33</sup>kuan <sup>42</sup>li <sup>.42</sup>tɕia <sup>33</sup>sʅ <sup>35</sup>。

⑦张 家 不 管 李 家 事。

tɕo³³ tɕei²¹ la²¹ tsaŋ³³ , tɕo³³ tɕiɛn³³ la²¹ ʂuaŋ³³ 。

⑧ 捉 贼 拿 赃， 捉 奸 拿 双。

i·³³ kʰo³³ ʂu³⁵ po pu liau³⁵ tɕi⁴² tsʰən⁴² pʰi·²¹ 。

⑨一 棵 树 剥 不 了 几 层 皮。

zən²¹ iəu⁴² san³³ pu³⁵ ʂʅ²¹ , pu³³ tʂʅ³³ tsau⁴² xo²¹ tsʰʅ·²¹ 。

⑩ 人 有 三 步 时， 不 知 早 和 迟。

uai·³³ uai·³³ pʰo³³ , ɕi²¹ ɕi²¹ ɕia³⁵ 。

⑪ 歪 歪 坡， 斜 斜 下。

zən²¹ tsai·³⁵ tɕia³³ tɕoŋ³³ tɕo³⁵ , xo·²¹ iəu tʰiɛn³³ saŋ³⁵ lai·²¹ 。

⑫ 人 在 家 中 坐， 祸 由 天 上 来。

kan³³ tʂu³³ tsʅ⁴² ·⁴² i iau³⁵ kʰau⁴² tʂʰu³³ iəu²¹ lai·²¹ 。

⑬ 干 竹 子 也 要 烤 出 油 来。

ʂʅ³³ ko³⁵ tʂʅ⁴² tʰəu³³ iəu⁴² tsʰaŋ²¹ tuan⁴² 。

⑭十 个 指 头 有 长 短。

zən²¹ pʰa³⁵ san³³ tuei·³⁵ miɛn³⁵ , ʂu³³ pʰa³⁵ i·³³ mɛ³³ ɕiɛn³⁵ 。

⑮ 人 怕 三 对 面， 树 怕 一 墨 线。

tɕʰi·⁴² faŋ²¹ tsau³⁵ u³³ , san³³ pei²¹ lan⁴² xan³⁵ ; tʂʅ³³ tei·³³ tʂʰʅ³³ , kʰan³⁵

⑯ 起 房 造 屋， 三 百 懒 汉； 吃 的 吃， 看

tei·³³ kʰan³⁵ 。

的 看。

zən²¹ ɕiaŋ³⁵ tɕi tɕi·²¹ tsʰau⁴² , san³³ tɕʰioŋ²¹ san³³ fu³⁵ pu³³ tau³⁵ lau⁴² 。

⑰ 人 像 节 节 草， 三 穷 三 富 不 到 老。

san³³ pʰo·³³ uei·³⁵ tʂu⁴² zən²¹ uei·³⁵ kʰei·³³ , zən²¹ lai·²¹ ʂʅ³⁵ saŋ³⁵ ɕiaŋ³⁵

⑱ 山 坡 为 主 人 为 客， 人 来 世 上 像

tsəu³⁵ kʰei·³³ 。

做 客。

lau⁴² tau³³ pu³³ kʰan⁴² tsʰʅ³⁵ , lau⁴² zən²¹ pu³³ kuan⁴² ʂʅ³⁵ 。

⑲ 老 刀 不 砍 刺， 老 人 不 管 事。

tsaŋ³³ koŋ³³ tei·³³ mau³⁵ tsʅ⁴² la²¹ kei·⁴² li³⁵ koŋ³³ tai·³⁵ 。

⑳ 张 公 的 帽 子 拿 给 李 公 戴。

iau³⁵ tei·³³ fa³³ , pu³³ li·²¹ pa³³ ; la³⁵ li⁴² tʂʅ³³ fan³⁵ , la³⁵ li⁴² pau⁴² 。

㉑ 要 得 发， 不 离 八； 哪 里 吃 饭， 哪 里 饱。

zən²¹ ɕin·³³ kei·³³ tu³³ pʰi·²¹ , fan³⁵ tsən³⁵ kei·²¹ sau³³ tɕi·³³ 。

㉒ 人 心 隔 肚 皮， 饭 甑 隔 筲 箕。

la³⁵ li⁴² ʂo³³ xua³⁵ , la³⁵ li⁴² liau⁴² 。

㉓哪 里 说 话， 哪 里 了。

tɕiau³³ tei·³³ ko³³ ɚ·²¹ tsʰaŋ³⁵ pu³³ tei·³³ ，xua³⁵ tei·³³ ma²¹ ɚ·²¹ tɕi³³ pu tei·³³ 。
㉔ 教 的 歌 儿 唱 不 得，画 的 马 儿 骑 不 得。

la⁴² ko³⁵ zən tɕ ien²¹ pu³³ tɕiaŋ³⁵ zən²¹ ，la⁴² ko³⁵ zən xəu²¹ pu³³ ʂo³³ zən²¹ 。
㉕ 哪 个 人 前 不 讲 人，哪 个 人 后 不 说 人。

zən²¹ kuai³³ pu³³ tau tau·³³ ，ʂu³⁵ tsʰaŋ⁴² pu³³ tɕʰi²¹ tʰ ien³³ 。
㉖ 人 乖 不 到 老，树 长 不 齐 天。

ɕi·³³ fu³⁵ tsəu³⁵ xai·²¹ ，pʰ o²¹ pʰ o⁵⁵ iəu⁴² iaŋ³⁵ 。
㉗ 媳 妇 做 鞋，婆 婆 有 样。

tɕʰ in³³ iəu²¹ tsʰ au⁴² tsʰ ai³⁵ ，ko³³ zən³³ ɕin³³ ai·³⁵ 。
㉘ 清 油 炒 菜，各 人 心 爱。

iəu⁴² xua³⁵ taŋ³³ mien⁴² tɕiaŋ³⁵ ，iəu⁴² zu⁴² taŋ³³ mien³³ tɕʰi·³³ 。
㉙ 有 话 当 面 讲，有 肉 当 面 切。

iəu⁴² ɕin³³ kʰ ai³³ fan⁴² tien³⁵ ，pu³³ pʰ a²¹ ta³⁵ tu³⁵ xan³⁵ 。
㉚ 有 心 开 饭 店，不 怕 大 肚 汉。

mau³³ mau³³ pu³³ tɕien³⁵ tɕiau³³ ，tsən³³ pan³³ pu³³ tɕien³⁵ ɕiaŋ⁴² 。
㉛ 猫 猫 不 见 叫，砧 板 不 见 响。

ɕiəu³⁵ tsʰ ai·²¹ pu³³ tʂʰ u³⁵ mən²¹ ，lən³³ tʂɿ³³ tʰ ien³³ ɕia·³³ ʂɿ³⁵ 。
㉜ 秀 才 不 出 门，能 知 天 下 事。

sa³³ tɕi·³³ kei⁴² o³⁵ kʰ an³⁵ 。
㉝ 杀 鸡 给 鹅 看。

tʂʰ u³³ mən²¹ kʰ an·³³ tʰ ien³³ sei·³³ ，tɕin³⁵ mən²¹ kʰ an³⁵ lien⁴² sei·³³ 。
㉞ 出 门 看 天 色，进 门 看 脸 色。

tʂ uan³³ i·³³ tei·³³ tɕia³⁵ tsɿ⁴² ，tʂʰ ɿ³³ fan³⁵ tei·³³ tu³⁵ tsɿ⁴² 。
㉟ 穿 衣 的 架 子，吃 饭 的 肚 子。

sən³³ i·³⁵ pu³³ li·³³ xaŋ²¹ ，ʂɿ³³ tsʰaŋ⁴² iəu⁴² i·³³ tsʰaŋ⁴² 。
㊱ 生 意 不 离 行，十 场 有 一 场。

xau⁴² ti·³³ xau⁴² liaŋ²¹ xau⁴² ɕi·³⁵ ʂɿ³⁵ ，xau⁴² ɚ²¹ xau⁴² li·⁴² xau⁴² saŋ³³ ʂɿ³⁵ 。
㊲ 好 爹 好 娘 好 喜 事，好 儿 好 女 好 丧 事。

ɕin³³ tʂoŋ³³ u²¹ lən⁴² pin³⁵ ，la⁴² pʰ a³⁵ tʂʰ ɿ³³ ɕi·³³ kua³³ 。
㊳ 心 中 无 冷 病，哪 怕 吃 西 瓜。

tʂʰ ɿ³³ tei·³³ mei²¹ tʰ an³⁵ ʂuei⁴² ，tɕi·⁴² tei·³³ xei³³ liaŋ²¹ ɕin·³³ 。
㊴ 吃 得 煤 炭 水，起 得 黑 良 心。

tɕin⁴² pien³³ ta⁴² ʂuei·⁴² ，fən³³ ko³⁵ tɕien²¹ lai²¹ xəu³⁵ tau³⁵ 。
㊵ 井 边 打 水，分 个 前 来 后 到。

iəu⁴² ɕei·³⁵ tsɿ³⁵ zan²¹ ɕiaŋ·³³ ，xo²¹ pi·²¹ tʂʰ uei·³³ i³⁵ saŋ³⁵ 。
㊶ 有 麝 自 然 香，何 必 穿 衣 裳。

221

saŋ$^{35}$ liaŋ$^{21}$ pu$^{33}$ tsən$^{35}$ ɚ$^{35}$ liaŋ$^{21}$ uai$^{\cdot 33}$，ɚ$^{35}$ liaŋ$^{21}$ pu$^{33}$ tsən$^{35}$ kʰua$^{42}$ ɕia$^{33}$ lai$^{\cdot 21}$。
㊷上梁不正二梁歪，二梁不正垮下来。

ʂu$^{35}$ ta$^{35}$ tsau$^{33}$ foŋ$^{33}$，zən$^{21}$ kʰuaŋ$^{21}$ tsau$^{33}$ xo$^{35}$。
㊸树大招风，人狂招祸。

tɕin$^{42}$ ʂuei$^{\cdot 42}$ ta$^{42}$ pu$^{33}$ kan$^{33}$，tɕʰi$^{\cdot 35}$ li$^{\cdot 33}$ ʂɿ$^{42}$ pu$^{33}$ uan$^{21}$。
㊹井水打不干，气力使不完。

ɕiɛn$^{21}$ ʂɿ$^{21}$ pu$^{33}$ sau$^{33}$ ɕiaŋ$^{33}$，maŋ$^{21}$ ʂɿ$^{21}$ pau$^{35}$ fo$^{33}$ tɕio$^{33}$。
㊺闲时不烧香，忙时抱佛脚。

ʂuei$^{\cdot 42}$ pu$^{33}$ tɕiau$^{\cdot 42}$ pu$^{33}$ xuən$^{21}$，zən$^{21}$ pu$^{33}$ tsəu$^{42}$ pu$^{33}$ tɕʰin$^{\cdot 33}$。
㊻水不搅不浑，人不走不亲。

xuei$^{\cdot 35}$ pʰau$^{42}$ pʰau$^{42}$ pu$^{33}$ ko$^{35}$ i$^{\cdot 42}$。
㊼会讲讲不过理。

toŋ$^{33}$ kua$^{33}$ iəu$^{\cdot 42}$ mau$^{21}$，tɕʰi$^{\cdot 21}$ tsɿ$^{\cdot 42}$ iəu$^{42}$ tsʰɿ$^{35}$；
㊽冬瓜有毛，茄子有刺；

lan$^{21}$ zən$^{\cdot 21}$ iəu$^{42}$ tɕʰiɛn$^{\cdot 21}$，pʰo$^{21}$ liaŋ$^{\cdot 33}$ iəu$^{42}$ ʂɿ$^{35}$。
㊾男人有钱，婆娘有势。

xuei$^{\cdot 35}$ tɕiaŋ$^{42}$ tɕiaŋ$^{42}$ pu$^{33}$ ko$^{35}$ li$^{\cdot 42}$。
㊾会跑跑不过雨。

tʰin$^{\cdot 33}$ ko$^{35}$ pu$^{33}$ ʐu$^{21}$ tɕiɛn$^{35}$ ko$^{35}$，tɕiɛn$^{35}$ ko$^{35}$ pu$^{33}$ ʐu$^{21}$ tsəu$^{35}$ ko$^{35}$。
㊿听过不如见过，见过不如做过。

san$^{33}$ tʰiɛn$^{\cdot 33}$ pu$^{33}$ tʂʰɿ$^{33}$ fan$^{35}$，tsəu$^{35}$ ko$^{35}$ mai$^{\cdot 35}$ mi$^{\cdot 42}$ xan$^{35}$。
(51)三天不吃饭，做个卖米汉。

zən$^{\cdot 21}$ iau$^{35}$ tʂoŋ$^{33}$ ɕin$^{33}$，xo$^{\cdot 42}$ iau$^{35}$ kʰoŋ$^{33}$ ɕin$^{33}$。
(52)人要忠心，火要空心。

tʂɿ$^{35}$ san$^{33}$ kʰan$^{35}$ tau$^{42}$ a$^{35}$ san$^{33}$ kau$^{33}$，tau$^{35}$ liau$^{42}$ a$^{35}$ san$^{33}$ u$^{21}$ tsʰai$^{\cdot 21}$ sau$^{33}$。
(53)这山看到那山高，到了那山无柴烧。

pu$^{33}$ pʰa$^{35}$ man$^{35}$，tʂɿ$^{42}$ pʰa$^{35}$ tsan$^{35}$。
(54)不怕慢，只怕站。

ɕio$^{21}$ tei$^{\cdot 33}$ xuei$^{\cdot 35}$，tʰau$^{42}$ tei$^{\cdot 33}$ lei$^{\cdot 35}$。
(55)学得会，讨得累。

zən$^{21}$ tɕʰiau$^{\cdot 42}$ pu$^{33}$ ʐu$^{21}$ tɕia$^{33}$ sɿ$^{33}$ miau$^{35}$。
(56)人巧不如家私妙。

tʂʰɿ$^{33}$ tei$^{\cdot 33}$ kʰuei$^{\cdot 33}$，ta$^{42}$ tei$^{\cdot 33}$ tuei$^{\cdot 33}$。
(57)吃得亏，打得堆。

kʰan$^{35}$ tsei$^{\cdot 42}$ zoŋ$^{21}$ i$^{\cdot 35}$ tsəu$^{35}$ tsei$^{\cdot 42}$ lan$^{21}$。
(58)看者容易做者难。

tʂʰʅ$^{33}$ kʰuei$^{33}$ zən$^{21}$ ʦʰaŋ$^{21}$ ʦai$^{35}$。
(59) 吃　亏　人　常　在。

xan$^{42}$ pʰo$^{35}$ saŋ$^{42}$ ʦʅ$^{42}$，pu$^{33}$ ʐu$^{21}$ ʦəu$^{35}$ tʂʰu$^{33}$ iaŋ$^{35}$ ʦʅ$^{42}$。
(60) 喊　破　嗓　子，不　如　做　出　样　子。

kʰan$^{35}$ ʦʰai$^{35}$ tʂʰʅ$^{33}$ fan$^{35}$，liaŋ$^{21}$ tʰi$^{42}$ ʦʰai$^{21}$ i$^{33}$。
(61) 看　菜　吃　饭，量　体　裁　衣。

pu$^{33}$ kua$^{33}$ foŋ$^{33}$，pu$^{33}$ suan$^{35}$ lən$^{42}$；pu$^{33}$ tɕʰiɛn$^{35}$ ʦai$^{35}$，pu$^{33}$ suan$^{35}$ tɕʰioŋ$^{21}$。
(62) 不　刮　风，不　算　冷；不　欠　债，不　算　穷。

kʰai$^{33}$ ʂuei$^{42}$ pu$^{33}$ ɕiaŋ$^{42}$，ɕiaŋ$^{42}$ ʂuei$^{42}$ pu$^{33}$ kʰai$^{33}$。
(63) 开　水　不　响，响　水　不　开。

sei$^{33}$ to$^{33}$ pu$^{33}$ liau$^{42}$ zən$^{21}$，ʦaŋ$^{35}$ to$^{33}$ pu$^{33}$ ʦʰəu$^{21}$ zən$^{21}$。
(64) 虱　多　不　咬　人，账　多　不　愁　人。

taŋ$^{33}$ tɕia$^{33}$ ʦʰai$^{21}$ tsʅ$^{33}$ iɛn$^{21}$ mi$^{42}$ kuei$^{35}$，iaŋ$^{42}$ ɚ$^{21}$ ʦʰai$^{21}$ pau$^{35}$ fu$^{35}$ mu$^{42}$ ən$^{33}$。
(65) 当　家　才　知　盐　米　贵，养　儿　才　报　父　母　恩。

pu$^{33}$ saŋ$^{35}$ kau$^{33}$ san$^{33}$，pu$^{33}$ tsʅ$^{33}$ pʰin$^{21}$ ti$^{35}$；pu$^{33}$ tʂʰʅ$^{33}$ lau$^{42}$ kʰaŋ$^{33}$，pu$^{33}$ tsʅ$^{33}$ tsʰu$^{33}$ ɕi$^{35}$。
(66) 不　上　高　山，不　知　平　地；不　吃　老　糠，不　知　粗　细。

iəu$^{42}$ tɕi$^{35}$ iəu$^{42}$ xuan$^{21}$，ʦai$^{35}$ tɕi$^{35}$ pu$^{33}$ lan$^{21}$。
(67) 有　借　有　还，再　借　不　难。

tɕia$^{33}$ tʂoŋ$^{33}$ iəu$^{42}$ tɕin$^{33}$ in$^{21}$，kei$^{21}$ pi$^{21}$ iəu$^{42}$ tən$^{42}$ ʦʰən$^{35}$。
(68) 家　中　有　金　银，隔　壁　有　戥　称。

zən$^{21}$ san$^{35}$ səu$^{35}$ zən$^{21}$ tɕʰi$^{33}$，ma$^{42}$ san$^{35}$ səu$^{35}$ zən$^{21}$ tɕʰi$^{21}$。
(69) 人　善　受　人　欺，马　善　受　人　骑。

xau$^{42}$ ɕin$^{33}$ pu$^{33}$ tei$^{33}$ xau$^{42}$ pau$^{35}$，xau$^{42}$ tsʰai$^{21}$ ʂau$^{33}$ lan$^{42}$ ʦau$^{35}$。
(70) 好　心　不　得　好　报，好　柴　烧　烂　灶。

tʂʰʅ$^{33}$ zən$^{21}$ san$^{33}$ ʦʰan$^{33}$，xuan$^{21}$ zən$^{21}$ i$^{33}$ ɕi$^{21}$。
(71) 吃　人　三　餐，还　人　一席。

zo$^{35}$ iau$^{35}$ zən$^{21}$ tɕin$^{35}$ ŋo$^{42}$，ŋo$^{42}$ pi$^{35}$ ɕiɛn$^{33}$ tɕin$^{35}$ zən$^{21}$。
(72) 若　要　人　敬　我，我　必　先　敬　人。

ʦʰən$^{35}$ pu$^{33}$ li$^{21}$ tʰo$^{21}$，koŋ$^{33}$ pu$^{33}$ li$^{21}$ pʰo$^{21}$。
(73) 秤　不　离　砣，公　不　离　婆。

uən$^{35}$ lu$^{35}$ pu$^{33}$ ʂʅ$^{33}$ li$^{42}$，to$^{33}$ ʦəu$^{42}$ tɕi$^{42}$ ʂʅ$^{33}$ li$^{42}$。
(74) 问　路　不　施　礼，多　走　几　十　里。

tɕiəu$^{35}$ tei$^{33}$ pu$^{33}$ tɕʰi$^{35}$，ɕin$^{33}$ tei$^{33}$ pu$^{33}$ lai$^{21}$。
(75) 旧　的　不　去，新　的　不　来。

ə²¹ pu³³ ɕien²¹ mu⁴² tsʰəu⁴², kəu⁴² pu³³ ien·³⁵ tɕia³³ pʰin·²¹。

⑯ 儿 不 嫌 母 丑， 狗 不 厌 家 贫。

tʂʅ³³ pu³³ tɕioŋ²¹, tʂʰuan³³ pu³³ tɕioŋ·²¹, zən²¹ u²¹ ta⁴² suan³⁵·³³

⑰ 吃 不 穷， 穿 不 穷， 人 无 打 算 一

ʂʅ³⁵ tɕioŋ·²¹。

世 穷。

tsəu³⁵ fan³⁵·³⁵ iəu⁴²·⁴² mi, ʂo³³ xua³⁵·³⁵ iau tɕiaŋ⁴² li⁴²。

⑱ 做 饭 要 有 米， 说 话 要 讲 理。

fei·²¹ zu²¹ saŋ³⁵ tʰien·³³ piau, tɕi·³³ tɕio·³³ kan saŋ³³ kua·³³ iəu²¹。

⑲ 肥 肉 上 添 膘， 鸡 脚 杆 上 刮 油。

ta³⁵ tʂʅ³³ zu²¹ ɕiau⁴² tu⁴², tɕioŋ·³³ tei³⁵ ŋin³⁵·³⁵ tɕi, o³⁵ tei·³³ ɕin·³³ ɕien³³。

⑳ 大 吃 如 小 赌， 穷 的 硬 气， 饿 得 新 鲜。

tʰau²¹ pau⁴² li⁴²·⁴² saŋ³³ zən²¹, xua³³ xoŋ³³ tʂʅ³³ kʰi³³·³⁵ iaŋ⁴² tɕin³³ sən²¹。

㉛ 桃 饱 李 伤 人， 花 红 吃 去 养 精 神。

zən²¹ ɕin³³ pu³³ tei·³³ tsu³³, fan³⁵ tsən³⁵ pu³³ tei·³³ ə³⁵ tau ku³³。

㉜ 人 心 不 得 足， 饭 甑 不 得 二 道 箍。

tʂʅ³³·³³ io³³ pu·³⁵ tɕi tsei⁴², pʰau⁴² tuan³⁵·³³ i sən³³ tʰuei·⁴²。

㉝ 吃 药 不 忌 嘴， 跑 断 医 生 腿。

lu³⁵ tʂʅ²¹·⁴² iəu²¹ zən⁴² tsou²¹, zən²¹ tsʅ⁴² iəu²¹ zən foŋ²¹。

㉞ 路 直 有 人 走， 人 直 有 人 逢。

zən²¹·⁴² iəu³³ ʂʅ tsʰo³⁵, ma⁴²·⁴² iəu ləu³⁵ tʰi·²¹。

㉟ 人 有 失 错， 马 有 漏 蹄。

i·³³ ko³⁵ lo²¹ ʂʅ ta⁴² xuai·³⁵ ʂʅ³³ ə³⁵ uan⁴² tʰaŋ³³。

㊱ 一 个 螺 蛳 打 坏 十 二 碗 汤。

（语料收集者，叶晓芬；校对和诵读者均为九溪村村民胡勇，同上）

# 遵义方言语料

## 遵义方言童谣

### 磨豆腐

tʰuei⁵⁵ mo¹³ iau³¹ mo¹³,
推　磨　摇　磨,

tʰuei⁵⁵ təu¹³ xua⁵⁵ kan⁴² sau⁴² u⁴²。
推　豆　花　赶　晌　午。

ua³¹ ɚ⁵⁵ pu³¹ tsʰæ³¹ cai⁴² təu¹³ fu⁴²,
娃　儿　不　吃　菜　豆　腐,

kuan¹³ kuan¹³ uei⁵⁵ kuan¹³ kuan¹³ tsu⁴²,
罐　罐　煨　罐　罐　煮,

ta⁴² lan kuan¹³ kuan¹³ ni³¹ pa⁵⁵ pu⁴²,
打　烂　罐　罐　泥　巴　补,

i³¹ pu⁴² pu⁴² ko¹³ uai⁵⁵ pʰi¹³ ku⁴²。
一　补　补　个　歪　屁　股。

遵义方言童谣

### 月亮光光

ie³¹ liaŋ¹³ kuaŋ⁵⁵ kuaŋ⁵⁵, iau¹³ tsʰæ⁵⁵ maŋ⁵⁵ maŋ⁵⁵。
月　亮　光　光,要　吃　莽　莽。

maŋ⁵⁵ maŋ⁵⁵ mei⁵⁵ iəu⁴² sue³¹, iau¹³ tsʰæ⁵⁵ la³¹ zue³¹。
莽　莽　没　有　熟,要　吃　腊　肉。

la³¹ zu³¹ mei⁵⁵ iəu⁴² pʰa⁵⁵, iau¹³ tsʰæ⁵⁵ tsʅ³¹ pa⁵⁵。
腊　肉　没　有　粑,要　吃　糍　粑。

tsʅ³¹ pa⁵⁵ mei⁵⁵ iəu⁴² ta³¹, iau¹³ tɕy¹³ xo¹³ piɛn⁵⁵ sua⁴²。
糍　粑　没　有　打,要　去　河　边　耍。

xo³¹ piɛn⁵⁵ iəu⁴² tsæ³¹ tsʰuan⁴²，tɕin³¹ li⁴² tau¹³ ɕi⁵⁵ ŋai³¹。
河边有只船， 请你到西岩。

## 缺牙巴

tɕʰyɛ³¹ ia³¹ pa⁵⁵，xau⁵⁵ tsa⁵⁵ tsa⁵⁵。
缺牙巴，薅渣渣。

xau⁵⁵ tau¹³ uai¹³ kuŋ⁵⁵、uai¹³ pʰo³¹ tɕia⁵⁵。
薅到外公、外婆家。

uai¹³ kuŋ⁵⁵ uai¹³ kuŋ⁵⁵ pæ³¹ nai¹³ fan³¹，
外公外公不耐烦，

xan⁴² ni⁴² tsʰu³¹ kæ⁵⁵ sua⁴²。
喊你出去耍。

uai¹³ pʰo³¹ uai¹³ pʰo³¹ tɕin⁵⁵ toŋ¹³ li⁴²，
外婆外婆心痛你，

tsua⁵⁵ li⁴² liaŋ⁴² pa⁴² zən³¹ sən⁵⁵ mi⁴²。
抓你两把人参米。

## 茶鲜鲜

tsʰa³¹ ɕyɛn⁵⁵ ɕyɛn⁵⁵，tsʰa³¹ ɕyɛn⁵⁵ ɕyɛn⁵⁵，
茶 鲜 鲜，茶 鲜 鲜，

ka⁴² tia⁵⁵ iəu³¹ tsʰa³¹ ti⁴² pɛ⁵⁵ lien³¹。
伢家油茶几百年。

ɕiau⁴² tɛ⁵⁵ tsʰʅ³¹ la⁴² tʰiɛn⁵⁵ fu³¹ səu³⁵，
小的吃啦添福寿，

lau⁴² tɛ⁵⁵⁵⁵ tsʰʅ³¹ la⁴² tʰiɛn⁵⁵ fu³¹ səu³⁵。
老的吃了添寿延。

（遵义方言童谣提供者为贵州大学2022、2023级汉语言文字学专业硕士生全情影、冯南雨，均为24岁；诵读者为全刚，58岁，遵义市播州区枫香镇青坑村村民；周佳艺，24岁，道真县人）

# 遵义民间故事

## 石佛洞

tsən⁵⁵ ȵi³⁵ tsʰən³¹ tɕiau⁵⁵ iəu⁴² ʔi³¹ sʅ³⁵ miau³⁵, miŋ³¹ io⁵⁵
遵义城郊有一寺庙，名曰

"sə³¹ fæ³¹ toŋ³⁵。ɕin³¹ tso³¹ tʰ³¹ tai tɕiai⁵⁵ ə³⁵ saŋ³⁵, tʰ³¹ ai
"石佛洞"。循着台阶而上，抬

tʰəu³¹ pien³⁵ kʰo³¹ tɕien³⁵ san³⁵ mən³⁵ saŋ³⁵ ɕi³¹ tso³⁵ "sə³¹
头便可见山门上写着"石

石佛洞

fe³¹ toŋ³⁵"。tʰuei⁵⁵ mən³⁵ ə³⁵ zue³¹, xoŋ³¹ ɕiaŋ³⁵ xuei⁵⁵ ua³¹ tɤ³⁵ sʅ³¹ miau³⁵ tien³¹
佛洞"。推门而入，红墙灰瓦的寺庙典

ɕiŋ³¹ tɕien³¹ tsue³⁵ pien³⁵ tsʰue³⁵ ɕien³¹ tsai³⁵ ien³¹ tɕʰien³⁵。sʅ³¹ miau³⁵ luei³¹ fan³¹
型建筑便出现在眼前。寺庙内梵

in⁵⁵ ȵiau⁴² ȵiau⁴², zaŋ⁴² zən³¹ tsu³⁵ tsue³⁵ kuan⁵⁵ uaŋ³¹ tɤ³⁵ tʰoŋ³¹ sʅ³¹, pe³¹ iəu⁴²
音袅袅，让人驻足观望的同时，不由

tɤ³¹ xau³⁵ tɕʰi³¹ uei³⁵ xo³¹ ʔi³⁵ ko³¹ sʅ³⁵ miau³⁵ tɤ³¹ miŋ³⁵ tsʅ³⁵ tɕiau³¹ sə³¹ fe³⁵ toŋ³⁵。
得好奇为何一个寺庙的名字叫石佛洞。

ɕiaŋ⁵⁵ tsʰuan³¹ tɕʰien³¹ loŋ³¹ ȵien³⁵ tɕien³¹, tsən⁵⁵ ȵi³⁵ tsʅ⁵⁵ fu⁴² tɕiau⁵⁵ ə⁴² xəu³⁵
相传乾隆年间，遵义知府焦尔厚

tsʰən³¹ tau³⁵ ʔie³⁵ ko³⁵ toŋ⁵⁵ tsoŋ⁵⁵ tʰan³¹ ɕin³¹, in³¹ fa³⁵ ɕien³¹ toŋ⁵⁵ luei³⁵ iəu³⁵ tsoŋ⁵⁵
曾到一个洞中探寻，因发现洞内有钟

zu⁴² sə³¹ sən³¹ sʅ³⁵ fe³¹ ɕiaŋ³⁵, i³¹ sʅ³¹ tɕiaŋ³⁵ tsʅ³¹ toŋ³⁵ miŋ³¹ miŋ³¹ uei³¹ sə³¹ fe³¹
乳石神似佛像，于是将此洞命名为石佛

toŋ³⁵。《tsən⁵⁵ ȵi³⁵ fu³¹ tsʅ³⁵》tsoŋ⁵⁵ tɕi³⁵ tsai³¹ "tɕin³⁵ toŋ⁵⁵ sə³⁵ li³¹ iəu⁴² toŋ³⁵, tɕin³⁵
洞。《遵义府志》中记载："郡东十里有洞，郡

səu³¹ tɕi³¹ lan³¹ tɕiau⁵⁵ koŋ⁵⁵ tʰan³¹ tɕi³¹ tɤ³⁵ sʅ³¹, i³¹ sʅ³⁵ sʅ³⁵ fe³¹, i³¹ fe³¹ miŋ³¹。
守济南焦公叹奇得斯也，以石似佛，予佛名。

ian³¹ tɕin³¹ in⁵⁵ sə³¹ tɕien³⁵ lai³¹ kuan⁵⁵, xo³¹ sʅ³¹ tɕʰi⁴² tau³⁵ tsʅ³¹, tsə³¹ zu³¹ ian³⁵
远近因是渐来观，或时祈祷之，辄如愿，

ɕien³⁵ su³⁵ tɕin³¹ tsuaŋ³⁵ ȵien³¹ foŋ³⁵ tsʅ³¹, xəu³¹ tɕien³⁵ miau³⁵ tʰan³¹ ʔi³¹ toŋ³⁵ tsʅ³¹
咸塑金庄严奉之，后见庙堂于洞之

saŋ³⁵, miŋ³¹ sə³¹ fe³¹ toŋ³⁵。"fu³¹ tsʅ³⁵ tsoŋ⁵⁵ i⁴² miŋ³¹ tɕʰio³¹ tɕi³¹ tsai³¹ sə³¹ fe³¹ toŋ³⁵
上，名石佛洞。"府志中已明确记载石佛洞

min³¹ tsən⁵⁵ tʏ⁵⁵ iəu³⁵ lai³⁵, tan³⁵ ɕiaŋ⁵⁵ tɕiau³⁵ i³⁵ sʐ⁴² sə³¹, zən³¹ mən⁵⁵ kʰo⁴² lən³¹
名　称　的　由　来，但　相　较　于　史　实，人　们　可　能

tuei³⁵ toŋ³⁵ tsoŋ⁵⁵ sə³¹ tʰəu³⁵ sən³¹ sʐ⁵⁵ fe³⁵ ɕiaŋ³⁵ kən⁵⁵ kan³⁵ ɕin³⁵ tɕy⁵⁵ i³⁵ sʐ³⁵
对　洞　中　石　头　神　似　佛　像　更　感　兴　趣。于　是

kuan⁵⁵ i³⁵ sə³¹ fe³⁵ toŋ⁵⁵ tʏ⁵⁵ tsʼuan³¹ so³⁵ tsai⁵⁵ pe³⁵ ɕin⁵⁵ tsoŋ⁵⁵ liəu⁴² tsʼuan³¹
关　于　石　佛　洞　的　传　说　在　百　姓　中　流　传

kʰai⁵⁵ lai³⁵
开　来。

tsʼuan³¹ so³¹ tsai³⁵ tɕin⁵⁵ tsʰau³¹ tʰoŋ³¹ tsʐ³¹ nien³¹ tɕien⁵⁵, tsən³¹ ni³⁵ iəu⁴² i³¹
传　说　在　清　朝　同　治　年　间，遵　义　有　一

uei³⁵ suə⁵⁵ kau³¹ min⁵⁵ tʏ³¹ ɕien⁵⁵ sən⁵⁵, zən³¹ mən⁵⁵ pe³¹ tsʐ⁵⁵ tau³⁵ tʰa⁵⁵ tɕia⁵⁵
位　医　术　高　明　的　先　生，人　们　不　知　道　他　家

tsu³⁵ xo³¹ faŋ⁵⁵, tsʐ³¹ tsʐ⁵⁵ tau³⁵ la³⁵ ko³⁵ ti³¹ faŋ⁵⁵ tʏ³⁵ zən³¹ ɕi³⁵ iau³⁵ tsən⁴² tsʐ³⁵ sʐ³¹
住　何　方，只　知　道　哪　个　地　方　的　人　需　要　诊　治　时

tʰa⁵⁵ pien³⁵ tsʰuə³¹ ɕien³⁵ tse⁵⁵ uei³⁵ sə³⁵ ɕien⁵⁵ sən⁵⁵ sən⁵⁵ pei⁵⁵ pei³⁵ ləu⁴², tʰəu³¹
他　便　出　现。这　位　石　先　生　身　背　背　篓，头

tai³⁵ təu⁴² li³¹, tuə³¹ lai³¹ tuə³¹ uaŋ⁴², sə³⁵ fən⁵⁵ sən³¹ miɛ³¹。tʰa⁵⁵ kei⁵⁵ zən³¹ tsən⁴²
戴　斗　笠，独　来　独　往，十　分　神　秘。他　给　人　诊

tsʐ³⁵ sʐ³¹ pe³¹ səu⁵⁵ tsəu³⁵ tɕin⁵⁵, tsʐ³¹ ɕi⁵⁵ iau³⁵ tʰi³¹ koŋ³⁵ tʰa⁵⁵ iɛ³¹ tən³⁵ fan³⁵ tɕiɛ³¹
治　时　不　收　酬　金，只　需　要　提　供　他　一　顿　饭　即

kʰo³¹。iəu⁴² i³¹ sə³¹ ɕien⁵⁵ sən⁵⁵ kʰan⁵⁵ pin³⁵ fən⁵⁵ uən³¹ pe³¹ tɕy³¹, xən⁴² kʰuai³⁵
可。由　于　石　先　生　看　病　分　文　不　取，很　快

tsai³⁵ pe³¹ ɕin³⁵ tsoŋ⁵⁵ sən³¹ min³¹ ian³¹ po⁵⁵。iɛ³⁵ ze³¹, ɕy³¹ iaŋ³⁵ iɛ³⁵ ta⁵⁵ xu³¹ zən³¹
在　百　姓　中　声　名　远　播。一　日，绥　阳　一　大　户　人

tɕia⁵⁵ li³ lian³¹ uai³⁵ tʏ³¹ koŋ⁵⁵ tsʐ³¹ sən⁵⁵ xuan³⁵ tsoŋ⁵⁵ pin³¹, pien³⁵ ɕin³⁵ min³¹ i⁵⁵
家　黎　员　外　的　公　子　身　患　重　病，遍　寻　名　医

tsən⁴² tsʐ³⁵, tɕ io³⁵ i³¹ təu³⁵ u⁴² tɕi³⁵ i³¹ sʐ³¹, fan⁵⁵ ɚ³⁵ pin³¹ tsən⁵⁵ iɛ³⁵ lai³¹ iɛ³¹ nɛn³¹
诊　治，却　也　都　无　济　于　事，反　而　病　症　越　来　越　严

tsoŋ³⁵。ien⁴² kʰan³¹ tse³⁵ uei³⁵ koŋ⁵⁵ tsʐ³¹ tɕiɛ³⁵ tɕian³¹ in³¹ pin³⁵ li³⁵ sʐ³¹, li³¹ ian³¹ uai³⁵
重。眼　看　这　位　公　子　即　将　因　病　离　世，黎　员　外

tsai³⁵ tsʰʐn³⁵ li⁵⁵ tsaŋ⁵⁵ tie⁴² pu⁵⁵ kau³¹:"zo⁴² sʐ³⁵ iəu³⁵ suei⁴² lən³¹ tsʐ³¹ xau⁵⁵ tʰa⁴²
在　村　里　张　贴　布　告："若　是　有　谁　能　治　好　他

tʏ³⁵ ɚ³¹ tsʐ³¹, tsoŋ³⁵ tsoŋ⁵⁵ iəu³⁵ saŋ³¹。"pe³⁵ ɕin⁵⁵ mən³¹ pe³¹ yo³⁵ ɚ⁴² tʰoŋ³¹ tʏ⁵⁵ ɕiaŋ⁵⁵
的　儿　子，重　重　有　赏。百　姓　们　不　约　而　同　地　想

tau⁴² la³⁵ sə³¹ ɕien⁵⁵ sən⁵⁵, kaŋ⁵⁵ tɕ iau³⁵ tsai⁵⁵ koŋ⁵⁵ tsʐ³¹ mi⁴² liəu³⁵ tsʐ³¹ tɕi³¹, sə³¹
到　了　石　先　生，刚　巧　在　公　子　弥　留　之　际，石

先生赶到府里，用他高超的医术治好了黎员外的公子。老爷感激涕零，对石先生说："我先前说谁治好我儿，我就给予他赏赐，先生若是不嫌弃，我给您送到府上去。石先生摆了摆手说："您只需提供我一顿饱饭即可。"饭毕，黎员外非要送石先生一些珠宝银两，先生连忙拒绝，员外堵住门不让他走，非要他留下住址，日后好去看望。石先生只好无奈告知他住在遵义城东沙坝岩洞内。为报救子之恩，黎员外辗转多地才终于找到石先生所说的岩洞。但洞外只有石先生的背篓和斗笠，未见其人，进入洞内，发现洞中有一石像酷似石先生。员外才惊觉原来石先生是仙人下凡，悬壶济世只为帮助黎民百姓。然后对着石像拜了三拜说："要给石像塑金身，接受世人的朝拜，在此祈佛普救众生。"

i⁵⁵ sə³¹ li³¹ ian³¹ uai³⁵ tsai³⁵ ɕian⁵⁵ li⁴² pen⁵⁵ tsəu⁴² ɕian⁵⁵ kau³⁵, ɕi⁴² to⁵⁵ ɕian⁵⁵
于是黎员外在乡里奔走相告，许多乡

sən⁵⁵ tʰin³¹ so³⁵ la³¹ sə³⁵ ɕian³¹ sən⁵⁵ tɤ³⁵ ku⁵⁵ sɿ⁵⁵ tsɿ³⁵ xəu³⁵ fən⁵⁵ fən³⁵ tɕian⁵⁵ tɕʰian³¹
绅听说了石先生的故事之后纷纷捐钱

tɕian⁵⁵ uə³¹, tsai³⁵ toŋ³⁵ uai³⁵ ɕiəu⁵⁵ tɕian⁵⁵ tɕʰi³⁵ la⁵⁵ sɿ⁴² miau³⁵。sɿ³¹ miau³¹ pe⁵⁵
捐物，在洞外修建起了寺庙。寺庙不

tɕiəu⁴² tɕiəu³⁵ tɕian³⁵ tsən³⁵, tiau⁵⁵ iaŋ⁵⁵ xua³⁵ toŋ³⁵, faŋ⁴² sei³¹ ȵien⁴² zan³¹, sən⁵⁵
久就建成，雕梁画栋，房舍俨然，僧

luei³¹ in³¹ tɕie³¹, ɕin³⁵ tsoŋ³⁵ ɕi³¹ ɕi³¹ zaŋ⁵⁵ zaŋ⁴², ɕiaŋ⁵⁵ xo⁴² sə³¹ fən³¹ uaŋ³¹ sən⁵⁵。ɚ³⁵
侣云集，信众熙熙攘攘，香火十分旺盛。而

sɿ³⁵ miau³⁵ i⁴² in⁵⁵ tse³¹ ko³¹ tsʰuan³¹ so³¹ ɚ³¹ tə³¹ min³¹。
寺庙也因这个传说而得名。

sə³¹ fe³¹ toŋ³⁵ sɿ³⁵ ku³⁵ sɿ³⁵ tɤ³⁵ tsən⁵⁵ tɕia⁴² ŋo³¹ mən⁵⁵ u³¹ tsoŋ³¹ tə³¹ tsɿ⁵⁵, tan³⁵
石佛洞寺故事的真假我们无从得知，但

sə⁵⁵ ku³⁵ sɿ³⁵ tɤ³⁵ pei⁴² xəu⁴² tʰi³⁵ ɕian⁵⁵ tɤ³⁵ tɕio⁴² sə³¹ ɕian⁵⁵ min⁵⁵ mən⁵⁵ tsuei⁵⁵
是故事的背后体现的却是先民们追

tɕʰiəu⁴² tɕian³⁵ kʰaŋ³⁵ mei⁴² xau³⁵ tɤ⁴² iɛ⁵⁵ tsoŋ³⁵ tsʰuan⁴² pʰu³¹ tɤ³¹ sɿ⁵⁵ ɕian³¹。tsən³⁵
求健康美好的一种淳朴的思想。正

sə⁵⁵ iuei⁴² i³¹ tse³⁵ ɕie⁵⁵ mei³⁵ xau⁴² tsʰuan⁴² pʰu³¹ tɤ³¹ ian⁴² uaŋ³¹, tsʰai³¹ sɿ⁴² tɤ³¹ ŋo³⁵
是由于这些美好淳朴的愿望，才使得我

mən⁵⁵ tse³⁵ ko³⁵ min³¹ tsuə³¹ sən⁵⁵ sən³¹ pe⁵⁵ ɕie³¹。
们这个民族生生不息。

## 野变婆

tsʰoŋ³¹ tɕian³¹ iəu³¹ iɛ⁴² fu³¹ zən⁴² tɕia³¹, tɕia⁵⁵ li⁵⁵ iəu³¹
从前有一户人家，家里有

san⁵⁵ tɕi⁴² mei³⁵, mei⁴² ko³⁵ xai³¹ tsɿ⁵⁵ təu⁵⁵ xən³¹ tsʰoŋ³¹
三姐妹，每个孩子都很聪

min³¹, fei³¹ saŋ³¹ zei⁴² zən³¹ ɕi³¹ xuan³⁵。iəu⁴² iɛ³¹ tʰien³¹,
明，非常惹人喜欢。有一天，

tʰa³¹ mən⁵⁵ tɕ uai³⁵ pʰo³⁵ tʰo³¹ zən⁴² tai³¹ xua⁵⁵ lai³⁵ so³¹ ɕiaŋ³¹ tʰa³¹ mən⁵⁵ la⁴², ɕiaŋ⁵⁵
她们的外婆托人带话来说想她们了，想

iau³⁵ tʰa³¹ mən⁵⁵ kʰə³⁵ uan³⁵ tɕi³¹ tʰien³¹, ma⁴² ma³⁵ in³¹ loŋ⁵⁵ xo⁵⁵ tsəu³¹ pe⁴² kʰai⁴²
要她们去玩几天，妈妈因农活走不开，

野变婆

tɕiəu35 zaŋ35 san55 tɕi42 mei35 tsɿ35 tɕi35 kə42 .san31 ko31 ȵi55 ɚ35 iɛ42 tʰin31 kʰə55 uai55 .35
就　让　三　姐　妹　自　己　去。三　个　女　儿　一　听　去　外

pʰo31 tɕia42, kau35 ɕin55 tɤ31 pe31 tɤ31 liau42 .tan42 sər35 uən31 tʰi35 lai35 la42, san55 tɕi42
婆　家，高　兴　得　不　得　了。但　是　问　题　来　了，三　姐

mei35 tsʰoŋ31 lai31 mei55 iəu35 tɕiɛn42 ko31 uai55 pʰo31, kən42 pen35 pe55 tsɿ42 tau55 uai55
妹　从　来　没　有　见　过　外　婆，根　本　不　知　道　外

pʰo31 tsʰaŋ42 sən31 mo55 iaŋ35 tsɿ42, ɕiəu31 uən42 ma55 ma : "uai35 pʰo31 tɕia35 iau31
婆　长　什　么　样　子，就　问　妈　妈："外　婆　家　要

uaŋ42 la42 li31 tsəu31 ua?"ma55 ma so : "uai35 pʰo31 tɕia35 li35 tsoŋ35 la35 tiɛn31, xai31
往　哪　里　走　哇?"妈　妈　说："外　婆　家　里　种　了　田，还

iaŋ42 la42 ɕi35 to55 liəu42, ȵi35 mən35 i35 tau35 tsʰa55 lu35 kʰəu35 uaŋ35 iəu35 liəu35 fən35 tɕ
养　了　许　多　牛，你　们　遇　到　岔　路　口　往　有　牛　粪　的

lu35 saŋ35 tsəu42 tsuan42 mei55 tsʰo35, ȵi35 mən55 səu55 sɿ55 səu55 sɿ55 min31 tʰiɛn
路　上　走　准　没　错，你　们　收　拾　收　拾　明　天

tɕə55 pa!"tse35 ko35 sɿ55 xəu35 tɕʰia35 xau35 iəu35 iɛ35 ko35 i35 piɛn35 pʰo31 to42 tsai35
去　吧!"这　个　时　候　恰　好　有　一　个　野　变　婆　躲　在

faŋ31 xəu35 tʰin55 tau35 la35 mu35 ȵi35 san55 zən35 tɕ tuei35 xua35, tʰa55 kan35 maŋ31
房　后　听　到　了　母　女　三　人　的　对　话，她　赶　忙

xuei31 kʰə55, pa35 kʰə35 tʰoŋ55 uaŋ35 ɕiau55 ȵi42 xai31 uai35 pʰo31 tɕia35 lu35 saŋ55
回　去，把　去　通　往　小　女　孩　外　婆　家　路　上　的

liəu31 fən35 tɕʰian55 pu35 tɕiɛn42 kan55 tɕin35, zan31 xəu35 sa35 tau55 tʰoŋ55 uaŋ42 .42
牛　粪　全　部　捡　干　净，然　后　撒　到　通　往　野

piɛn35 pʰo35 tɕia55 tɤ35 lu35 saŋ35 .ti35 ɚ35 tʰiɛn55, san55 tɕi42 mei35 kau55 ɕin35 tɤ
变　婆　家　的　路　上。第　二　天，三　姐　妹　高　兴　地

tsʰuə31 mən35 la, iɛ31 lu35 saŋ35 iəu35 so42 iəu42 ɕiau35, xuan55 kʰuai35 tɕ tʰau31
出　门　了，一　路　上　有　说　有　笑，欢　快　地　讨

luən35 tsotən42 tau35 la35 uai35 pʰo31 tɕia55 iau35 tsʰə35 ɕiaŋ55 pʰən55 pʰən55 tɤ kʰau31
论　着　等　到　了　外　婆　家　要　吃　香　喷　喷　的　烤

xoŋ35 su42 、lan31 kua55, xai42 iəu35 ta55 i35 tən42 tən31 .pe31 iɛ35 xuei55 san35 tɕi55 mei55
红　薯、南　瓜，还　有　大　鱼　等　等。不　一　会　三　姐　妹

tɕiəu35 tsəu42 tau35 la35 tsʰa35 lu35 kʰəu35, tʰa35 mən35 kən55 tɕi35 ma55 ma tɤ35 tʰi31
就　走　到　了　岔　路　口，她　们　根　据　妈　妈　的　提

sɿ35 uaŋ42 sa31 man42 liəu35 fən55 tɤ tau35 lu35 saŋ55 tsəu55, i35 piɛn35 pʰo31 tsau42 i31
示　往　洒　满　牛　粪　的　道　路　上　走，野　变　婆　早　已

tən31 xəu35 tsai35 tɕia35 li55, su42 tsuaŋ55 ta35 pan42 xau55 tən31 tai55 san55 tɕi55 mei55
等　候　在　家　里，梳　妆　打　扮　好　等　待　三　姐　妹

tɕ⁵⁵ tau³⁵ lai³⁵ ˌkʰan³⁵ tɕiɛn³⁵ san⁵⁵ tɕi⁴² mei³⁵ lai³⁵ la, i³⁵ piɛn³⁵ pʰo³¹ tɕiəu³⁵ ta³⁵ sən⁵⁵
的 到 来。看 见 三 姐 妹 来 了，野 变 婆 就 大 声

xan⁴²："ŋo⁴² tɕ⁵⁵ uai⁵⁵ sən³⁵ ȵi³¹ ia, ȵi³⁵ mən⁵⁵ tsoŋ³⁵ i⁵⁵ lai³⁵ la." san⁵⁵ tɕi⁴² mei³⁵
喊："我 的 外 孙 女 呀，你 们 终 于 来 了。"三 姐 妹

xai³¹ i⁴² uei³⁵ tau³⁵ la³⁵ uai³⁵ pʰo³¹ tɕia³¹, tɕiəu³⁵ iɛ³⁵ tsɿ³⁵ uai³⁵ pʰo³¹ uai³⁵ pʰo³¹ tɕ⁵⁵
还 以 为 到 了 外 婆 家，就 一 直 外 婆 外 婆 的

xan⁴² ko³⁵ pe³¹ tʰin⁴² ˌtɕin³⁵ la³⁵ uə³¹, tsuei³⁵ ɕiau³¹ tɕ⁴² mei³⁵ mei³⁵ tsʰau³⁵ tso³⁵ iau⁵⁵
喊 个 不 停。进 了 屋，最 小 的 妹 妹 吵 着 要

tsʰə³¹ ta³⁵ xoŋ³⁵ su³⁵, i³¹ piɛn⁴² pʰo³¹ mei³⁵ iəu³¹ xoŋ³⁵ su³⁵, tɕiəu³⁵ pʰiɛn³⁵ tʰa⁴² so³¹:
吃 大 红 薯，野 变 婆 没 有 红 薯，就 骗 她 说：

"xoŋ³¹ su³¹ xai³¹ tsai³¹ san⁵⁵ saŋ³⁵ mei³⁵ iəu⁴² ua³⁵ xuei³⁵ lai³¹." ta³⁵ tɕi³⁵ ɕin⁵⁵ ȵi⁴²
"红 薯 还 在 山 上 没 有 挖 回 来。"大 姐 心 里

kan³¹ tau³⁵ tɕʰi³¹ kuai³⁵, tse³⁵ təu³¹ i³⁵ tɕin³⁵ ko³⁵ la³⁵ ȵiɛn³⁵ la³⁵, tsən⁵⁵ mo³⁵ xoŋ³⁵ su³⁵
感 到 奇 怪，这 都 已 经 过 了 年 了，怎 么 红 薯

xai³¹ mei³⁵ ua⁵⁵ xuei³⁵ lai³⁵ lɛ³⁵? təŋ³¹ tau³⁵ tsʰə³⁵ u³⁵ fan³⁵ tɕ³⁵ sɿ³⁵ xəu³⁵, ə³¹ tɕi⁴²
还 没 挖 回 来 呢？等 到 吃 午 饭 的 时 候，二 姐

iəu³⁵ tsʰau³⁵ tso³⁵ so³⁵ iau³⁵ tsʰə⁵⁵ lan³¹ kua³⁵, i⁴² piɛn³⁵ pʰo³¹ i³⁵ mei⁵⁵ iəu⁴² lan³¹
又 吵 着 说 要 吃 南 瓜，野 变 婆 也 没 有 南

kua⁵⁵, tɕiəu³⁵ xoŋ⁵⁵ ə³⁵ tɕi³⁵ so³¹:"pe³¹ iau³⁵ tsʰɿ³⁵ lan³¹ kua⁵⁵, uai³⁵ pʰo³¹ ki⁵⁵ ni³¹
瓜，就 哄 二 姐 说："不 要 吃 南 瓜，外 婆 给 你

mən⁵⁵ tsʰau⁴² tɕi⁵⁵ tan³⁵ tsʰɿ³¹, tan³⁵ sɿ³⁵ uai³⁵ pʰo³¹ iəu⁴² ko³⁵ kuei⁵⁵ tɕi⁴², tsʰau³¹
们 炒 鸡 蛋 吃，但 是 外 婆 有 个 规 矩，炒

tan³⁵ tɕ⁵⁵ sɿ³¹ xəu³⁵, li⁴² mən⁵⁵ pe³⁵ ɕi³⁵ kʰan³⁵, piɛ³¹ ɕi⁵⁵ pa⁴² iɛn³¹ tɕin³⁵ pi³⁵ tɕʰi⁴²
蛋 的 时 候，你 们 不 许 看，必 须 把 眼 睛 闭 起

lai³¹."ta³⁵ tɕi⁴² tɕio³⁵ tɤ³¹ tɕʰi³¹ kuai³⁵, tɕia⁴² tsuaŋ³⁵ pi³⁵ tso³¹ iɛn³⁵ tɕin³⁵ ˌtsɿ³¹
来。"大 姐 觉 得 奇 怪，假 装 闭 着 眼 睛 只

tɕiɛn³⁵ uai³⁵ pʰo³¹ ɕin³⁵ la³⁵ iɛ³¹ pa³⁵ piɛ³⁵ tʰi³⁵ tau³⁵ ko³¹ li³¹, tɕia³¹ tsuaŋ⁵⁵ taŋ⁵⁵ tɕi⁵⁵
见 外 婆 擤 了 一 把 鼻 涕 到 锅 里，假 装 当 鸡

tan³⁵ tsʰau³¹ ˌta³⁵ tɕi⁴² ɕin⁵⁵ li⁴² xən³¹ tɕin³⁵ ia³⁵, uai³⁵ pʰo³¹ tsən⁵⁵ mo³⁵ tse³⁵ iaŋ³⁵
蛋 炒。大 姐 心 里 很 惊 讶，外 婆 怎 么 这 样

lɛ⁵⁵? təŋ³¹ tau³⁵ saŋ³⁵ tso³⁵ tsʰɿ³¹ fan³⁵ tɕ³⁵ sɿ⁵⁵ xəu³⁵ ta³⁵ tɕi³⁵ tsa³⁵ iɛn³⁵ ŋan³⁵ sɿ³⁵
呢？等 到 上 桌 吃 饭 的 时 候 大 姐 眨 眼 暗 示

liaŋ⁴² tɕi³¹ mei³⁵, ə³⁵ tɕi⁴² toŋ³¹ tɕ⁴² la³⁵ ta³⁵ tɕi³⁵ i³⁵ sɿ³¹ tɕiəu³⁵ mei³⁵ iəu⁴² tsʰə³¹,
两 姐 妹，二 姐 懂 得 了 大 姐 的 意 思 就 没 有 吃，

ɕiau⁴² mei³⁵ pe³¹ toŋ³¹ tɕiəu³⁵ tsʰau³⁵ tso³⁵ uai³⁵ pʰo³¹ so³¹ iau³⁵ tsʰə³¹ tan³⁵ xuaŋ³¹.
小 妹 不 懂 就 吵 着 外 婆 说 要 吃 蛋 黄。

kʰo⁴² sɿ³⁵ ˌpie³¹ ti⁵⁵ ˌla iəu³⁵ tan³⁵ xuaŋ³¹ ˌlɛ? i³⁵ pien³¹ pʰo³¹ tɕiəu³⁵ xoŋ³¹ ˌɕiau⁴²
可 是 鼻 涕 哪 有 蛋 黄 呢? 野 变 婆 就 哄 小

mei³⁵ ˌso³¹ : "pe³¹ iau³¹ tsʰə³⁵ tan³¹ xuaŋ³¹, tan³¹ pe³⁵ tsʰai³⁵ xau³⁵ tsʰə³¹ ˌlɛ³¹!" so³¹
妹 说:"不 要 吃 蛋 黄, 蛋 白 才 好 吃 呢!" 说

tso³¹ ioŋ³⁵ kʰuai³⁵ tsɿ⁴² tɕia³¹ tɕi⁴² tan³¹ pe⁴² tsɿ³⁵ ia³¹ lie³⁵ tsuei³¹ tɛ⁵⁵ uaŋ³⁵ tsuei³¹ li⁴²
着 用 筷 子 夹 起 蛋 白 龇 牙 咧 嘴 地 往 嘴 里

soŋ³⁵ ˌta⁴² tɕi³⁵ kʰan⁴² tau³⁵ uai³⁵ pʰo³¹ tsʰə³⁵ tan⁵⁵ pe³⁵, tɕin³¹ ia³¹ tɕi³¹ lai³⁵, uai³⁵
送。大 姐 看 到 外 婆 吃 蛋 白, 惊 讶 起 来, 外

pʰo³¹ tsʰəŋ⁴² mo⁴² man⁴² tsuei³¹ xoŋ³¹ ia³⁵ tsʰə³¹, ma⁵⁵ ma³⁵ pe³¹ sɿ³¹ so³¹ ko⁵⁵ uai³⁵
婆 怎 么 满 嘴 红 牙 齿, 妈 妈 不 是 说 过 外

pʰo³¹ ia³¹ tsʰə³¹ i³⁵ tɕin¹ tiau⁵⁵ kuaŋ⁵⁵ la³⁵ ma? ta⁴² tɕi³⁵ iəu⁴² ɕiaŋ³⁵ tɕi⁴² lai³¹ i⁴²
婆 牙 齿 已 经 掉 光 了 吗? 大 姐 又 想 起 来 以

tɕʰien³¹ ma⁵⁵ ma⁵⁵ tɕiaŋ⁵⁵ ko⁴² tɛ³⁵ ku³⁵ sɿ¹, tsɿ³¹ iəu⁴² i³¹ pien³¹ pʰo³⁵ tɛ³⁵ ia³¹ tsʰə³¹
前 妈 妈 讲 过 的 故 事, 只 有 野 变 婆 的 牙 齿

sɿ³⁵ xoŋ³¹ tɛ⁴², i³⁵ pien³¹ pʰo³⁵ tsuan⁴² məŋ³⁵ tsʰə³⁵ ɕiau³⁵ xai³¹, so³⁵ i³⁵ ia³⁵ tsʰə³¹
是 红 的, 野 变 婆 专 门 吃 小 孩, 所 以 牙 齿

təu⁵⁵ pi³⁵ ɕie³⁵ zan⁴² xoŋ³¹ la⁴²。ien⁴² tɕien³⁵ tɛ³⁵ uai⁴² pʰo⁴² xuei³¹ pe³⁵ xuei³¹ sɿ¹ i⁴²
都 被 血 染 红 了。眼 前 的 外 婆 会 不 会 是 野

pien³⁵ pʰo³⁵ pien³¹ tɛ⁴²? ɕin³⁵ li³⁵ ɕiaŋ³¹ tso⁵⁵, ta³⁵ tɕi³⁵ tɕiəu³¹ tɕie³⁵ tsʰoŋ⁵⁵ tsʰoŋ⁵⁵ tɛ⁵⁵
变 婆 变 的? 心 里 想 着, 大 姐 就 急 匆 匆 地

pʰa⁵⁵ uan³¹ la³¹ uan³¹ li³⁵ tɛ⁵⁵ fan³⁵, pʰien³⁵ i⁴² pien³⁵ pʰo³⁵ so⁵⁵ iau⁴² tai³⁵ ɕiau³⁵ mei³⁵
扒 完 了 碗 里 的 饭, 骗 野 变 婆 说 要 带 小 妹

kʰə⁵⁵ saŋ³⁵ tsʰə³¹ so³¹, la⁵⁵ tso⁴² ə³⁵ tɕi⁴² xo³⁵ ɕiau³⁵ mei³⁵ tsəu⁴² la³⁵ tsʰuə³¹ lai³¹。lai³¹
去 上 厕 所, 拉 着 二 姐 和 小 妹 走 了 出 来。来

tau⁴² i³⁵ pien³⁵ pʰo³⁵ faŋ³¹ xəu⁵⁵ tɛ³⁵ i⁴² tʰaŋ³⁵ pien³⁵, ie³⁵ kʰan³⁵ i⁴² tʰaŋ³⁵ li³⁵ tɕʰien³¹
到 野 变 婆 房 后 的 鱼 塘 边, 一 看 鱼 塘 里 全

sɿ⁵⁵ xoŋ³¹ tʰoŋ⁵⁵ tʰoŋ⁵⁵ tɛ³⁵ ɕie³¹ suei⁴², i³⁵ tʰaŋ³¹ saŋ³⁵ xai³⁵ pʰiau⁵⁵ tso³⁵ ɕiau⁴² xai³¹
是 红 彤 彤 的 血 水, 鱼 塘 上 还 飘 着 小 孩

tɛ⁵⁵·⁵⁵ i⁴² fe⁵⁵ xo³¹ tʰəu⁴² fa³⁵。san³⁵ tɕi³⁵ mei³⁵ ɕien³¹ tsai³⁵ tsɿ³⁵ tau³⁵ uai³⁵ pʰo³¹ sɿ¹ i⁴²
的 衣 服 和 头 发。三 姐 妹 现 在 知 道 外 婆 是 野

pien³⁵ pʰo³¹ pien³⁵ tɛ⁵⁵ la, ɕiau⁴² mei³⁵ kʰan³⁵ tau⁵⁵ tɕe⁵⁵ ɕi³¹ fei⁵⁵ tsʰaŋ³¹ xai³⁵ pʰa³⁵。
变 婆 变 的 了, 小 妹 看 到 这 些 非 常 害 怕。

ta³⁵ tɕi⁴² ie³¹ pien⁵⁵ xoŋ³¹ tso⁴² ɕiau⁴² mei³⁵, ie³¹ pien³¹ ɕiaŋ⁴² pan³⁵ fa³¹。ta³⁵ tɕi⁴²
大 姐 一 边 哄 着 小 妹, 一 边 想 办 法。大 姐

kʰan³⁵ tau³⁵ məŋ³¹ kʰəu³¹ iəu⁴² kʰo³⁵ ta⁵⁵ su³¹, tʰuə³⁵ zan³¹ ɕin⁵⁵ li⁴² iəu⁴² la³⁵ tsui⁴²·³⁵,
看 到 门 口 有 棵 大 树, 突 然 心 里 有 了 主 意,

tɕʰiau⁵⁵ tɕʰiau⁵⁵ kau³⁵ su³⁵ la mei³⁵ mei³⁵ ₒi pien³⁵ pʰo³¹ tɕien³⁵ tse⁵⁵ mo tɕʰiəu⁴²
悄 悄 告 诉 了 妹 妹。野 变 婆 见 这 么 久

san⁵⁵ tɕi³¹ mei³⁵ təu³¹ xai³⁵ mei⁵⁵ tɕin³¹ uə³¹, ȵien³¹ maŋ³¹ pʰau⁴² tsʰuə³¹ kʰə⁵⁵
三 姐 妹 都 还 没 进 屋, 连 忙 跑 出 去

kʰan³⁵, sən⁵⁵ pʰa³⁵ ta³⁵ mən pʰau⁵⁵ la。tsʰuə³¹ kʰə³¹ iɛ³⁵ kʰan³⁵, ta³⁵ tɕi⁴², ₒ tɕi³⁵
看, 生 怕 她 们 跑 了。出 去 一 看, 大 姐、二 姐

pʰa³¹ tau³⁵ la³⁵ su³⁵ saŋ³¹, tɕie³¹ maŋ³¹ tuei³⁵ ta³⁵ mən⁵⁵ so³¹:"kʰuai³⁵ ɕia³⁵ lai³⁵,
爬 到 了 树 上, 急 忙 对 她 们 说:"快 下 来,

kʰuai³⁵ ɕia³⁵ lai³⁵。"ₒ³⁵ tɕi⁴² so³¹:"tse³⁵ su³⁵ saŋ³⁵ tai³¹ liaŋ³⁵ kʰuai³⁵ la³¹, ŋo⁴² mən⁵⁵
快 下 来。"二 姐 说:这 树 上 太 凉 快 了,我 们

lan⁴² tɤ³¹ ɕia³⁵ kʰə⁵⁵。"ta³⁵ tɕi⁴² iəu³¹ so³¹:"uai³⁵ pʰo³¹, ŋo⁴² mən⁵⁵ tɛ⁵⁵ tʰəu³¹ fa⁵⁵
懒 得 下 去。"大 姐 又 说:"外 婆, 我 们 的 头 发

tʰai³⁵ luan³⁵ la³⁵, təŋ⁴² uai³⁵ pʰo³¹ pa³⁵ su³¹ tsɿ³⁵ la³⁵ lai³⁵ ŋo³⁵ mən⁵⁵ su³⁵ la³⁵ tʰəu³⁵
太 乱 了, 等 外 婆 把 梳 子 拿 来 我 们 梳 了 头

tɕiəu³⁵ ɕia³⁵ lai³⁵。"i⁴² pien³⁵ pʰo³¹ uei³¹ la³⁵ tʰau³⁵ san³⁵ tɕi⁴² mei³⁵ ɕi xuan³⁵, kan⁴²
就 下 来。"野 变 婆 为 了 讨 三 姐 妹 喜 欢, 赶

tɕin³¹ tɕin³⁵ uə³⁵ la³⁵ su³⁵ tsɿ³¹, la³⁵ tso⁵⁵ su³⁵ tsɿ³⁵ saŋ³¹ su⁵⁵, kʰə³¹ paŋ³¹ ta³⁵ tɕi⁴², ₒ
紧 进 屋 拿 梳 子,拿 着 梳 子 上 树, 去 帮 大 姐、二

tɕi⁴² su³⁵ xau³⁵ la³⁵ tʰəu³¹。ta³⁵ tɕi⁴² iəu³¹ so³¹:"uai³⁵ pʰo³¹ li³¹ tɛ⁵⁵ tʰəu³¹ fa⁵⁵ i⁴² luan³⁵
姐 梳 好 了 头。大 姐 又 说:"外 婆 你 的 头 发 也 乱

la³¹, ŋo³⁵ mən⁵⁵ i⁴² paŋ³¹ li³⁵ su³¹ iɛ³⁵ ɕia³⁵ pa³¹! ȵi³¹ uan³⁵ saŋ³⁵ xai³¹ iau³⁵ ŋai⁵⁵ tso³¹ ɕiau⁴²
了,我 们 也 帮 你 梳 一 下 吧!你 晚 上 还 要 挨 着 小

mei⁵⁵ suei³⁵ lɛ³¹!"ₒ³⁵ tɕi⁴² i³¹ so³¹:"uai³⁵ pʰo³¹ li³⁵ tʰəu³¹ fa⁵⁵ li³¹ iəu³⁵ xuei⁵⁵ pʰa³⁵
妹 睡 呢!"二 姐 也 说:"外 婆 你 头 发 里 有 灰, 怕

tiau³⁵ tau³⁵ ȵi³¹ iɛn³¹ tɕin³⁵ li³¹, ŋo³⁵ mən⁵⁵ ioŋ³¹ pu³⁵ ki³¹ ȵi³¹ moŋ³⁵ saŋ³¹ tɕiəu³⁵ pe³¹
掉 到 你 眼 睛 里,我 们 用 布 给 你 蒙 上 就 不

xuei³⁵ tiau³⁵ tɕin³⁵ kʰə⁵⁵ la³¹。"liaŋ³¹ tɕi³⁵ mei³⁵ tɕiəu³⁵ iɛ³¹ tɕi³¹ kei⁵⁵ uai³⁵ pʰo³¹ su⁵⁵
会 掉 进 去 了。"两 姐 妹 就 一 起 给 外 婆 梳

tɕi³¹ tʰəu³¹ lai³¹, ta³¹ mən⁵⁵ tɕiau⁵⁵ tɕiau⁵⁵ pa⁴² i⁴² pien³⁵ pʰo³¹ tɛ tʰəu³¹ fa³¹ paŋ⁴²
起 头 来, 她 们 悄 悄 把 野 变 婆 的 头 发 绑

tsai³⁵ su³⁵ sau⁵⁵ saŋ³⁵。ta³⁵ tɕi⁴² ŋan⁵⁵ sɿ³⁵ ₒ tɕi⁴² ɕien⁵⁵ ɕia³⁵ kʰə⁵⁵。pe³¹ iɛ³¹ xuei³⁵
在 树 梢 上。大 姐 暗 示 二 姐 先 下 去。不 一 会

ta³⁵ tɕi⁴² so³¹:"ai³⁵! uai³⁵ pʰo³¹, su⁵⁵ tsɿ³¹ tiau³⁵ ɕia³⁵ kʰə⁵⁵ la³¹, ŋo⁴² ɕia³⁵ kʰə⁵⁵ tɕien³¹
大 姐 说:"哎! 外 婆, 梳 子 掉 下 去 了,我 下 去 捡

iɛ³¹ ɕia³⁵。"ta³⁵ tɕi⁴² ȵien³¹ maŋ³¹ pʰa³¹ ɕia³⁵ su⁵⁵, pei⁵⁵ saŋ³⁵ ɕiau⁴² mei³⁵ tsʰau³¹ tso³¹
一 下。"大 姐 连 忙 爬 下 树,背 上 小 妹 朝 着

lai³¹ sɿ³¹ tɕ⁵⁵ lu³⁵ fei⁵⁵ kʰuai³⁵ tɕ⁵⁵ pʰau⁴² la₀ san⁵⁵ tɕi⁴² mei³⁵ pʰau⁴² tau³⁵ tsʰa³⁵ lu³⁵
来时的路飞快地跑了。三姐妹跑到岔路

kʰəu⁴²，tsən³⁵ xau³⁵ i⁴² tɕiɛn³⁵ iɛ³⁵ ko⁵⁵ tʰiau³⁵ tʂo³¹ tan⁵⁵ tsɿ⁴² tɕ⁵⁵ lau⁴² koŋ⁵⁵ koŋ⁵⁵，
口，正好遇见一个挑着担子的老公公，

tʰa⁵⁵ mən⁵⁵ tɕiəu³⁵ pa⁴² tɕin³⁵ li⁴² iɛ³¹ u³¹ iɛ⁵⁵ sə³¹ ti⁴² so³⁵ ki⁴² lau⁴² koŋ⁵⁵ koŋ⁵⁵ tʰin⁰。
她们　就把经历一五一十地说给老公公听。

lau⁴² koŋ⁵⁵ koŋ⁵⁵ kau⁴² su⁵⁵ tʰa⁵⁵ mən⁵⁵ uai⁴² pʰo³⁵ tɕia⁵⁵ tɕ⁵⁵ tsən⁴² tɕʰio³¹ foŋ⁵⁵
老公公告诉她们外婆家的正确方

ɕiaŋ³⁵，zan³¹ xəu⁵⁵ kau⁴² su⁵⁵ san⁵⁵ tɕi⁴² mei³⁵ tʰa³¹ tsɿ⁴² iəu⁵⁵ pan⁴² fa⁴²。san⁵⁵ tɕi⁴²
向，然后告诉三姐妹他自有办法。三姐

mei³⁵ ɕiaŋ³⁵ lau⁴² koŋ⁵⁵ koŋ⁵⁵ tau⁴² la⁵⁵ ɕiɛ⁴²，tɕiɛ³¹ maŋ⁴² pʰau⁴² tsəu⁴² la₀。i⁴² pʰiɛn³⁵
妹向老公公道了谢，急忙跑走了。野变

pʰo³¹ tsai⁴² su³⁵ saŋ³⁵ tən³⁵ la⁴² xən³⁵ tɕiəu⁴² iɛ⁴² pe³¹ tɕiɛn⁵⁵ san⁵⁵ tɕi⁴² mei³⁵ saŋ³⁵ lai³¹，
婆在树上等了很久也不见三姐妹上来，

tɕiɛ³¹ maŋ³⁵ tsʰei³⁵ kʰai³⁵ moŋ⁴² iɛn³⁵ tɕin³⁵ tɕ⁵⁵ pu⁴² uaŋ³¹ su⁴² ɕia³⁵ kʰan⁴²，tɕiɛ³¹ ko³¹
急忙扯开蒙眼睛的布往树下看，结果

iɛ³⁵ ko³¹ zən³¹ i⁴² mei³⁵ iəu³⁵，tse⁴² tsʰai³⁵ tsɿ³⁵ tau⁴² tsɿ³⁵ tɕi⁴² saŋ³⁵ taŋ⁴² la₀。tʰa⁵⁵
一个人也没有，这才知道自己上当了。她

sən⁵⁵ səu⁴² kʰə⁵⁵ kai⁴² tʰəu³⁵ fa⁵⁵，kʰo³¹ sɿ³⁵ tsən⁴² mo³¹ iɛ⁴² kai³¹ pe⁴² kʰai³⁵，tʰa⁵⁵
伸手去解头发，可是怎么也解不开，她

tɕiəu⁴² sɿ⁴² tɕin³⁵ tsʰei³⁵ ia⁴² la⁵⁵ ia³⁵，kʰo³¹ sɿ³⁵ tɕ⁵⁵ pa³¹ tʰəu³¹ fa³⁵ tsʰei³⁵ tʰo³¹ la₀
就使劲扯呀拉呀，可是却把头发扯脱了，

tsɿ⁴² sən³⁵ ɕia⁴² iɛ³⁵ ko³⁵ ɕiɛ³¹ lin³¹ lin³¹ tɕ⁵⁵ kuaŋ⁵⁵ tʰəu³¹，kan⁴² tɕin³¹ ɕia³⁵ su⁴² kʰə⁵⁵
只剩下一个血淋淋的光头，赶紧下树去

tsuei⁵⁵，tsuei⁵⁵ tau³⁵ tsʰa³⁵ lu³⁵ kʰəu⁴²，i³⁵ tau⁴² la⁵⁵ la⁰ ko⁴² lau⁴² koŋ⁵⁵ koŋ⁵⁵，i⁴²
追，　追到岔路口，遇到了那个老公公，野

pʰiɛn³⁵ pʰo³¹ tsuaŋ⁵⁵ tsʰuə³¹ iɛ³¹ fu⁴² xən³¹ kʰo⁴² liɛn³¹ tɕ⁵⁵ iaŋ³¹ tsɿ⁴² tsuei³⁵ lau⁴² koŋ⁵⁵
变婆装出一副很可怜的样子对老公

koŋ⁵⁵ so³¹："ŋo⁴² tɕ⁵⁵ tʰəu⁵⁵ xən³¹ tʰoŋ³⁵，ɳi⁴² tsɿ⁵⁵ pe⁵⁵ tsɿ³⁵ tau⁴² la⁴² li³¹ iəu⁴² i⁵⁵
公说："我的头很痛，你知不知道哪里有医

sən⁵⁵？"lau⁴² koŋ⁵⁵ koŋ⁵⁵ xuei³⁵ ta⁴² tʰa³¹ so⁵⁵："ŋo⁴² tɕiəu³⁵ sɿə⁵⁵ tsuan⁵⁵ tsɿ³⁵ tʰəu³¹
生？"老公公回答她说："我就是专治头

tʰoŋ³⁵ tɕ⁵⁵ i⁵⁵ sən⁵⁵。"i⁴² pʰiɛn³⁵ pʰo³¹ i³¹ sɿə³¹ tso³⁵ ɕia³¹ lai³⁵ zaŋ³⁵ lau⁴² koŋ⁵⁵ koŋ⁵⁵ ki⁵⁵
痛的医生。"野变婆于是坐下来让老公公给

tʰa⁵⁵，lau⁴² koŋ⁵⁵ koŋ⁵⁵ pa⁴² iɛ³¹ kʰuaŋ⁵⁵ sɿə⁴² xuei³¹ fən⁵⁵ kai⁴² tau³⁵ i⁴² pʰiɛn³⁵ pʰo³¹
她医，老公公把一筐石灰粉盖到野变婆

tʰəu³¹ saŋ³⁵, tʰa⁵⁵ te⁵⁵ tɕiɛn⁴² tɕin⁵⁵ pi³⁵ ŋan⁵⁵ ɕia³¹ la, tʰəu³¹ pʰi³¹ i⁴² lan³⁵ la, tsuei⁴²
头　上，她　的　眼　睛　被　腌　瞎　了，头　皮　也　烂　了，嘴

pa⁵⁵ i³¹ tsaŋ⁴² la xau⁴² to⁵⁵ suei⁴² pʰau³⁵, tʰa⁵⁵ tɕiəu³⁵ tse³⁵ iaŋ³⁵ ai⁵⁵ ia⁵⁵ ai ia tɕ
巴　也　长　了　好　多　水　泡，她　就　这　样　哎　呀　哎　呀　的

tɕiau³⁵ tso³¹, tsuei³⁵ xəu³⁵ xo³¹ xo³¹ pi³⁵ ŋan⁵⁵ sɹ⁴² la。
叫　着，最　后　活　活　被　淹　死　了。

（语料提供者为贵州大学 2023 级汉语言文字学专业硕士生全情影；诵读者为全强，52 岁，遵义市播州区枫香镇青坑村村民）